Die Netzwerke des Wilhelm Höttl im Dienst des US-amerikanischen „Counter Intelligence Corps" (CIC)

Martin Haidinger

Wilhelm Höttl

Martin Haidinger

Wilhelm Höttl

Spion für Hitler und die USA

ueberreuter

„Wie so oft ist etwas wahr geworden, das ich erlogen habe."

Wilhelm Höttl, 1999 im Gespräch mit dem Autor

Mit freundlicher Unterstützung durch den Zukunftsfonds der Republik Österreich

*Zukunfts***Fonds**
der Republik Österreich

Der Verlag hat sich bemüht, alle Inhaber von Bildrechten ausfindig zu machen. Sollten berechtigte Ansprüche übersehen worden sein, werden die Rechteinhaber gebeten, sich mit dem Verlag in Verbindung zu setzen.

1. Auflage 2019
© Carl Ueberreuter Verlag, Wien 2019
ISBN 978-3-8000-7730-4

Alle Rechte vorbehalten. Das Werk darf – auch teilweise –
nur mit Genehmigung des Verlages wiedergegeben werden.

Covergestaltung: Saskia Beck, s-stern.com
Satz: Hannes Strobl, Satz·Grafik·Design, Neunkirchen
Lektorat: Arnold Klaffenböck
Druck und Bindung: Finidr s. r. o.
www.ueberreuter-sachbuch.at

Inhalt

1. Das Motiv 7
2. Der Fund 19
3. Der Junge 25
4. Unter der Haut 33
5. Karrierebarriere 46
6. Der Revenant 67
7. Die Mission 85
8. Der Hausierer 108
9. Das Reptil 128
10. Die Sphinx 156

Anmerkungen 184
Verzeichnis verwendeter Abkürzungen 203
Personenregister 204

1. Das Motiv

Er stierte an die Decke seiner Zelle und umfasste seinen Hals mit der rechten Hand. Zumindest versuchte er es. Denn als er die Fingerspitzen an die linke Halsschlagader legte, erreichte der Daumen die rechte Seite nicht mehr so mühelos wie noch vor ein paar Monaten. Er hatte im letzten Jahr an Gewicht zugenommen. Kein Wunder, war doch die Kost in Ungarn fettreich gewesen. Auch die Verpflegung in den Villen des Salzkammerguts hatte sich üppig gestaltet. Er hielt nun ganz still und fühlte seinen Puls pochen. Dort, an der linken Schlagader, so wusste er, wurde gewöhnlich der Knoten angelegt. Eigentlich noch weiter hinten, unter dem linken Ohr. Dann wurde die Schlinge zugezogen, die Luftzufuhr zu Lunge und Gehirn gestoppt …

Er verstärkte den Druck seiner Finger, versuchte sich auszumalen, wie langsam und qualvoll dieser Tod sein musste. In diesem Moment vergaß er, dass er eigentlich bequem auf einem Feldbett lag … die Falltür öffnete sich … der lange Fall, der *long drop* in das Seil dauerte eine Ewigkeit. Lautes Knirschen fuhr durch den ganzen Körper, das Genick brach … doch er lebte, bekam alles mit, baumelte wehrlos wie eine Puppe, eine Marionette, den Kopf grotesk nach oben verdreht.

Starr war sein Blick Richtung Decke gerichtet. Kalter Schweiß stand ihm auf der Stirn. Die Stille, die ihn umgab, machte ihn nicht ruhiger, ganz im Gegenteil. Ein paar Stunden war es jetzt her, dass er dem Verhörbeamten die vielleicht wichtigste Eingabe seines Lebens diktiert hatte. Seitdem hatte er kein Wort mehr gesprochen, nicht einmal zu sich selbst, und keinen Schlaf gefunden, obwohl es schon mitten in der Nacht war.

Ob sie um diese Uhrzeit noch über seinen Vorschlag berieten? Oder zogen sie ihn gar nicht ernsthaft in Erwägung?

Nein, das war unwahrscheinlich. Sein Angebot musste zu verlockend für sie sein. Sie *konnten* es sich nicht entgehen lassen. Für so kurzsichtig hielt er sie nicht! – Und wenn doch? Wenn sie ablehnten? Was würde dann mit ihm geschehen? Welch böse Überraschungen würden sie für ihn bereithalten? Was ihm zur Last legen? Was, wenn sie wussten, dass …

Jetzt erst merkte er, dass seine Hand noch immer den Hals umklammert hielt. Er schnappte nach Luft ...

*

Vielleicht hat sich diese kleine Episode im Mai 1945 so wie hier beschrieben oder ähnlich zugetragen. Sie wäre ein ganz besonderer Moment gewesen. Denn offen gezeigte Emotionen, Zweifel, Angst oder gar Skrupel hätte sich der Mann, den wir da gerade beobachtet haben, wirklich nur in einer Einzelzelle unter Ausschluss der Öffentlichkeit gestattet.

Den Mitmenschen galt er als höflicher, bisweilen charmanter, aber zurückhaltender Zeitgenosse. Eigenschaften wie Ehrgeiz und Eitelkeit wusste der Kaltblüter zumeist hinter der Fassade biederer Bürgerlichkeit und nobler Distanz zu den ihn umgebenden Ereignissen zu verbergen.

Auch vor der Nachwelt. Auch vor mir, der ihn als Journalist 1996 und 1999 zwei Mal interviewte.

Wilhelm Höttl kommt in gefühlten tausend Büchern über die Zeit des Dritten Reichs und des Kalten Kriegs vor. Er ist ein Held der Fußnote, ein beiläufig Anwesender in der zeitgeschichtlichen Literatur. Und er hat es geschafft, als Historiker, Auskunftsperson, Gewährsmann historischer Zeitläufe, ja als glaubwürdiger Kommentator anerkannt zu werden, ohne dass lange Zeit seine eigene Rolle im Geschehen, das er beschreibt, gründlich erforscht worden wäre.

Als Berufszeitzeuge zog er eine Spur durch deutsche und österreichische Fernsehdokumentationen von Knopp bis Portisch, gab da und dort seine Einschätzungen des Dritten Reichs, der Person des „Buchhalters des Todes" Adolf Eichmann und der letzten Kriegstage 1945 zum Besten. In Hugo Portischs und Sepp Riffs mehrteiliger TV-Dokumentation „Österreich II" liegt Höttl gar im „Duell mit dem Gauleiter" und will dabei geholfen haben, den Krieg zu verkürzen.[1]

Ja klar, einige kritische Geister wie der Historiker Götz Aly durchschauten, dass Höttl wie in Guido Knopps TV-Serie „Holocaust" „offenkundig im eigenen Interesse in die Kamera schwadroniert. […] Im Film tritt er als harmloser älterer Herr und als Zeuge für den Vernichtungswillen Hitlers auf"[2], ohne auch nur ein Wort darüber zu verlieren, was er selbst als höherer Angehöriger des SS-Sicherheitsdienstes (SD) zu verantworten hatte – in Wien, auf dem Balkan, in Italien, in Ungarn!

Trotz vielfacher Warnungen vor der mangelnden Seriosität des beliebten „Zeitzeugen" traf das zu, was Höttls alter Kumpan aus Kriegstagen, der Ober-Geldfälscher des „Unternehmens Bernhard" (von dem wir noch erfahren werden) Fritz Schwend 1964 feststellte, dass nämlich die Medien offensichtlich „höttlhörig" seien,[3] weil der geschmeidige Herr mit seiner seigneuralen Art Journalisten, die nach guten Geschichten lechzten, trefflich zu manipulieren verstand. Die gewandte Autorin Bettina Stangneth bringt es auf den Punkt, wenn sie schreibt: „Der joviale Mann im Trachtenjanker, der vor dem Alpenpanorama spöttisch lächelnd Eichmann-Anekdoten und süffisante Indiskretionen von sich gibt, gehört bis heute zum festen Inventar von Fernseh-Dokumentationen."[4]

Erst in jüngerer Zeit widmen sich wissenschaftliche Monografien der Aufarbeitung des „ewigen Willi", wie ihn genervte US-Geheimdienstler gerne nannten. Material über ihn gibt es genug, allein die CIA-Akte über ihn ist über 1600 Seiten stark![5] Kaum eine andere Einzelperson seines Ranges genoss so viel Aufmerksamkeit der Geheimdienste nach 1945, und dabei dürfte er doch letztlich vor allem ein „Nazi Peddler" gewesen sein, wie der Historiker Norman J. W. Goda ihn charakterisiert, ein Hausierer, der seine Kenntnisse aus der Nachrichtendienstszene des Dritten Reichs jedem andiente, der dafür bezahlte. Eine einzige Gewissheit gab es dabei: Wer sich auf ihn verließ, von den Nazis über die Amerikaner bis zur Medienöffentlichkeit, wurde betrogen. Denn seinen großen Versprechungen folgte meist die bittere Erfahrung, dass viele seiner „Informationen" Blendwerk oder schlicht erfunden waren und aus mehr als dubiosen Quellen stammten, was ihm das Misstrauen seiner eigenen SS-Kollegen im NS-Apparat eintrug (der SD suspendierte ihn vorübergehend) und dann auch die US-Geheimdienste dazu brachte, ihn zu feuern.

Seit seinem 19. Lebensjahr war Höttl jahrzehntelang durchgehend im nachrichtendienstlichen Geschäft tätig und entwickelte nach und nach die Fähigkeit, derart kaltblütig zu lügen, dass er seinen Gefäßdruck offenbar auf das Niveau einer Eidechse senken konnte und sogar die gefürchteten Lügendetektoren der Amerikaner zu täuschen verstand!

Dank seiner guten Kontakte vom Reichssicherheitshauptamtschef Ernst Kaltenbrunner bis zum steirischen Landeshauptmann Josef Krainer sen. und möglicherweise auch wegen seiner hintergründigen Informationen über Personen des öffentlichen Lebens bekam er in all den Jahren immer wieder Oberwasser. Aus dem Geheimdienst-Reptil wurde die rätselhafte Sphinx von Altaussee, dem idyllischen Ort im steirischen Salzkammergut, wo Höttl nach dem Krieg bis zu seinem Tod 1999 mehr als 50 Jahre verbrachte und in der Region mehrere Schulen und Internate betrieb. Noch als Schuldirektor umgaben ihn Gerüchte um Nazi-Gold, versteckte Schätze im Ausseer Salzbergwerk und die Verbreitung gefälschter Pfundnoten.

Was aber war wirklich dran an ihm? An seiner Beteiligung an der Ermordung hunderttausender Juden in Ungarn; seinen im „Goldzug" gehorteten Schätzen aus jüdischem Vermögen; seiner Rolle bei der vermeintlichen Errichtung der nebulosen „Alpenfestung"; seinen Verhandlungen mit dem in Bern residierenden Europa-Chef des US-Kriegsheimdienstes „Office of Strategic Services" (OSS) Allen W. Dulles um einen Sonderfrieden für ein NS-geführtes Österreich; den Zeugenaussagen rund um seinen ehemaligen Chef Ernst Kaltenbrunner und den Ex-Kollegen Adolf Eichmann beim Nürnberger Prozess 1945, darunter seine weltgeschichtlich bedeutende Aussage über sechs Millionen ermordeter Juden in den NS-Konzentrationslagern; und schließlich an seiner Arbeit für das US-amerikanische „Counter Intelligence Corps" (CIC) in den 1940er-Jahren, den frühen westdeutschen Nachrichtendiensten wie der „Organisation Gehlen" und seinem möglichen Überlaufen zu den kommunistischen Geheimdiensten Jugoslawiens und der Sowjetunion?

War Wilhelm Höttl mehr als ein Lügenbaron inmitten einer riesigen Blase an Finten, Intrigen und Gerüchten? War der Mann immer schon gesinnungslos, oder wann ist aus dem strammen jungen Nationalsozialisten der wendige „Hausierer" geworden? Ist er ein typisch österreichisches Phänomen? Ein schrankenloser Opportunist? Oder war er vielleicht doch ein Superhirn, das souverän plante und agierte und sich spät, aber doch in den Dienst der westlichen Demokratie stellte? Als überaus gebildeten Vielwisser konnte man ihn allemal bezeichnen.

In seiner Autobiografie „Einsatz für das Reich"[6] schält er aus dem Agentendasein jedenfalls eine neue Identität heraus – jene des über den Dingen stehenden Beobachters mit Insiderwissen, eines „Masterminds" ohne persönliche Mitverantwortung oder Schuld an den Massenverbrechen des Dritten Reichs. Schon in seinen unter dem Pseudonym „Walter Hagen" erschienenen Büchern „Die geheime Front" und „Unternehmen Bernhard" war der anonyme Erzähler als schierer Alleswisser aufgetreten.[7] „Walter Hagen" war nicht sein erster Künstlername, tatsächlich hatte er für die nachrichtendienstliche Praxis noch andere Tarnnamen wie „Alpberg", „Goldberg" oder „Willi". Das CIC-Kürzel „Willi" gefällt mir persönlich am besten und ich werde mir erlauben, es auch für unseren Protagonisten zu verwenden. Es soll den Mann weder respektlos verhöhnen noch kindlich verniedlichen, sondern seinem Charakter als Trickser lautmalerischen Ausdruck verleihen; außerdem hieß er ja auch wirklich so.

Wie man sie auch dreht und wendet, ist Willis Lebensgeschichte die Story eines Konjunkturritters, der bisweilen hoch pokerte und am Ende immer obenauf schwamm. Ein Weg, der nicht vorgezeichnet schien. Kaum jemand hätte einem wie ihm in den 1940er-Jahren zugebilligt, dass er einmal friedlich daheim im Bett seines beachtlichen Anwesens in Altaussee sterben würde, mit einem steirischen Verdienstorden hochgeehrt und finanziell wohlbestallt.

Diese Vita ist eine gewaltige Geschichte, eine Berg- und Talfahrt durch Kriegs- und Nachkriegszeiten, in der eine so große Zahl von Gestalten, Namen und Chimären an uns vorbeiziehen wird, dass einem schwindlig werden könnte.

Empfindsameren Naturen als Höttl wäre der Preis für all das zu hoch gewesen, sie hätten gefürchtet, von irgendeiner Kante des schmalen Grates, entlang dessen er sich bewegte, abzugleiten und in die Tiefe zu rutschen. Der Mann mit den eisernen Nerven hingegen hielt alles aus, auch wenn er schon zu Lebzeiten allerlei zu hören bekam, von Antifaschisten als Alt-Nazi gebrandmarkt und von einstigen Gesinnungsfreunden verachtet wurde – als „Verräter" an den Kameraden Kaltenbrunner und Eichmann und an der „Ehre des deutschen Volkes" wegen seiner Aussage über sechs Millionen ermordeter Juden. Er überstand alles und keiner saß über ihn zu Gericht oder krümmte ihm ein Haar. Bis zuletzt.

Es ist an der Zeit, uns auf den Weg in die Vergangenheit zu begeben. Viele Fragen wollen behandelt sein. Wilhelm Höttl macht es uns dabei nicht leicht, denn er verstand es trefflich, seine Spuren zu verwischen. Viele, allzu viele Angaben zu seiner Person stammen ursächlich von ihm selbst! Zeitlebens gelang es ihm, „Informationen" über sich in deutsche, österreichische oder amerikanische Akten, Archive und sonstige Quellen zu schmuggeln und sie dann als Belege für seine Geschichten zu zitieren.[8] Er machte „durch gezielte Desinformation eine Rekonstruktion seiner eigenen Tätigkeit in Wien ab 1938 und später in Ungarn bis heute nahezu unmöglich. Stattdessen stilisierte er sich zum Widerstandskämpfer"[9], wie Bettina Stangneth meint. Ein Meister der Vertuschung!

Wir werden allerdings auch manche Episoden erleben, welche über die simple Biografie des Einzelmenschen Höttl hinausgehen; Szenen, die ein Stück jenes Monumentalgemäldes zeigen, welches man Zeitgeschichte nennt. Und es ist ein dunkler Teil dieses Tableaus, dessen Betrachtung die Österreicher unter uns – aber nicht nur sie – zu der bangen Frage führt: „So sind wir doch nicht, oder?"

Wer indes über die Akteure in diesem makabren Spiel die Nase rümpfen oder ihre Verwerfungen verurteilen mag, sollte stets einen Spiegel zur Hand haben und gelegentlich einen Blick in die Tiefen des eigenen Selbst riskieren. „Schließlich wird aber auch die unbequeme Frage nach der Wirksamkeit von Verführung gestellt, eine Frage, die nie aufhört und in immer neuem Gewand mitten in einer scheinbar aufgeklärten Moderne wiederkehrt", schrieb einst mein verehrter akademischer Lehrer, der Doyen der österreichischen Zeitgeschichtsforschung Gerhard Jagschitz im Vorwort zu Günther Steinbachs und meinem Buch „Unser Hitler. Die Österreicher und ihr Landsmann".[10]

Wie närrisch muss eine totalitäre oder in demokratischer Verkleidung auftretende Ideologie erst sein, damit wir gegen sie immun sind? Wo enden unsere Überzeugungen, wenn wir denn überhaupt welche haben, und wo beginnt der Opportunismus? Welchem Druck sind wir bereit, uns zu beugen, wenn es um unseren eigenen Vorteil oder gar ums Überleben geht? Welchen perfiden Regimen sind wir willig, uns anzudienen? Lassen wir uns von offiziellen Erklärungen der Mächtigen einlullen, die uns im Namen einer höheren Moral predigen, wir hätten dieses und jenes gefälligst zu meinen, zu glauben, zu tun, obwohl wir merken, dass es falsch ist? Wären wir nicht bereit zu lügen, dass sich die Balken biegen, um die Nase über Wasser zu halten? Selbst unter weniger drückenden Bedingungen wie jenen im Europa des Zweiten Weltkriegs und des frühen Kalten Kriegs? Wären wir wie die Höttls dieser Welt, die sich mit Mogeleien durchschummeln?

Nicht in satter Selbstgerechtigkeit über den „ewigen Willi" postum zu richten ist der Zweck dieses Buches, sondern sein Leben zu erfassen und im Umfeld seiner Zeit darzustellen. Vielleicht werden wir dann wacher für manche Phänomene, die unsere Gegenwart bestimmen.

Also fragen wir nach, und wenn manche Antworten auch im Nebel der Geschichte verschwunden sein mögen, sind immerhin die Konturen einiger Akteure auszumachen. Zum Beispiel die Gestalt jenes Mannes, der sich im Frühsommer 1945 in der ersten Etage des OSS-Gebäudes am Navy Hill, 2430 E Street N. W., nordwestlich des Lincoln Memorials in Washington D. C., dem Bureau seines obersten Chefs William J. Donovan nähert. Seinen Namen kennen wir nicht, aber viel wichtiger ist, dass er eine Aktenmappe unter dem Arm trägt, deren Inhalt uns noch beschäftigen wird. Gleich hat er das Ziel erreicht. Donovans Tür ist nur angelehnt und …

Ach ja, eines noch vorweg: Sie müssen schon verzeihen, liebe Leserinnen und Leser, dass ich Ihnen auf den folgenden Seiten einiges an Insiderwissen der Geheimdienste des 20. Jahrhunderts samt deren Vokabular voller Fachausdrücke und Abkürzungen zumute. Wenn Sie die vielen

Fußnoten im Text irritieren, beachten Sie diese einfach nicht! Sie kommen problemlos auch ohne Anmerkungen mit, aber gerade bei unserem Thema rund um Lug und Trug, Desinformation und Spionage müssen die Quellen sehr sorgfältig dokumentiert werden. Sonst glauben Sie mir, dem Autor, diese schier unfassbare Story vielleicht nicht!

Sie werden den SS-Sicherheitsdienst SD und den Wehrmachtsdienst Abteilung „Fremde Heere Ost (FHO)" sowie die deutsche militärische „Abwehr" ebenso finden wie die US- amerikanischen Nachrichtendienste OSS, CIC, G-2 und CIA, die sowjetrussischen NKWD und KGB und die Keimzelle des deutschen Bundesnachrichtendienstes (BND), die „Organisation Gehlen" (Org) samt ihrem Konkurrenten, dem „Friedrich-Wilhelm-Heinz-Bureau" FWH, die Österreichische Staatspolizei (Stapo) und viele andere. Sie finden sie in einer eigenen Übersicht am Ende des Buches aufgelistet. Diese Dienste arbeiteten nicht nur im Dienst ihrer Vaterländer gegen deren Feinde, sondern waren vielfach Rivalen im eigenen Haus.

Verwirrt?

Wenn Sie dranbleiben, verspreche ich Ihnen dafür intime Einblicke in Geschehnisse, die sich jahrzehntelang unter der Haut der Oberwelt abgespielt haben. Lassen Sie sich in eine Schattenwelt entführen!

Jetzt aber auf nach Washington, in die Zentrale des US-Geheimdienstes „Office of Strategic Services"!

*

„Come in!", sagte Donovan freundlich, als er sein Gegenüber in der offenen Türe stehen sah. „Und mach dir's bequem, mein Alter! Was gibt's denn?"

„Ich habe etwas Neues, ‚Wild Bill'!", sagte der Besucher und klappte seine Mappe auf.

„Wieder was von Dulles?"

„Ja, er hat es vom CIC erhalten. Du wirst staunen. Ein alter Bekannter meldet sich, diesmal aber nicht direkt bei uns, sondern über den Umweg eines Verhörprotokolls der Abwehr."

OSS-Chef „Wild Bill" Donovan

Donovan bekam einen Bericht mit dem Vermerk „top secret" in die Hand gedrückt.

„Das habe ich erwartet … genau das habe ich erwartet", murmelte „Wild Bill" Donovan nach einigen Minuten konzentrierten Lesens. „Ich wusste, dass dieser Typ früher oder später wieder bei uns anklopfen würde."

„Soll ich an Dulles …?"

„Nichts überstürzen! Erst einmal denken wir nach, wie wir die Situation am besten nützen können. Also, dieser Kerl bietet uns von der Zelle aus sein komplettes Agentennetz in Osteuropa an – von Budapest über Bukarest bis Zagreb. Nun gut, das hat er Dulles ja schon einmal servieren wollen."

„Aber der hat ihn doch gar nicht persönlich empfangen …"

„Ob persönlich oder nicht, tut jetzt nichts zur Sache. Lass mich weiterdenken … Wir haben keine Ahnung, wie gut dieses Netz noch ist, aber nehmen wir an, es wäre interessant – bleibt noch der *Mann* … *der Mann selbst* …"

„Wenn du mir gestattest, Bill: Auch das Netz ist eine sehr unsichere Sache!"

„Wieso? Denkst du, die Sowjets haben es unterwandert?"

„Und selbst wenn nicht: Willst du ausgerechnet *die SS* so einfach in unseren Dienst übernehmen?"

„Ach was, der Krieg in Europa ist seit einem Monat aus!" Donovan machte eine abweisende Handbewegung. „Und was haben wir denn zum Beispiel mit dem SS-General Wolff alles unternommen? Dieser kooperative Gentleman hatte doch fähige Leute zur Hand! Er hat in Oberitalien bereits vorzeitig am 2. Mai kapituliert, wie abgemacht. Das verdankten wir natürlich dem Verhandlungsgeschick von Dulles, aber in erster Linie dem Entgegenkommen von Wolff und seinen SSlern, vergiss das nicht! Wenn es zum Prozess kommt, werde ich dafür sorgen, dass er unbehelligt bleibt, er ist ein Ehrenmann. Die vom CIC sind übrigens der gleichen Meinung und rekrutieren ganze Agentenrudel vom SD und selbst General Sibert wirbt schon munter SD-Leute für seinen Army-Geheimdienst G-2 an. Wer, wenn nicht die deutschen Fachleute, soll denn sonst unsere russischen Freunde unter Beobachtung halten? Warum sollten dann gerade wir vom OSS uns hier zurückhalten? Andererseits …" Donovan runzelte leicht die Stirn, als sei er davon überrascht, sich selbst ins Wort gefallen zu sein „… andererseits sitzt uns Präsident Truman im Genick und wartet auf jeden geringsten Fehler, weil er uns misstraut!"

„Außerdem müssen wir mit den Russen wieder ins Gespräch kommen – gerade jetzt, wo hier alle an uns zweifeln!", entgegnete Wild Bills Gegenüber.

„Du hast recht, mein Alter." Donovans nachdenklicher Anwaltsblick wirkte eher melancholisch denn intellektuell. „Hör zu, wir machen es so: Dulles soll die zentrale Funkstation dieses Typen weiterhin besetzen. Den Mann selbst natürlich festhalten, am besten irgendwo in Innerdeutschland – aber das überlassen wir nach wie vor dem CIC. Sein Netz aber, dieses Netz über den halben Balkan, das werden wir nett in Geschenkpapier verpacken, und mit einer roten Schleife dran …"

„… dem Genossen General überreichen?!"

„Ganz genau! Freundschaft will besiegelt sein."

„Dann werde ich gleich an Dulles …"

„Gemach, gemach, mein Alter! So ein feines Geschenk braucht natürlich einen würdigen Anlass."

„Aber General Fitin und der ganze NKWD sprechen jetzt schon nicht mehr mit uns!"

„Genau deshalb werden wir die Aufmerksamkeit zu gegebener Zeit mit dem kleinen Präsent aus dem Hause ‚Sicherheitsdienst der SS' gebührend wiedererwecken. Wir haben jetzt Anfang Juni. Warten wir einmal ab und sehen zu, wie sich die Dinge über den Sommer entwickeln."

*

Das gibt's doch nicht! Er stand in seiner Zelle förmlich Kopf. Unfassbar! Zuerst narrten sie ihn und gingen zum Schein auf sein Angebot ein, und jetzt lehnten sie auf einmal ab? Sie wollten nicht? Sein kostbares Netzwerk war ihnen nichts wert. Dabei hatte er in seiner Eingabe unwiderstehlich argumentiert:

„Ich weiß, dass die amerikanischen Nachrichtendienste auf diesem Gebiet erst dabei sind, sich zu formieren, und in manchen Ländern noch nicht einmal das. Die USA werden ihre Nachrichtendienste nicht nur mit früheren Gegnern des Regimes betreiben können. Sie werden ehemalige Nationalsozialisten brauchen. Durch den Tod unseres Führers und des Reichsführers SS sind wir von unserem Eid als SS-Männer entbunden. Ich glaube, dass ich von erheblichem Nutzen für die Interessen der USA sein kann!"[11] Wer konnte da noch ablehnen?

Diese verblödeten Gestalten vom CIC! Eine solche Lethargie hatte er bei Nachrichtendienstlern dieses Zuschnitts nicht erwartet. Vielleicht hatten sie sein Angebot gar nicht ans OSS weitergeleitet! *Dort* saßen die wichtigen Leute, dort wurde nicht von schlaffen Ami-Burschen eine lahme Abwehr betrieben, sondern an offensiven Strategien gebastelt!

Er konnte ja nicht wissen, dass die Ablehnung nicht vom CIC, sondern direkt aus dem OSS-Hauptquartier stammte und dass die Russen noch misstrauischer als die Amis waren und der sowjetische NKWD-General Pawel Fitin das großzügige Geschenk der Amerikaner, die Übereignung des SD-Agentennetzes, dankend ablehnen würde.

Nichts von alledem ahnte er, auch nicht, dass er damit unverschämtes Glück hatte! Und welcher Stein ins Rollen kommen sollte … So wuchs die Verzweiflung, und sein Gehirn arbeitete fieberhaft.

Wenn er doch nur an Dulles direkt herankommen könnte! Stattdessen saß er hier herum und wurde fast wie ein gewöhnlicher Gefangener behandelt. Und das bei seinem Wissen, seiner Qualifikation! Immerhin war er nicht nur im Nachrichtengeschäft ein tüchtiger Mann, sondern ein intellektueller Geisteswissenschaftler. Vor Wut verkrampfte sich sein ganzer Körper. Er wollte für voll genommen werden! Er, 30 Jahre alt, Historiker, Doktor phil. und Chronist der weltgeschichtlichen Ereignisse, die er aus erster Hand kannte! Und *was* er alles wusste!

Was, wenn sie ihm etwas anhängen wollten? Weil er in Budapest …? Nein, Blödsinn, jetzt ganz ruhig bleiben: Dulles würde ihm helfen, ja richtig, Dulles, der Chef des Militärnachrichtendienstes OSS in Europa, wusste ja von seiner Friedensmission …

Sicher würden sie bald kommen und ihn holen. Und dann würde er dieses Gefängnis hoch erhobenen Hauptes als Verbündeter des freien Westens gegen den Bolschewismus verlassen – wie es ihm zukam!

2. Der Fund

Wenn man die Zunft der Historiker mit der Kunst der Pathologen vergleicht, die an Leichen herumnesteln und sich in aller Ruhe ein umfassendes Bild von toten Menschen machen, dann ist der Journalist dagegen ein Notarzt, der schnell am lebenden Objekt handeln muss, um Symptome zu diagnostizieren.

Als ich am 22. Jänner 1996 morgens kurz vor neun Uhr die Redaktion meines Radiosenders „Österreich 1" betrat, wurde mir schnell klar, dass dieser Montag ein arbeitsreicher Tag werden würde – gewissermaßen mit Blaulicht und Sirene! Denn am Wochenende war bekannt geworden, dass die US-amerikanische Botschafterin in Österreich, Swanee Hunt, Bundespräsident Thomas Klestil und Bundeskanzler Franz Vranitzky über eine eminent heiße Sache informiert hatte. Auf dem Boden der westösterreichischen Bundesländer Salzburg und Oberösterreich, so die Botschafterin, würden sich 79 Waffendepots befinden, welche die US-Besatzungsmacht dort zwischen 1950 und 1955 als Sicherheit für kommende Widerstandskämpfe gegen eine eventuell drohende kommunistische Machtübernahme angelegt hatte! CIA-Leute seien kürzlich durch Zufall über diese Tatsache gestolpert, kein Mensch in den USA hätte mehr davon gewusst, die Zeit sei darüber hinweggegangen!

Ich sah die Meldungen der Austria Presseagentur der letzten 48 Stunden durch: Das offizielle Österreich reagierte vollkommen überrascht, doch einigermaßen professionell, diplomatisch. Bundespräsident Klestil ließ sich von Botschafterin Hunt persönlich über den Fund der CIA in US-Archiven informieren, und Kanzler Vranitzky (SPÖ) zeigte sich verwundert. Öffentlich erklärte er: „Es entspricht nicht dem ausgezeichneten Stand der Beziehungen unserer Länder, dass wir erst jetzt von diesen Verstecken erfahren."

Nun sei es aber an der Zeit, hatte Chefredakteur Michael Kerbler gedrängt, im Informationssender „Österreich 1" abseits der Sprechblasen von Politikern und Diplomaten Licht in diese Sache zu bringen. „Ihr habt Zeit bis morgen!", hatte Kerbler gesagt, und bei den Ressorts

„Innenpolitik", „Außenpolitik" und „Wissenschaft" eine halbstündige „Journal Panorama"-Radiodokumentation über Waffenlager in Auftrag gegeben, von denen bis vorgestern kein lebender Österreicher eine Ahnung gehabt hatte – oder doch?

Dieses „oder doch?" sollten nun die Kollegen Robert Stoppacher, Alfred Schwarz und ich recherchieren. Mir als Wissenschaftsjournalisten kam dabei die Rolle zu, die Historikerzunft zu befragen – also ab ans Telefon, und alle durchrufen …

„Frag doch den Höttl!", riet endlich einer der Professoren.

„*Wen* bitte?"

Eine Stunde später überflog ich in der Stille des Aufnahmeraums meinen Notizzettel: Dr. Wilhelm Höttl, geboren 1915 in Wien, wohnt in Bad Aussee, steirisches Salzkammergut. Hat während des Dritten Reichs für den Sicherheitsdienst (SD) der SS im Balkanreferat gearbeitet. Nach dem Krieg zu den Amerikanern übergelaufen. Arbeitete für den US-Abwehrdienst CIC (Counter Intelligence Corps). Weiß er um die Waffenlager?

Bei der ersten telefonischen Kontaktaufnahme hatte der 81-jährige Dr. Höttl auf mich wach und zuvorkommend gewirkt. So auch jetzt, 60 Minuten danach, da die Telefonverbindung ins Studio zustande kam und Höttls ruhige Stimme aus den Kopfhörern drang.

„Herr Doktor Höttl, wir nehmen dieses Gespräch auf Band auf. Ausschnitte daraus werden dann in der Sendung ‚Journal Panorama' als Originaltöne verwendet." Mein üblicher Stehsatz vor Beginn eines Telefoninterviews.

Höttl war einverstanden. Und erzählte. Er habe zwar nur bis 1950 für den amerikanischen Geheimdienst gearbeitet und sei mit der Deponierung von Waffen oder Ähnlichem nach diesem Zeitpunkt nicht selbst befasst gewesen, schrieb sie allerdings eindeutig dem CIC zu.

Und dann kamen jene Sätze, die weit über die Geschichte simpler Waffenlager hinausführten: „Parallel zu dieser Waffenaktion wurde auch eine Stützpunkt-Aktion ins Leben gerufen", schilderte Höttl, „ein sogenanntes I-Netz, abgekürzt von ‚Invasion'. Das heißt, für den Fall einer Besetzung durch die Rote Armee sollten Funkstellen geschaffen werden, die dann Kontakt mit den amerikanischen Stellen in Westeuropa oder je nachdem halten sollten. Und das hab' *ich* in erster Linie gemacht, das heißt vermittelt, weil ich darauf zurückgreifen konnte. Ich hatte das für den deutschen Geheimdienst schon am Ende des Krieges gemacht, vor allem in den später schon russisch besetzten Staaten, also Ungarn und Jugoslawien, Rumänien, und das hat natürlich die Leute vom CIC besonders interessiert, was da schon an Erfahrung bestand. Und so kenn' ich die Aktion als solche, ohne aber Einzelheiten über die Waffenaktion zu wissen. Da sollte also nur der Kontakt hergestellt werden mit verlässlichen Patrioten, österreichischen, die dann auch tatsächlich gegen die Besatzungsmacht gearbeitet hätten."

Waffenlager des CIC hätte es jedenfalls nur in der US-Zone gegeben, so Höttl, und widersprach damit dem hoch angesehenen österreichischen Widerstandskämpfer Fritz Molden, der ein paar Stunden zuvor der Austria Presseagentur zu Protokoll gegeben hatte, dass solche auch geheim in der Sowjetzone angelegt worden wären! Und Molden war immerhin mit der Tochter der Geheimdienstgröße Allen W. Dulles, des OSS-Chefs in der Schweiz und späteren CIA-Direktors, verheiratet gewesen. Wer, wenn nicht ein Mann wie er, sollte wissen …

„Dass die Amerikaner diese Waffendepots in der Russenzone errichtet haben, halte ich für völlig falsch, auch rein technisch", blieb Höttl bei seiner Version. „Wenn man sich vorstellt, wie abgeschottet die Russenzone war. Dass die Amerikaner da Waffendepots anlegten, das war also meines Wissens nur hauptsächlich im Oberösterreichisch-Salzburgischen, wo die Amerikaner also die erste Hand drauthatten."

Die Orte der Waffenlager wusste Höttl nicht zu nennen, aber es war ihm bekannt, wie sie befüllt wurden, nämlich im Zuge von Manövern im Bergland: „Die Schwierigkeit war, das auch hinzutransportieren. Ich hab' also einige Erfahrung über diese Tätigkeit, dass man zum Beispiel im Toten Gebirge, bei uns also, bereits militärische Übungen von antikommunistischen Gruppen gefördert hat."

Wie bitte? Wehr- und Waffentraining für antikommunistische Guerillas mitten im idyllischen Salzkammergut der späten 1940er- und frühen 1950er-Jahre?

„Da gab's also vor allem die ungarischen Emigranten, die scharf antikommunistisch eingestellt waren, und die hat man mit Unterstützung des CIC schon damals im Toten Gebirge militärische Übungen machen lassen. Und durch die Manöver, wie das behauptet wird, wurde natürlich auch der Transport dahin erleichtert. Denn da wurde das Gebiet abgesperrt für die Einheimischen, und die konnten dann in Ruhe dort ihre Waffen anlegen."

Ich konnte es kaum glauben, was der Mann da alles über das „I-Netz" erzählte! Eine geheimdienstliche Großunternehmung der USA, in die auch österreichische Landes- und Bundespolitiker eingebunden gewesen wären!

„Da war es doch so, dass die Amerikaner, das war damals relativ leicht, fast in jedem Ministerium Vertrauensleute hatten, die sie informieren konnten. Also, ob die Regierung als solche auch Bescheid wusste, das kann ich nicht behaupten, ich weiß es nicht. Aber sicherlich bis hinauf in die Sektionschef-Ebene [ein Sektionschef ist der ranghöchste Beamte in einem österreichischen Bundesministerium bzw. im Bundeskanzleramt, Anm. d. Verf.] hat es da Kontakte gegeben und enge, enge Verbindungen."

Bei den Amerikanern blieb es nicht. Frankreich und möglicherweise Großbritannien hätten ebenso geheime Waffenlager in Österreich errichtet, sagte Höttl.

„Von den Franzosen weiß ich's. Die haben das natürlich wie üblich in etwas kleinerem Maßstab gemacht, die sind ja nicht so gut situiert gewesen, finanziell. Von den Engländern hörte ich es, weiß ich aber nichts Konkretes."

Und, pardon, an all dem waren auch *Sie* beteiligt?

„Es war so, dass mir die militärische Seite nicht gefallen hat. Ich habe damals mehrfach gewarnt und habe das als Soldatenspielerei bezeichnet, als die Amerikaner eben diese Übungen im Toten Gebirge sehr forciert haben. Das waren also meine Leute, und das hab' ich für Unsinn gehalten, denn wenn auch noch so viele Idealisten einmal dageblieben wären: Ein militärischer Widerstand wäre ja sinnlos gewesen."

1950 sei er aus den Diensten des CIC geschieden, da er das Verteidigungskonzept, im Ernstfall Partisanen einzusetzen, nicht mehr hätte mittragen wollen.

Ich war hin und weg! Dieser Herr Höttl hatte mir soeben nichts weniger erzählt, als dass die USA in einem Camp mitten im besetzten Österreich Guerillas ausgebildet hatten! Dass sie – vor allem die Ungarn unter ihnen – sicher nicht nur für den Fall einer kommunistischen Invasion Österreichs, sondern für eine Kriegsführung hinter den sowjetischen Linien gedacht waren, dieser Gedanke drängte sich auf.

Welch ein Fund! Mochten andere die Waffenlager suchen – *ich* hatte Höttl für mich entdeckt! Freudig erregt verließ ich den Aufnahmeraum. Schade, dass ich unter großem Stress stand, die Sendung[12] musste fertig werden. Aber gleich danach wollte ich wieder in Altaussee anrufen und mehr über den Mann und seine Organisation herausfinden. Indes gestaltete sich der Weg ins Salzkammergut lang und beschwerlich, denn die Jahre zogen ins Land, bevor ich in der Sache weiterkam.

Endlich! Im schneereichen Februar 1999 hatte es mein alter Opel immerhin bis zum Fuß des Anwesens geschafft, ehe vor der letzten Steigung Schluss gewesen war. Die letzten Meter war ich zu Fuß zur Adresse am Lichtersberg in Altaussee hinaufgestapft.

Drei Jahre waren seit jenem eiligen Interview per Telefon vergangen. In dieser Zeit waren die US-Waffenlager aufgefunden und geborgen worden. Neben verrostetem Kriegsmaterial waren unter den 900 Hand- und Faustfeuerwaffen auch noch einige durchaus funktionstüchtige samt Munition gewesen, jedoch keine ABC-Waffen und schon gar keine vergrabenen Goldreserven, wie einige unternehmungslustige Schatzsucher gehofft hatten. Bis hinauf zu den Kanzlern Leopold Figl (ÖVP) und Julius Raab (ÖVP) dürfte die österreichische Regierungsspitze von den Depots gewusst haben, ehe sie allmählich in Vergessenheit gerieten.[13] Mittlerweile hatte ich die diplomatische Leistung der US-Botschafterin Swanee Hunt richtig einzuschätzen gelernt. Immerhin hätte man mit dem Potenzial der Handfeuerwaffen ein vermindertes amerikanisches Infanteriebataillon zur Zeit des Koreakriegs ausrüsten können, mit den gefundenen drei Tonnen Sprengstoff sogar noch mehr! Doch diese Geschichte interessierte mich längst nicht mehr.

Allzu lang hatte ich mich vom journalistischen Tagesgeschäft daran hindern lassen, dem Mann in Altaussee einen Besuch abzustatten, der offensichtlich mehr als ein Geheimnis barg. Nun aber musste es endlich sein. Zu viele Fragen waren zu stellen. 1997 hatte er eine Autobiografie veröffentlicht, die ihn als mehr oder weniger verwegenen Akteur der geheimen Front im Weltkrieg und kurz danach erscheinen ließ, vor allem aber als bemerkenswerten Chronisten der Zeitläufte, die er durchlebt hatte.

Aber war das alles? Oder am Ende gar zu viel? War nicht doch einiges ganz anderes gewesen, als es hier zu lesen stand? Was er da über Hitler und die anderen NS-Größen schrieb und an geopolitischen Anmerkungen abließ, war ja nicht uninteressant, aber was war mit Wilhelm Höttl selbst? Nicht was er sich nachträglich durch den Kopf gehen ließ, interessierte mich, sondern welche Rolle er gespielt hatte …

Jetzt, im Februar 1999, saß ich ihm endlich in Fleisch und Blut gegenüber. Dr. Wilhelm Höttl war ein stattlicher Mann von noch nicht ganz 84 Jahren, in Manier eines eleganten Ausseer Bürgers gekleidet, mit Kniebundhose und der Jahreszeit entsprechender Weste. Das Anwesen blitzte geradezu vor Sauberkeit. Dennoch hatte ich sofort den Eindruck eines geknickten alten Herrn. Sein Gesicht wirkte eingefallen, die Wangen fahl. Der Grund erschloss sich bereits nach einem kurzen Wortwechsel: Höttls Frau Elfriede war kurz zuvor gestorben, die Ehe hatte mehr als 60 Jahre lang bestanden und der alte Mann litt offenkundig sehr unter dem Verlust.

In der gepflegten Gutsherrenatmosphäre saß er nun ein wenig verloren da und schien in der Rolle des Gastgebers ungeübt. Erst als wir das Gespräch über die wirklich wichtigen Dinge begannen, erlangte er die Form zurück, die ich vom Telefon her kannte.

„Mein Jugendtraum war schon immer der von einem großen Deutschen Reich", begann er seine Geschichte. „Gewissermaßen zwangsläufig kam man dann zu dem nationalsozialistischen Teil, der ja die alten Deutschnationalen weitgehend übernommen hat. Und so sind natürlich etliche alte Beziehungen aktiviert worden, die dann durchwegs im Nationalsozialistischen mündeten …"[14]

3. Der Junge

Es war eine schwüle Sommernacht des Jahres fünfhundertsechsundzwanzig nach Christus. Schwer lagerte dichtes Gewölk über der dunklen Fläche der Adria, deren Küsten und Gewässer zusammenflossen in unterscheidungslosem Dunkel: nur ferne Blitze warfen hier und da ein zuckendes Licht über das schweigende Ravenna.

Die Ohren des Buben glühten. Die ersten Sätze von „Ein Kampf um Rom"! Er schloss die Augen und sah vor sich die Adria liegen, roch die warme, algenschwere Meeresluft, fühlte den Wind, der von der See ans Land blies … Ab diesem Moment waren die Wohnung in Wien-Mariahilf sowie die Geschwister vergessen, fern schienen Eltern und Schule. Alles war nur mehr dem Kampf gewidmet, dem Völkerringen, das Felix Dahn in seinem Meisterroman in buntesten Farben malte.

Viele, viele Stunden und Seiten später. Willis Augen waren müde, doch weit geöffnet. Welch Heldenmut der Goten in ihrem Kampf gegen Ostrom! Welch ehrenvolles und tragisches Ende König Tejas und welch hehrer Sinn des Siegers Narses, der sein Haupt vor dem edlen Toten beugt!

Darauf folgte, auf seinem letzten Schilde hingestreckt, den Speer des Cethegus in der Brust, ohne Helm, von den langen, schwarzen Locken das edle, bleiche Angesicht umrahmt, König Teja, bedeckt mit rotem Purpurmantel, von Kriegern getragen.
Hinter ihm schritten Adalgoth und Gotho.

Adalgoth aber sang und sprach mit ernster Stimme zu den leisen Klängen der Harfe in seinem linken Arm:
„Gebt Raum, ihr Völker, unserm Schritt:
 Wir sind die letzten Goten!
Wir tragen keine Krone mit –
 Wir tragen einen Toten.

Mit Schild an Schild und Speer an Speer
  Wir ziehn nach Nordlands Winden,
Bis wir im fernsten grauen Meer
  Die Insel Thule finden.
Das soll der Treue Insel sein,
  Dort gilt noch Eid und Ehre.
Dort senken wir den König ein
  Im Sarg der Eichenspeere.
Wir kommen her – gebt Raum dem Schritt –
  Aus Romas falschen Toren:
Wir tragen nur den König mit –
  Die Krone ging verloren."

Als die Bahre an Narses' Sänfte gelangt war, gebot dieser Halt und rief auf lateinisch mit lauter Stimme:
  „Mein ward der Sieg – aber ihm der Lorbeer. Da, nimm ihn hin! Ob kommende Geschlechter Größeres schauen, steht dahin: heute aber, König Teja, grüß ich dich, den größten Helden aller Zeiten!" Und er legte den Lorbeerkranz, den ihm sein siegreich Heer gewunden, auf des Toten bleiche Stirn nieder.

Erhebend! Teja, Narses und Belisar, Theoderich, Witichis und Totila – von ihnen wollte er mehr wissen, ihren und den Weg der anderen Großen der Geschichte erforschen – Geschichte, wie sie bei Felix Dahn aufgezeichnet stand, auch in seinem „Attila", seinem „Stilicho", seinem „Gelimer" …[15]

Seit er als Knabe die Bibel – freilich ohne sie zu verstehen – verschlungen hatte, war er von nichts mehr so beeindruckt worden wie vom gewaltigen und umfangreichen Werk Felix Dahns, des großen Romanschreibers eines starken Deutschlands! Freilich war es schon lange her, dass Dahn der Welt seine historischen Heldengeschichten geschenkt hatte, aber waren sie jetzt, in den 1920er-Jahren nicht genauso aktuell wie 40, 50 Jahre zuvor? War nicht abermals die Katastrophe eingetreten, dass die allzu siegesgewohnten Goten von einem stärkeren

Gegner besiegt worden waren? Nur dass die Goten des Jahres 1918, die Deutschen nämlich, von den Siegern niederträchtig gedemütigt wurden? Ihnen, den Germanen in beiden Reichen, dem deutschen und Österreich, waren kein edler Feldherr wie Narses und kein weiser Kaiser Justinian vergönnt gewesen. Stattdessen erlegten heimtückische Gesellen wie Clemenceau und die Engländer und Heuchler wie der amerikanische Präsident Wilson dem deutschen Volk schwere Lasten auf! Vor allem verhinderten sie, dass alle Deutschen in einem großen Reich aufgehen durften, wie das jeder in Österreich wollte, von den Nationalen bis zu den Liberalen, von den Christen bis zu den Sozialisten! So hatte es der Geschichtslehrer im Realgymnasium erzählt – sehr außerhalb des Lehrplans, der solch politische Gegenwartsgeschichte ausdrücklich nicht vorsah.

Die Sieger verboten Deutschlands Größe, aber die alten Kräfte in Österreich fanden sich damit ab und machten feige und ehrlos mit! Pfui! Welche Schande! Und der Junge wusste schon, dass er nicht allein war in seinem Groll gegen das System, als er die Faust ballte …

*

Wilhelm Höttl wird am 19. März 1915 in Wien geboren, in eine gutbürgerliche Familie, wie man das damals so schön nennt. Sein Vater Johann ist gelernter Goldschmiedemeister und Finanzbeamter[16], dessen Vater Papiergroßhändler, der Vater der Mutter übte einst den Beruf des Kaffeerösters aus. Das Leben der Familie im Mariahilf, dem sechsten Wiener Bezirk, verläuft bescheiden, doch harmonisch. Trotz der Mangeljahre nach dem Ersten Weltkrieg (die Versorgungslage des geschlagenen Landes ist elender als später nach dem Zweiten Weltkrieg) müssen die Höttls, das sind neben den Eltern und Wilhelm noch ein Bruder und zwei Schwestern, wenigstens keinen Hunger leiden.

Der kleine Wilhelm wird 1921 in die Volksschule Corneliusgasse in Mariahilf eingeschult. Das Gymnasium besucht er dann in der Reinprechtsdorfer Straße im fünften Wiener Gemeindebezirk. Lieblingsfach des leidlich guten Schülers: Geschichte, Geschichte, Geschichte.

Die Familie Höttl ist deutschnational gesinnt. Die politische Heimat des Vaters ist die Bewegung Georg Ritters von Schönerer, des Übervaters der Völkischen. Dementsprechend findet er auch einen Arbeitsplatz beim Deutschen Turnerbund, als er nach dem New Yorker Börsenkrach 1929 und dem Ausbruch der Weltwirtschaftskrise den auf Luxusartikel ausgerichteten Goldschmiedebetrieb aufgeben muss.

In den nationalen Turnvereinen herrscht jener Geist, der die Zeit insgesamt bestimmt: Nicht Individualismus, Selbstverwirklichung oder Demokratie sind die Leitmuster, sondern Kraft, Mut, Gehorsam, Disziplin und das Lechzen nach starker Führung aus den Krisen der Welt! Von rechts bis links gelten diese Ideale, und nicht nur in Österreich, nicht nur in Europa. In Stalins junger Sowjetunion obwaltet bei hungernder Bevölkerung und Genoziden an verschiedenen Völkern und Gruppen des Monsterstaates ohnehin die Brachialgewalt von Partei, Armee und der Geheimpolizei Tscheka, später GPU, danach KGB genannt. Aber selbst in den USA entsteht ein für dieses Land ungewöhnlicher kollektivistischer Gedanke, da Präsident F. D. Roosevelt in seinem „Big Deal" nicht nur die Börsen staatlich überwacht und Preisbindungen für Lebensmittel einführt, sondern auch einen Arbeitsdienst einrichtet, der die Beschäftigungslosen von der Straße wegbringen soll. Wenn das auch mit den totalitären Diktaturen anderer Länder nicht vergleichbar ist, so sind doch auch dort Werte wie „Volksgemeinschaft" und „Alles tanzt in Reih und Glied" die Leuchtsignale.

In den wenigen stabilen Demokratien wie in Großbritannien ist man irritiert und zugleich fasziniert von den Kraftgestalten des europäischen Kontinents. Benito Mussolini, der Urtyp des Faschismus, reitet in Italien hoch zu Ross durch einen operettenhaft gestylten und von durchgeknallten romantischen Dichtern wie Gabriele d'Annunzio vorbereiteten Einheitsstaat, und in so manch anderen Ländern etablieren sich windige Militärdiktaturen. In Österreich ist alles kleiner, mickriger und ein wenig schäbig, aber um nichts weniger extrem. Das Heer der Arbeitslosen (auf dem Höhepunkt weit mehr als eine halbe Million, was bei einem Acht-Millionen-Volk, das nach alter Sitte den Familienvater als einzigen Ernährer hat, eine gewaltige Zahl ist) macht den Reststaat des Habsburgerreiches um 1930 zu einem der ärmsten Länder Europas!

Politischer Radikalismus hat Hochkonjunktur. Aus den Frontkämpfervereinen der geschlagenen Soldaten des Ersten Weltkriegs sind bewaffnete Heimwehren entstanden, die sich auf monarchistische, christlich-soziale und national-völkische Strömungen aufteilen. Ihre Angehörigen sind alles, nur keine Demokraten. Die sind auch auf der Gegenseite eine rare Spezies: Schon vor der Heimwehrbewegung haben die Sozialdemokraten ihre Parteiarmee, den „Republikanischen Schutzbund", aufgestellt, deren Führer die parlamentarische Demokratie aus vielen Parteien so lange tolerieren wollen, bis der Sozialismus bei Wahlen 51 Prozent der Wählerstimmen erhält und sie dann die Zivilgesellschaft in einen kollektivistischen, marxistischen Staat umwandeln können.[17] Diese Austromarxisten verfolgen einen strikten Anschlusskurs an die Weimarer Republik, das Deutsche Reich.

Dem gemäßigten Teil der Sozialdemokraten um den ersten Staatskanzler Karl Renner ist es 1918 gelungen, die drohende Machtergreifung kommunistischer Räte zu verhindern, um den Preis eines gut integrierten starken linken Parteiflügels, der die radikal-roten Kräfte zwar bindet, aber von Zeit zu Zeit starke Sprüche von der Diktatur des Proletariats loslässt. Dieser Flügel um den verbalradikalen Intellektuellen Otto Bauer verhindert letztlich auch eine Fortsetzung der Koalition mit den Christlichsozialen, die so nur mit den Heimwehren und den Großdeutschen eine Regierungsmehrheit finden.

Im Grunde bricht schon 1927 ein Vorbote des Bürgerkriegs aus, als rote Arbeiter in Wien den Justizpalast stürmen und in Brand setzen, da sie die Rechtsprechung des konservativ dominierten Staates nicht auf ihrer Seite wissen. Und dieser überforderte Staat lässt die Revolte gewaltsam und blutig niederschlagen. Da ist der kleine Wilhelm Höttl gerade einmal zwölf Jahre alt, und sicher bereits ein waches Kind. Er wächst in einem Land auf, das formal eine parlamentarische Demokratie, in Wirklichkeit aber ein gescheiterter Staat ist, in dem Parteiarmeen von links und rechts aufeinander losgehen. Die intelligenten Jungen dieser Jahre wollen vor allem eines: raus aus der Depression!

Für eine Barrikaden-Revolution wie jene der 1848er-Studenten 80 Jahre vor ihnen oder eine schrille Revolte wie jene der später gutsituierten „1968er" sind sie zu schwach und materiell wie charakterlich auch gar nicht disponiert oder in der Lage. Die etwas Bessergestellten, Bürgerlichen unter ihnen können zumindest ausbrechen, indem sie in Manier der „Wandervögel" vor die Städte, in die Natur ziehen, singend und wandernd durch Wald und Wiesen streifen und einer Romantik frönen, die von der russischen Taiga über den amerikanischen Westen, die alten Germanen bis zu den Shanties der Seeleute alles umfasst, was aus der tristen Realität des österreichischen Alltags wegführt.

Die Gefestigten unter diesen „Bündischen" verweigern jede Uniformierung und die Unterordnung unter althergebrachte Autoritäten; die Mehrzahl der halbwüchsigen Burschen und Mädchen begnügt sich damit, die diversen Vereinheitlichungsbestrebungen eines immer autoritärer werdenden Staates abzulehnen. Und dieses Österreich wird noch dazu von verkalkten und teilweise lächerlichen konservativen Politikern geführt, die den kräftigen Romantikern gegen den Strich gehen. Das eint sie, die „Bündischen" oder bündisch angehauchten Gruppen gleich welcher Spielart, die Pfadfinder, die völkischen Fähnlein, die „Roten Falken" oder die linkskatholische „Neulandbewegung".[18] Es ist ein „Way of life", der als Keilboden für neue revolutionäre Bewegungen wie geschaffen ist. Eine solche aufstrebende Bewegung ist der Nationalsozialismus.

1931. Wilhelm Höttl ist 16 Jahre alt und wie viele seiner Altersgenossen für Reform, gegen Reaktion und alte Kamellen! Und Romantiker. Die zwei typischen Zutaten der Zeit. Alt riechende Vereine oder reine Parteiorganisationen sind in der schwärmerischen, bündischen Jugend verpönt. Ebenso Zyniker und allzu bürgerliche Zwischentöne. Zugleich ist Höttl schon damals elitär eingestellt. Ein kleiner Intellektueller, wohl turnbegeistert, aber kein Supersportler, sondern eine Leseratte. In diesem Jahr tritt er dem nationalsozialistischen „Schülerbund" bei,[19] der da noch der proletarisch geprägten politischen Kampforganisation „Hitlerjugend" (HJ) gleichberechtigt beigeordnet ist. Der Schülerbund ist eine bündisch motivierte Wanderbewegung, in Österreich wie in Deutschland.

Zwischen Freiheitsdrang und Lagerfeuerromantik: Die Bündische Jugend

Das zeigt sich, als der Verein 1933 nach Hitlers Machtergreifung in Deutschland feierlich in die allgemeine HJ übernommen wird und ein NS-Oberer die nun gleichgeschalteten Schülerbündler ermahnt, „dass zu einer Zeit, da sie romantisches Erlebnis gesucht hätten, auf Fahrten gewesen wären, die wenigen in der Hitler-Jugend das eine große Erleben des Kampfes gehabt hätten, das den andern allen fehlte. In diesem Zeichen sei auch der heutige Tag zu verstehen, an dem alle jungen Arbeiter der Stirn in eine Front mit den Arbeitern der Faust aufträten."

Willi kommt also ursprünglich nicht aus einer Parteiorganisation, sondern aus der romantischen Jugendbewegung, und wie es üblich ist, hat er auch gute Kontakte zu anderen bündischen Vereinen, nicht zuletzt, um der damals auch bei den Nationalsozialisten weitverbreiteten Strategie zu folgen, fernstehende oder feindliche Gruppen zu unterwandern. Den um elf Jahre älteren Anton „Toni" Böhm lernt er zum

Beispiel über den reformkatholischen „Bund Neuland" kennen. Der Journalist Dr. Anton Böhm ist betont nationaler Katholik (1933 veröffentlicht er das Buch „Katholischer Glaube und deutsches Volkstum in Österreich"), wird später als Hilfsautor, wenn nicht als Ghostwriter von Höttls Büchern in Aktion treten und spielt auch sonst eine interessante Rolle. Er wird nach 1945 als vormaliger „Neuland"-Führer und prominenter Katholik, danach NSDAP-Mitglied und Außenamtsmitarbeiter in Berlin, als Sympathisant des Widerstandes des 20. Juli 1944 gelten und zum Chef des katholischen „Rheinischen Merkur" in Köln aufsteigen und als solcher ein intellektueller Einflüsterer Konrad Adenauers und seiner Politik werden.

Höttl hilft diese Freundschaft, sie liefert nach 1945 einen Beweis seiner guten Kontakte zu katholischen Kreisen. Den Amerikanern verkauft Willi sich als moderater linkskatholischer Schüler, der im März 1938 nur aus Angst vor dem Kommunismus in die NSDAP eingetreten ist – eine Schutzbehauptung, um seine ur-nationalsozialistische Gesinnung zu verschleiern.[20] „Von der Nationalen Katholischen Jugendbewegung kommend, stellte ich mir das Ziel, einen maßvollen politischen Kurs für meine Heimat durchzusetzen."[21] Das ist mehr als ein einmaliger Bluff. Es ist eine Legende, die er sich für die Zeit nach dem Untergang des Nationalsozialismus sorgsam zurechtgezimmert hat. Möglich wird sie durch eine klassisches Umkehrungsmanöver: Da er später als Agent unter anderem für Kirchenfragen zuständig ist und dementsprechend gut über klerikale Kreise Bescheid weiß, kann er sich dann als Teil dieser Szene ausgeben, der er doch nicht angehört hat. Laut seiner Personalakte ist er sogar aus der katholischen Kirche ausgetreten und „gottgläubig", wie das im Nazi-Jargon heißt.[22]

Sein Klassenkamerad Paul Blau, der spätere sozialdemokratische Publizist und Ehemann der grünen Politikerin Freda Meissner-Blau, kennt ihn in der Rückschau auf die gemeinsame Schulzeit in Anspielung auf Hitlers Propagandaminister als „Goebbelschen Flohgermanen", der sich erst später „zum großen, breiten, hohen SS-Lackel gemausert hatte".[23]

4. Unter der Haut

„Guddn Moagn!" Der Morgengruß des wachhabenden Polizisten an diesem Tag des Jahres 1935 war zwar wienerisch verschliffen, aber höflich und korrekt. Der junge Mann, dem er galt – der Wachmann kannte ihn vom Sehen –, erwiderte ihn herzlich, mit einem fröhlichen Lächeln um die Lippen. Ehe er im Flur des Hauses Herrengasse 6–8 verschwand, flüsterte der Jüngling bei sich ein unhörbares „Heil Hitler, du Organ …" und lachte sich – wie jeden Morgen – ins Fäustchen.

Es war schon ein genialer Schachzug gewesen! Ausgerechnet in Sichtweite des von der Exekutive gut bewachten österreichischen Innenministeriums hatten sie unter einer Scheinidentität das geheime Hauptquartier des deutschen SS-Nachrichtendienstes aufgeschlagen! Noch dazu im noblen „Hochhaus", einem Prestigebau des Ständestaates, wie das machthabende Regime jetzt hieß. Ständestaat – das war die heimische Schmalspurversion einer zeittypischen konservativen Diktatur. Ihr Symbol waren Hahnenschwanzfedern auf den Steirerhüten bewaffneter Heimwehrmänner. Sie zog einen konsequentem Politkatholizismus durch und verbot sämtliche linke wie rechte Oppositionskräfte, die man zum Teil in Anhaltelager sperrte.

Das nach einem fatalen Formfehler in Selbstlähmung liegende Parlament hatte der christlich-soziale Bundeskanzler Engelbert Dollfuß schon im März 1933 durch eine Finte ausgeschaltet und fortan autoritär zu regieren begonnen. Im Juni 1933 war die NSDAP verboten worden und im Februar 1934 – nach einem verunglückten bewaffneten Aufstand von Teilen der roten Parteiarmee, des „Republikanischen Schutzbundes" – die Sozialdemokratische Partei. Im Juli 1934 hatte dann ein ebenso misslungener Putsch der illegalen 89. SS-Standarte das Leben von Kanzler Dollfuß gekostet und seitdem schien der Staatsschutz verschärft zu sein. Schien er aber nur, denn der schwache Ständestaat war auch hierin unfähig und außerdem waren Polizei und Militär sowieso bereits mit illegalen Nazis gut durchsetzt.

Der junge Wilhelm Höttl, 20 Jahre alter Student der Geschichte an der Universität Wien, schlenderte leicht und luftig in die erste Etage des

Hochhauses; in ein Büro, das auf den Namen einer Vertretungsfirma für Fische angemeldet, tatsächlich aber der Stützpunkt des Sicherheitsdienstes der SS, abgekürzt SD, war! Im gleichen Haus residierte noch dazu die unverdächtige Auslandsorganisation der „Balilla-Jugend", der Nachwuchsorganisation der damals noch ständestaatfreundlichen italienischen Faschisten.

Von diesem Versteck aus wurden die umliegenden Regierungsstellen, Ministerien und Behörden im Auftrag einer fremden, feindlichen Macht bespitzelt, das Ganze natürlich schwer illegal, doch offensichtlich im festen Glauben daran, dass die Machtübernahme der Hitler-Bewegung kurz bevorstünde. So wie Höttl arbeiteten hier überzeugte Nationalsozialisten unter der Leitung des SS-Sturmbannführers Josef Trittner an der Erosion des morschen Österreich, stellten junge Leute und ein alter Bundesheer-Veteran Berichte für die NSDAP zusammen, die Staat und System nach und nach unterminieren sollten. Keine Rede also von „moderaten Bestrebungen", der Hauptfeind blieb das Ständeregime unter Kanzler Schuschnigg, dem Nachfolger Dollfuß'.

Höttl war das Kommunikationstalent der kleinen Truppe, das den Alkoholiker Trittner und die anderen Landsknechtstypen intellektuell einigermaßen hinter sich ließ. Wer wie er hübsch bürgerlich auftrat und nicht jedem sofort mit der Faust oder anderen Körperteilen ins Gesicht fuhr, konnte in diesen Jahren in der Grauzone zwischen katholischem Austro-Chauvinismus und braunen Zukunftshoffnungen allerhand an Terrain gewinnen: Höttl, gewandt und gesprächig, nützte nicht nur die Kontakte NS-gesinnter Beamter in den Ministerien, sondern warb auch innerhalb der illegalen SS in ganz Österreich vertrauenswürdige Mitarbeiter für den SD. Zu ihnen gesellten sich bald kroatische und slowakische Nationalisten, die gegen ihre ungeliebten Mutterländer Jugoslawien und Tschechoslowakei arbeiteten und willig Informationen an den SD lieferten – die Keimzelle eines Südosteuropanetzwerks.

Der junge Mann hatte die erste Etage erreicht. „Guten Morgen!", rief er den anderen zu und lachte. „Der Wachmann vom Innenministerium hat mich schon wieder gegrüßt!" – „Gewöhn dich dran!", war die Antwort. „Bald wird er dich grüßen *müssen!*" Man war optimistisch, denn der Sieg des Nationalsozialismus in Österreich konnte nur mehr eine Frage der Zeit sein.

Gut und schön, Herr Agent. Aber war man nicht auch noch nebenbei Student?

*

Die Neigung zur Geschichte hatte der junge Wilhelm aus der Kindheit herübergerettet: „Im Herbst 1933 inskribierte ich an der Universität Wien die Fächer Geschichte, nebenbei auch Deutsch und Geographie, jedoch nur das, was mich interessierte. Ich hatte eigentlich nie die Absicht, Gymnasialprofessor zu werden, sondern meine Pläne waren damals schon weit hochfliegender, ich sah mich schon in der Universitätslaufbahn. Mein großes Glück war, daß ich damals mit einer Garnitur von Universitätsprofessoren rechnen konnte, die weit über dem Durchschnitt der akademischen Lehrer dieser Zeit standen. Vor allem war es mein immer noch hochverehrter Professor Dr. Heinrich Ritter von Srbik, der mit seiner ‚Deutschen Einheit', seinem dreibändigen Standardwerk, der führende deutschsprachige Historiker gewesen ist. Wie der Name seines Werkes schon beweist, war es seine Einstellung und genau auch die von uns jungen Hörern. Wir waren einfach Anhänger der deutschen Einheit, schon entsprechend vorgeschult durch die vielen Jahre im Deutschen Turnerbund."[24]

Der Historiker Heinrich von Srbik[25] (1878–1951) war der führende Kopf des Instituts für Österreichische Geschichtsforschung und blieb es auch nach dem „Anschluss" an das Großdeutsche Reich, dem er sich bereitwillig andiente. Nach 1945 hielt man ihm dann zugute, dass er sich einstellungsmäßig wenigstens irgendwie im Universalismus der alten Habsburgermonarchie bewegte, was ihn vor der Einstufung als Erz-Nazi bewahrte.[26] Die beliebten Professoren für Germanistik, Josef Nadler,[27] und Geografie, Fritz Machatschek,[28] waren ähnlich gelagert, erinnert sich Höttl: „Bleibt nur zur erwähnen, daß fast alle diese Herren deutschnational gesinnt waren, wobei ihnen aber der Übergang zum Nationalsozialismus nicht immer ganz leicht fiel. Mein Vater war übrigens ein ähnliches Beispiel, ihn störte am meisten der ‚Führerkult' um Hitler."[29]

Diese prominenten Akademiker gehörten dem typischen Milieu der damaligen Wiener Universität an, wo Cliquen regierten, die sich zwischen den beiden weltanschaulichen Polen „katholisch-ständestaatlich" und „national-sozialistisch" bewegten. Und viele vereinigten diese normalerweise gegenläufigen Trends in einer Person, wie zum Beispiel Edmund Glaise-Horstenau[30], ein Militärhistoriker, bei dem Höttl im Hörsaal saß und den er später als „väterlichen Freund"[31] gewann. Glaise-Horstenau wird als prononciert deutschnationaler Katholik ab 1936 der Ständeregierung von Kanzler Kurt Schuschnigg angehören und 1938 in der kurzlebigen Nazi-Regierung Seyß-Inquart als Vizekanzler dienen – ein multiideologisches Prachtexemplar.

Zurück zu Willi! Auch in der Studentenvertretung engagierte sich der junge Mann. Als 19-Jähriger wurde Höttl 1934 Stellvertreter des späteren Doyens der Wiener Zeitgeschichtsforschung, Ludwig Jedlicka, als Vize-Obmann der Fachschaft der Historiker. Viel wichtiger für ihn war in diesem Jahr aber ein politisches Erweckungsereignis der besonderen Art, der Februaraufstand des roten Schutzbundes, und die Erkenntnis, „daß eine Änderung der politischen Landschaft in Österreich auf diese Weise nicht möglich wäre."[32]

Am 1. März 1934 trat Höttl der NSDAP, Ortgruppe Mariahilf, und am gleichen Tag dem 2. Sturmbann der 11. SS-Standarte bei. Bereits im selben Jahr, im Mai 1934, wurde er Mitarbeiter des für Wien im Aufbau befindlichen Sicherheitsdienstes des Reichsführers SS (SD), also der Spionageorganisation der SS unter ihrem Leiter Josef Trittner. Dass er durch die Partei auch seine drei Jahre ältere Frau Elfriede Zelinger kennenlernte, die so wie er vom Nationalsozialismus überzeugt war, rundete das Schicksalsjahr 1934 ab. Die ebenso intelligente wie loyale Friedel hielt ihm künftig den Rücken frei, wenn er keine Zeit fürs Studieren oder andere profane Tätigkeiten hatte. Damit begann für Wilhelm Höttl eine jahrzehntelange Agententätigkeit.

Die Rekrutierung von Studenten und jungen Akademikern lag in dieser Phase ganz auf der Linie der SD-Führung. Im Deutschen Reich

Wilhelm Höttl: Junger Nazi und Historiker

hatte der SD zunächst die Aufgabe, als Nachrichtendienst Informationen über den politischen Gegner und auch innerparteiliche Konkurrenten des Reichsführers SS Heinrich Himmler zu sammeln. In einem Runderlass vom 7. Dezember 1934 hieß es: „Der SD überwacht die Feinde der nationalsozialistischen Idee und regt die Bekämpfung und Abwehr bei den staatlichen Polizeibehörden an." Jede Polizeigewalt war dem SD verboten, womit eindeutig eine aufklärende und keine operative Tätigkeit beschrieben war; also keine Verhaftungen, keine Sabotageakte, keine Terroraktionen.

Das bedeutete vorerst ein Leben ohne politische Gewaltaktionen. In den „Juliputsch", bei dem Kanzler Dollfuß ermordet wurde, waren Höttl und seine 11. SS-Standarte offenbar nicht verwickelt. Hier ist er glaubwürdig, wenn er beteuert: „Mit gutem Gewissen kann ich behaupten, dass niemals daran gedacht wurde, Bundeskanzler Dollfuß zu ermorden!"[33] Die Putschisten, die am 25. Juli 1934 die Radiostation RAVAG und das Bundeskanzleramt stürmten, stammten aus den Reihen der SS-Standarte 89, und die missglückte Aktion kostete nicht nur das Leben des Bundeskanzlers, sondern leitete als zweiter Akt nach dem Februaraufstand der Sozialisten die letzte Phase der österreichischen Ersten Republik ein.[34]

Der Coup d'etat misslang und die Hauptverantwortlichen wurden hingerichtet. Den Todesschützen Otto Planetta und einen weiteren, Franz Holzweber[35], hat Höttl zwar gekannt genauso wie den Putschistenführer Fridolin Glass[36], der seine Komplizen wissentlich in der irrigen Sicherheit wog, dass Hitler sie offiziell und vor aller Welt decken würde, und den Reichsführer SS Heinrich Himmler anlog, indem er ihm versicherte, dass Teile des österreichischen Bundesheeres hinter dem Putsch stünden.[37] „Ich selbst bin aber wie die meisten österreichischen Nationalsozialisten nie hinter dieser überstürzten ‚Aktion' gestanden"[38], sagt Höttl und tatsächlich entsprach ein solch aufgelegter „Pfusch", wie man in Wien riskante Stümperei zu nennen pflegt, nicht dem Wesen des jungen Herrn Doktors.

Das Opfer Engelbert Dollfuß ...

... und der Täter Otto Planetta

Er blieb in Deckung. Nie wurde er im Ständestaat wegen illegaler nationalsozialistischer Betätigung auffällig oder gar bestraft.[39] Diverse Zielpersonen oder potenzielle Tatorte für Anschläge haben die SD-Herren aus der Herrengasse aber sicher ausgekundschaftet!

Unter anderem war auch der Bundesführer der Heimwehr und Vizekanzler Ernst Rüdiger Starhemberg am 10. Mai 1934 Opfer eines Sprengstoffanschlags durch illegale Nationalsozialisten geworden, der Explosion jedoch unverletzt entgangen, da er den mit Sprengstoff versehenen Schreibtisch aus ästhetischen Gründen aus seinem Arbeitszimmer hatte entfernen lassen. „Glänzend organisiert, hatten unsere Gegner die unglaubliche Möglichkeit, selbst im Amtsgebäude des Bundeskanzlers Sprengstoffanschläge zu verüben. Drei weitere Bomben explodierten an den verschiedenen Stellen des Kanzleramtes in dieser Zeit."[40] Diese Phase war unter anderem durch die Entsendung des Katholiken und ehemaligen deutschen Kanzlers Franz von Papen als Botschafter gekennzeichnet, der als außerordentlicher Bevollmächtigter des „Führers" eine Art äußerer Befriedung herstellen sollte.[41]

Ein anderer späterer „Berufszeitzeuge", der 1912 in Graz geborene Reinhard Spitzy, war seit 1931 Angehöriger des ersten Wiener Motorsturms der SS-Standarte 89 und er erinnert sich an die Terrorphase der illegalen SS in Österreich als „Eskalation": „Während wir anfangs noch mit verbotenen Flugzettelaktionen arbeiteten, kam es bald zur Sprengung von Telephonzellen, zu Rauchbomben und zu schärferen Aktionen."[42] Worin diese „schärferen Aktionen" denn bestanden, mochte Spitzy auf persönliche Nachfrage nicht näher erläutern ...[43]

Hatten die illegalen Nazis vielleicht ganz tatkräftige Hilfe vom Inneren des Ständestaats-Systems? Wenn man Höttl so zuhört, könnte man das vermuten. Er spricht vom windigen Wiener Heimwehrführer Emil Fey, dem Vizekanzler und Sicherheitsminister der Regierung Dollfuß und dessen „historischer Schuld"[44], sich nicht entschieden zu haben, ob er nun zu seinem Kanzler oder zu den NS-Putschisten halten sollte. So sorgte schon 1934 bei Nazis wie Nicht-Nazis die Tatsache für Irritationen, dass Fey und sein Untergebener, der Gendarmeriemajor Wrabel, im besetzten Kanzleramt mit einigen der Putschisten freundschaftlich konversierten.[45] Auch der ungarische Ministerpräsident Gyula Gömbös sprach Starhemberg gegenüber von konkreten Putschabsichten Feys:

„Es kann Dir ganz gleichgültig sein, woher ich es weiß. Aber ich weiß Dinge, die Du und Dollfuß nicht wißt. Ihr seid viel zu leichtgläubig. Ihr seid österreichisch. Traut nicht dem Fey. Ich weiß, daß die Nationalisten mit ihm rechnen. Ich kenne den Fey kaum persönlich, er hat mir nie gefallen. Und in seiner Umgebung hat er ausgesprochene Lumpen [...] Fey arbeitet nicht für Hitler, weil Fey niemals für jemand anderen arbeitet. Fey denkt nur an seine eigene Karriere. Alles andere ist ihm wurst, aber solche Leute sind besonders gefährlich, noch dazu, wenn sie so dumm und primitiv wie Fey sind. Dem können die Nazis leicht einreden, daß er mit ihnen eine Mordskarriere machen wird."[46]

Die objektive Bilanz der Terrorakte der illegalen Nationalsozialisten in Österreich braucht keine Spekulationen – sie liegt vor, ist aber durch die Blutbäder des nachfolgenden Zweiten Weltkriegs weitgehend in Vergessenheit geraten.

Viele Zahlen sind zu nennen, aber es muss sein: 800 Menschen wurden in den Jahren 1933 bis 1938 Opfer des Terrors der illegalen NSDAP in Österreich. 164 Personen wurden bei Anschlägen unmittelbar zu Tode gebracht, 636 verletzt oder durch Sachbeschädigung in ihrer Existenz gefährdet.[47] Nach dem Verbot der Partei am 19. Juni 1933 gab es etwa 50.000 bis 70.000 illegale Nationalsozialisten in Österreich. Schwerpunkt des NS-Terrors lag in den Jahren 1933/34.

1934 war mit 506 Opfern (141 Tote, 365 Verletzte) das Spitzenjahr. Die größte Anzahl der Opfer fiel dabei auf die Tage zwischen dem

25. und 30. Juli („Juliputsch"), danach riss die Zahl der Anschläge ab. 1935 gab es 33 Opfer (5 Tote, 28 Verletzte). Der Grund waren die härteren Strafen nach dem Tod Dollfuß' … Erst Mitte 1937 stieg die Opferzahl wieder leicht an. Die meisten Opfer gab es in der Steiermark (198), die wenigsten in Vorarlberg (16). Wien hatte neben 123 Verletzten relativ wenige Todesopfer (12), Kärnten hingegen auffallend viele: 73 Verletzte, 47 Tote.[48]

Wer allerdings keine Lunte gelegt, keine einzige Bombe geworfen hatte und mit sauberen Händen arbeitete, war Wilhelm Höttl. Er setzte seine Tätigkeit im illegalen SD in Wien während dieser bewegten Zeit von seinem Büro im ersten Wiener Hochhaus aus fort.[49] Ein ruhiges Arbeiten, angeblich ohne direkten Kontakt mit Berlin. Den brauchte man auch nicht in dieser bereits von Nazis durchsetzten, undichten österreichischen Diktatur, die doch durch so mannigfaltige mehr oder weniger geheime Drähte mit dem benachbarten Dritten Reich verbunden war. Jedenfalls verlief die Karriere des jungen Wieners diskret und unter der Haut der Gesellschaft.

Es waren die Jahre, in denen für die kommende Machtergreifung mancher Akt über verdächtige Personen angelegt wurde, die sich noch den Kopf über Metaphysik und organisatorische Fragen der ständischen Gesellschaftsordnung zerbrachen, also dem herrschenden Regime nahestanden. Viele von ihnen wurden damals von Trittners Mannen erstmals geheimpolizeilich erfasst, was 1938 nach dem „Anschluss" schnelle Verhaftungen ermöglichen würde.

Eine systematische Beobachtung aller gesellschaftlichen Bereiche (die sogenannte „Lebensgebietsarbeit") gab es erst 1935/36. Dabei wuchs auch jene Aufgabe des SD, die Gustav Adolf Scheel, der Reichsstudentenführer und Leiter des SD-Oberabschnitts Südwest von 1935 bis 1939 und spätere Gauleiter von Salzburg, beschrieb: Die SD-Lageberichte seien „die einzige ungeschminkte allwöchentliche Kritik an den Maßnahmen der nationalsozialistischen Regierung, die in Deutschland existiert". Das sollte auch nach dem „Anschluss" Österreichs so bleiben. Gegründet und geleitet wurde der SD noch vor Hitlers Machtergreifung 1931 von Himmlers talentiertestem Mann, dem so scharfsinnigen wie skrupellosen Reinhard Heydrich, der dann später von 1939 bis zu seiner Ermordung durch tschechoslowakische Attentäter 1942 dem Reichssicherheitshauptamt (RSHA) vorstehen sollte. Das RSHA würde den SD, die Sicherheitspolizei und die gefürchtete Geheime Staatspolizei (Gestapo) unter seinem Dach vereinigen, aber noch war es lange nicht so weit, und der Sicherheitsdienst steckte in den konspirativen Kinderschuhen. Erst nach der Verbotszeit von SA und SS in der Weimarer Republik von April bis Juni 1932 stellte Heydrich die Organisation des SD auf eine solidere Basis mit fixen Mitarbeitern. Sie waren fanatische Idealisten, die sogar nach der Machtergreifung 1933 zum Teil nicht einmal Gehalt bezogen![50]

Bei alledem kam man sich bei der SS und vor allem im SD ungeheuer gut und wichtig vor und spöttelte gern über die plumperen Nazi-Kollegen aus anderen Gliederungen der NS-Bewegung. Im Deutschen Reich schleimten sich die Elitären vor allem in der SS-Wochenzeitschrift „Das Schwarze Korps" aus, die von dem jungen Journalisten Gunter d' Alquen ab 1935 binnen zwei Jahren von 70.000 auf eine halbe Million Stückauflage hochgebracht wurde. Dort gab es Schlagzeilen wie „Der Führer hat gehustet" … gewiss eine Form von interner Kritik – natürlich nur in den Grenzen des NS-Staates und im Dienst des SS-Geistes; Hitler selbst blieb auch im „Schwarzen Korps" sakrosankt.[51] Die in der Illegalität waltenden österreichischen Kollegen waren daran damals noch nicht beteiligt, aber die zynische Mentalität und der spöttische Ton des „Schwarzen Korps" liegen ganz auf der Linie des eitlen Wilhelm Höttl, der sich später gegenüber den Amerikanern zu der Behauptung versteigen wird, dass der wirkliche Widerstand gegen das Dritte Reich von der SS ausgegangen sei![52]

„Das Schwarze Korps" wurde in enger Zusammenarbeit mit dem SD herausgegeben. Alle Meldungen und Nachrichten waren mit dem Geheimdienst abgesprochen, aus dessen Reihen regelmäßig auch Artikel kamen. Besonders bei der Bevölkerung gefürchtet war die Rubrik „Leserzuschriften mit der Bitte um Stellungnahme/Kenntnisnahme". Diese Zuschriften gingen unverzüglich an den Sicherheitsdienst und konnten unter Umständen die direkte Verhaftung eines Beschuldigten nach sich ziehen, da diese Meldungen beziehungsweise Leserbriefe der Gestapo übergeben wurden.[53]

Im Deutschen Reich zählte der SD 1934 gerade einmal 201 Mitarbeiter, wobei unklar ist, ob in dieser Berechnung diejenigen im österreichischen Untergrund mitgezählt wurden. Auffallend ist nicht nur die Jugend der SDler (ein Drittel der zwischen 1932 und 1934 Eingetretenen war 1900 oder später geboren); auch auf einen hohen Bildungsgrad wurde offensichtlich Wert gelegt: Im gleichen Zeitraum besaßen 41 Prozent der SD-Angehörigen eine Hochschulausbildung, 14 Prozent einen Doktortitel, wobei diese Zahlen bei den SD-Führern mit 49 Prozent und 16 Prozent noch einmal höher lagen. 74 Prozent der SD-Angehörigen waren vor 1933 in die NSDAP eingetreten, 10 Prozent vor 1928 („Alte Kämpfer")[54]. Die Identifikation mit dem Nationalsozialismus in dieser Truppe war total, Opportunismus und Mitläufertum gab es nicht.

Genau diese Voraussetzungen erfüllte Wilhelm Höttl bei seinem Eintritt in SS und SD. Er war jung an Jahren („Ich war überall immer der Jüngste", wird er im Rückblick bemerken), Student der Geschichte und seit seinem 17. Lebensjahr in NS-Organisationen verankert, daher ideologisch gefestigt. Ein ganz anderes Kaliber als die HJ-Rotznasen und Gassenbuben oder die Stänkerer und Schläger der SA! 1938 wurde ihm parteiamtlich bestätigt: „Politische Einstellung nationalsozialistisch. Hat sich schon vor dem Umbruch für die NSDAP ausgesprochen. Verhältnis zu Staat und Partei einwandfrei."[55]

Dieser Mann war bestimmt kein Mitläufer!

Gemäß seinem Auftrag wühlte sich Höttl in die Gesellschaft des morschen Österreich und baute unterhalb der Oberwelt sein Geheimnetz auf, was gegen Ende des Jahres 1934 allmählich gelang.[56] Eine große Hilfe dabei waren ihm Kameraden wie der Kreisleiter der illegalen Hitlerjugend in Wien, Karl Kowarik, den wir uns gut merken müssen, denn er wird uns wieder begegnen.

Am 5. November 1937 promovierte Höttl[57] und wurde vier Tage später zum SS-Untersturmführer, also zum Leutnant der in Österreich illegalen NS-Elitetruppe, ernannt. Nach außen hin war er ein frisch-

Höttl-Akt: Ein vorbildlicher Parteigenosse?

gebackener Doktor phil., wie viele andere auch. Seine Dissertation trug den Titel „Die Anfänge der deutschen Turnbewegung und die Untersuchung gegen Jahn und seine Mitkämpfer". Eine historische Episode der Unterdrückung des Deutschtums in der Metternich-Ära nach 1815 also. Die Betreuer waren die Historiker Heinrich von Srbik und Hans Hirsch.

Geschafft hatte er das alles nur, da seine Verlobte Friedel für ihn seine Seminararbeiten schrieb,[58] während der junge Agent damit beschäftigt war, für die Partei Spionage zu betreiben.

Die antiquierte Formel, dass hinter jedem erfolgreichen Mann eine starke Frau steht, scheint auch auf die Höttls zuzutreffen, wobei die Definition von Erfolg im konkreten Fall schwerfällt, denn mannigfache Niederlagen säumten Willis Weg. Friedel Höttl wird nach dem Krieg immerhin noch eine gewisse Rolle im Interesse des Familienvermögens zukommen.

5. Karrierebarriere

„Was sich der Untersturmführer Höttl da geleistet hat, geht auf keine Kuhhaut, wie man hier in der Ostmark wohl sagt! 'Ne ganz schöne Liste, alle Achtung!"

Eine solche Frechheit war dem SS-Sturmbannführer Friedrich Polte noch nicht untergekommen, seit er 1938 das Kommando über den SD in Wien übernommen hatte. Er stammte aus Wolfenbüttel und war von ganz anderem Schlag als der Alkoholiker Trittner. Polte führte die Truppe mit eiserner Hand. Die Halsschlagadern des Niedersachsen wurden zu Kabeln und seine Körperhaltung straffte sich. Vor ihm auf dem Schreibtisch lag der Schriftverkehr in der Höttl-Sache mit den RSHA-Inspektoren für Disziplinarsachen Walter Haensch und Bruno Streckenbach.

Die mit Polte in der Amtsstube zur „Führer"-Besprechung anwesenden Herren der SS pflichteten ihm durch Kopfnicken bei. Die meisten stammten aus dem „Altreich". Sie hatten Dr. Wilhelm Höttl vor dem März 1938 noch nicht gekannt.

„Es fängt einmal damit an, Herr Sturmbannführer", sagte einer von ihnen, „dass er sich die angebliche Mitgliedschaft in der SS während der Kampfzeit rückwirkend erschwindelt hat! Der Parteigenosse Dr. Wolfgang Scholz, der das Gaupersonalamt in Wien leitet, wollte Höttl wohl gefällig sein und hat ihm eine Bescheinigung ausgestellt, dass er schon seit 1934 der SS angehört hätte."

„Unerhört!"

„Und dann noch diese Religionssache! Nicht nur, dass er katholische Reaktionäre wie diesen dubiosen Borodajkewycz an den SD herangelassen hat, nahm er sogar direkten Kontakt mit den Jesuiten auf!"

„Ohne meinen Befehl und ohne mich zu informieren!", unterbrach Polte schnaubend die Aufzählung.

„Die sogenannte ‚Gräfin' Dorothy Pálffy setzt noch eins drauf! Die ist ja in Wirklichkeit eine Amerikanerin. Und ihr wollte er arisiertes Land in Linz zuschanzen! Und ihrem Verwandten wollte er einen Besitz in Polen verschaffen …"

„Und nahm dafür über meinen Kopf hinweg Verhandlungen mit dem Kommandeur in Warschau auf, den er noch dazu über die Pálffy belogen hat!", unterbrach Polte erneut.

„Und erst die hohen Summen, die von dem Wiener SD-Bankkonto verschwunden sind und die Höttl wohl …"

„Genug!", schrie Polte. „Ich habe diesen lästigen Wiener satt! Er ist ein Lügner, eine kleine Kröte, ein Intrigant!"

Der Abschlussbericht Friedrich Poltes nach Berlin setzte 1941 der bis dahin vielversprechenden Karriere des 26-jährigen SD-Agenten Wilhelm Höttl ein jähes Ende. Mit einem Federstrich des RSHA-Chefs Reinhard Heydrich wurde der junge Wiener nach Berlin versetzt – weit weg vom heimatlichen Schauplatz seiner Verfehlungen. Was war da nur passiert? Was hatte er angestellt?

Eine erfundene SS-Mitgliedschaft? Eine amerikanische Gräfin Dorothy? Katholische Spione und geheimnisvolle Jesuiten? Lug und Trug um jüdisches Vermögen und ein abgeräumtes SS-Konto? Klingt wie eine Räuberpistole oder eine Agentenklamotte – und ist es auch! Dabei hatte alles so gut begonnen …

*

Wissen ist Macht! Der junge Höttl hatte schon vor dem „Anschluss" Österreichs an das Deutsche Reich als Untergrundagent unmittelbaren Einblick in die Pläne der österreichischen NSDAP. Gegen die forschen Haudegen, denen eine Machtergreifung mit Waffengewalt am liebsten gewesen wäre, setzten sich bedächtigere Kräfte durch, die den Ständestaat von innen unterwandern und aushöhlen wollten.

Höttl nahm 1937 in Linz an einer Besprechung von zwei Parteigenossen teil, die eine wichtige Rolle spielen sollten: der Oberösterreicher Ernst Kaltenbrunner, der dort im Untergrund den SS-Abschnitt VIII weiterführte und engen Kontakt zu Berlin hielt, und der Wiener Rechtsanwalt Arthur Seyß-Inquart, der als frommer Katholik nicht nur ein Verbindungsglied zwischen dem absterbenden Ständestaat und den

Nazis darstellte, sondern sich auch Hoffnungen machte, Bundeskanzler eines eigenständigen NS-Österreich zu werden.

Bei dem Treffen in Linz nun zerstreute Kaltenbrunner vorsorglich diese Hoffnung und verkündete richtungsweisend, dass die illegale österreichische NSDAP von nebensächlicher Bedeutung war! Wer vorne mit dabei sein wollte, sollte sich besser an Hitlers Reichsbeauftragten für Österreich, Wilhelm Keppler, halten.[59] Dass ein „Anschluss" unvermeidlich war, hatte Kaltenbrunner früher als Seyß-Inquart begriffen; paradox nur, dass eben dieser Kaltenbrunner nur acht Jahre danach ebenfalls mit der österreichischen Kanzlerschaft liebäugeln sollte – freilich unter völlig geänderten Vorzeichen …

Damit musste für Höttl klar sein, dass eine Vielzahl von Köchen im österreichischen Brei mitrühren würden. Wollte er Karriere machen, musste er sich den einflussreichsten Gönner heraussuchen. Wer kam für diese Rolle infrage?

Von Arthur Seyß-Inquart hielt Höttl schon damals wenig: „Für die Haltung Seyß-Inquarts war der Umstand charakteristisch, daß er nie aufzufinden war, wenn die Illegalen eine Aktion starteten. Es hieß dann immer: ‚Der Seyß ist fort …'."[60] Dennoch wurde Seyß-Inquart immer wichtiger und Höttl wusste auch, warum. Ausschlaggebend war wieder ein besonderer SD-Kontakt zu einer schillernden Figur, einem prominenten Mitarbeiter der Salzburger Festspiele, Kunsthistoriker und später frechsten Kunsträuber des Dritten Reichs: „Seyß-Inquart wurde […] durch den illegalen Nachrichtendienst im Reich hoffähig gemacht. Hiebei spielte Dr. Kajetan Mühlmann (der wegen seiner sozialistischen Herkunft selbst Angriffen ausgesetzt war) eine bedeutende Rolle. Mühlmann arbeitete im illegalen Sicherheitsdienst mit. Für Seyß-Inquart, mit dem er sehr befreundet war, stellte er den Kontakt zur Berliner SS-Gruppe her. […] Mühlmanns Einfluß auf die Ereignisse wird auf Grund mangelnder Kenntnis unterschätzt."[61]

Noch dazu war Seyß-Inquart mit anderen illegalen NS-Funktionären wie dem künftigen Gauleiter von Salzburg und Kärnten, Friedrich Rainer,[62] über den „Deutschen Klub"[63] vernetzt. Dieser Verein, dem unter anderem auch Höttls väterlicher Freund und Gönner Edmund

Glaise-Horstenau angehörte, war eine Sammlung „deutschfühlender" früherer Offiziere, Intellektueller und hoher Beamter. Einige von ihnen, wenn auch nicht alle, wurden nach 1938 Mitglieder der NSDAP.[64] Tatsächlich war Seyß-Inquart seit 1931 in Kontakt mit der NSDAP[65], Angehöriger des NS-nahen Österreichisch-Deutschen Volksbundes und des zu diesem Zeitpunkt bereits nationalsozialistisch orientierten Steirischen Heimatschutzes.[66] Auch wenn er erst 1938 der NSDAP beitreten sollte, war er also nicht „keineswegs der NSDAP nahe stehend", wie Höttl später behaupten wird.[67]

Aber sei's drum, für Willi war klar, dass mit Seyß-Inquart kein Staat beziehungsweise keine Karriere zu machen sein würde. Kaltenbrunners Hinweis auf den offiziellen Beauftragten des Reiches für die österreichische Frage, Wilhelm Keppler, hatte Eindruck auf ihn gemacht und er hielt sich ab nun an jenen Mann, mit dem Keppler am engsten in Sachen „Anschluss" zusammenarbeitete: Reinhard Heydrich[68], den Einflüsterer des Reichsführers SS Heinrich Himmler.

Keppler war zwar über Hitlers zweiten Mann Hermann Göring direkt vom „Führer" beauftragt worden, hielt aber guten Kontakt zu Heydrich, der nicht umsonst als „Himmlers Hirn" bezeichnet wurde und durch den illegalen SD viel besser über die österreichischen Verhältnisse informiert war als Keppler selbst. Heydrich wiederum hielt wenig von Göring, dem Zuständigen für die Österreich-Frage, und den Österreicher Seyß-Inquart lehnte er überhaupt ab. Höttl vermutete später, dass der schlaue Heydrich in der Österreich-Frage seinen Chef Himmler, den er auch sonst mühelos zu manipulieren wusste, überspielt und sich alles mit Göring direkt ausgemacht hätte. Keppler, der sich im Übrigen mit Seyß-Inquart sehr gut verstand, dürfte über die Linie Heydrichs, der die vollkommene Gleichschaltung Österreichs zum Ziel hatte, nicht vollständig im Bild gewesen sein, dafür umso mehr Friedrich Rainer, der sich ebenso wie Kaltenbrunner Heydrich spätestens 1937[69] auch in dieser Frage anschloss.

Sind Sie mitgekommen? Nein? Macht nichts, wir müssen uns nicht jedes Detail dieses surrealen Gemäldes aus Machtstrukturen und Einflusssphären merken. Es reicht, wenn wir erkennen, wie zerklüftet die

Verantwortungsebenen im Dritten Reich waren und wie trickreich ein junger, ehrgeiziger Nationalsozialist wie Wilhelm Höttl sich durch die Rivalitäten der Gewaltigen hindurchschlängeln musste, wollte er Erfolg haben.

Dazu kamen noch die Schwierigkeiten durch das offizielle Verbot der NSDAP im Ständestaat. Nach einigen Verhaftungswellen illegaler Nazis war ein Vakuum in der geistigen Führungsebene der österreichischen Nationalsozialisten entstanden,[70] was Figuren wie Rainer hinaufschwemmte, der via Heydrich genau informiert war, „wie der Hase läuft"[71], und sich daher als gut informierter Realpolitiker im März 1938 gar nicht erst als Minister eines NS-Österreich anbot, „da er wusste, dass es sich hierbei nur um eine kurzfristige Angelegenheit handeln könnte."[72] Diese Zwei-Tages-Ministerposten füllten dann vom 11. bis zum 13. März Seyß-Inquart als Kanzler, und eitle Tröpfe wie Glaise-Horstenau oder loyale alte Parteigenossen wie der spätere erste FPÖ-Obmann Anton Reinthaller aus. Als Hitlers Truppen im März 1938 in Österreich einmarschierten, wusste Willi Höttl jedenfalls genau, an wen er sich zu halten hatte: an Reinhard Heydrich.

Im Zeichen der „großen Zeit" warteten neue Aufgaben. Zunächst galt es einmal, die mannigfaltigen Gegner des NS-Regimes zu orten und nun, da man die Macht übernommen hatte, unschädlich zu machen.

Nach dem 12. März 1938 wurde Wilhelm Höttl als Mitarbeiter des illegalen SD in Wien ganz offiziell vom SD-Unterabschnitt (später hieß es: Leitabschnitt) Wien übernommen und bekam das Referat II/111 namens „Gegnerbekämpfung" als Leiter zugeteilt: „Juden, Monarchisten, Heimwehren, etc."[73]. Zusätzlich zählten noch die Freimaurer zu seinem Aufgabengebiet.[74] Umgangssprachlich wurde die II/111 überhaupt als „Freimaurerabteilung" bezeichnet.[75] Eben deshalb wurden vor allem die Aktionen zur Zerschlagung der österreichischen Freimaurerei sorgfältig geplant und liefen präzise ab.

Hier leistete man sich spezielle „Fachleute": Aus dem Reich wurde dazu SS-Sturmführer Werner Ehlers, der spätere Leiter der II/111, nach Wien kommandiert, vielleicht auch der damalige Leiter der Abteilung

Dr. Hellmuth Knochen, wahrscheinlich aber der Archivar Dr. Dittel und ein gleichrangiger Beamter des Freimaurerreferats II 1 B 2 des „Gestapa", wie das Amt der gefürchteten Gestapo im damaligem Amtsdeutsch korrekt bezeichnet wurde.[76] Damit war Höttl in einem Referat gelandet, das Heydrich besonders wichtig war, denn neben den Juden hielt der fanatische SD-Chef vor allem den politischen Katholizismus und den weltweit tätigen Bund der Freimaurer für die Hauptfeinde des deutschen Volkes. Wer sich mit diesen Kräften einließ oder nur in den Verdacht geriet, ihnen nahezustehen, begab sich in tödliche Gefahr.

Ins Frühjahr 1938 fiel für Höttl auch der Beginn einer schicksalhaften Bekanntschaft, jener mit Adolf Eichmann. Der in Solingen geborene und wie sein Schulkollege Kaltenbrunner in Linz aufgewachsene Eichmann wurde als frisch beförderter SS-Untersturmführer im März 1938 nach Wien versetzt, um dort eine Auswanderungsstelle für Juden zu errichten.[77] Noch gab das Dritte Reich an, auf Ausweisung der jüdischen Bevölkerung zu setzen, und traten künftige Organisatoren des Massenmords wie Adolf Eichmann und sein Kollege Alois Brunner in dieser Mission in Erscheinung. Rein dienstlich hatte Höttl mit Eichmann nur ein Mal zu tun, als nämlich Eichmann den Schlüssel zu den beschlagnahmten und versiegelten jüdischen Einrichtungen brauchte, bekam er sie von Höttl in dessen Eigenschaft als Leiter des Leitabschnitts „Gegnerbekämpfung" ausgehändigt.[78] Das war's dann auch schon wieder, doch freundete man sich sehr schnell privat miteinander an.[79] Eichmann bestätigte das auch, was uns später noch zu interessieren haben wird, denn der Grad an Vertrautheit der beiden Männer sollte 1945 für einen Augenblick weltgeschichtliche Bedeutung erlangen!

„Obwohl wir dienstlich kaum Verbindungen hatten und weder er mir noch ich ihm unterstellt war, hatten wir eine Art engerer Freundschaft gefunden, ohne daß wir sie suchten",[80] erinnerte sich Eichmann, doch Freund Willi stellte das etwas anders dar: Geradezu gelechzt hätte der von Komplexen wegen seines angeblich „jüdischen Aussehens" geplagte Eichmann nach der Freundschaft mit dem Jüngeren! Der banale Anlass: Eichmann und Höttl entdeckten, dass sie beide am 19. März

*Adolf Eichmann: ein Freund,
ein guter Freund …*

Geburtstag hatten. Na, da musste man einander doch näherkommen! „Das erscheint mir allerdings keine Empfehlung zu sein, mit Eichmann so eng befreundet gewesen zu sein, aber ursprünglich war es tatsächlich so, wobei er, der weitaus Ältere, sich an mich, den Jüngeren anschloß."[81]

All diese Geschichten sind Bestandteil der Eichmann-Saga, die Höttl bis zu seinem Tod kultivierte und die ihn als intimen Kenner des Judenvernichters ausweisen sollte. Zugleich ging er rückwirkend mit einiger Koketterie auf Distanz zu dem Verfemten. Eichmann sei ihm in der gemeinsamen Wiener Zeit halt nachgelaufen …

Großzügig nahm sich der Herr Doktor Höttl besonders bei gesellschaftlichen Anlässen des armen, gesellschaftlich isolierten Eichmann und dessen Frau an. Der hätte wenig Schulbildung, wäre besessen von seiner von ihm selbst herbeifantasierten angeblichen jüdischen Abstammung und würde wegen seiner Ehe mit einer Tschechin von seinen Kameraden gemieden.[82] Zumindest die Geschichte mit der Ehefrau verhielt sich anders, da Eichmann seine um drei Jahre jüngere Ehefrau Vera Liebl stolz als „stolze Bauerstochter aus Mladé" koste und durch sie alles andere als Leiden auszustehen hatte.[83]

Trotzdem sollte allerdings auch Eichmann einiges an komplexbeladenen Episoden bestätigen und – noch immer gekränkt – bei den Verhören zu seinem Prozess 1960/61 zu Protokoll geben. Sogar sein Vorgesetzter Kaltenbrunner, der ihn einst immerhin von dem fidelen Männerbund der „Schlaraffia"[84] weg und stattdessen in die illegale SS gebracht hatte, behandelte ihn herablassend, obwohl ihre Väter, beide Rechtsanwälte in Linz,[85] gut befreundet gewesen waren.[86]

Eichmanns Eifer bei der systematischen Errichtung von „Zentralstellen für jüdische Auswanderung" in Wien, Prag und Berlin wurde von Heydrich und Hitler mit der Ernennung zum Obersturmbannführer honoriert. Trotzdem blieb ihm als Nichtmaturanten die höhere Beamtenkarriere verschlossen. Mehr als der Rang als Referatsleiter war nicht drin, was ihn sehr frustrierte. Dennoch war seine Macht de facto groß, da er sich mit seinem Vorgesetzten Heinrich Müller (dem berüchtigten „Gestapo-Müller") sehr gut verstand und dieser ihm viele Freiheiten ließ.[87] 1939 wurde Adolf Eichmann nach Berlin versetzt und der Kontakt zu Höttl riss vorerst ab.

Wer im Dritten Reich amtlicher Spitzel war, wurde zunächst einmal selbst bespitzelt. Im „Archiv der Republik" im Österreichischen Staatsarchiv in Wien finden sich bis heute „Gauakten", die über jene Personen angelegt wurden, die Staat und Partei dienlich oder gefährlich werden konnten, und in denen die Bewertung ihrer politischen Zuverlässigkeit festgehalten ist. Blättert man in Höttls Akt, der spätestens 1941 angelegt wurde, sticht zunächst eine Ungereimtheit ins Auge, denn von einer Parteimitgliedschaft ab 1934 samt Mitgliedsnummer ist dort nichts zu lesen! Das muss nun nicht viel bedeuten, denn in der Verbotszeit der NSDAP in Österreich wurde vieles nicht korrekt aufgezeichnet. Fest steht, dass Wilhelm Höttl erst im Mai 1938 (erneut?) der NSDAP beitrat und die Mitgliedsnummer 6.309.016 erhielt. Eine schale Sache, denn die Nazis betrieben einen regelrechten Kult um niedrige Mitgliedsnummern. Hitler, dem ursprünglich die Zahl 555 zugeordnet war, führte ab der Wiedergründung der Partei 1925 die Ordnungsnummer 1, und Höttls Ehefrau Elfriede, die nachweislich seit 1932 NSDAP-Mitglied war, glänzte immerhin mit der Nummer 1.086.338.[88]

Auch sonst findet sich allerlei Interessantes in Höttls Gauakt. Er weist den jungen Mann, der sich nach dem Krieg betont katholisch geben würde, in der politischen Beurteilung von 1941 als „ggl." („gottgläubig") aus und damit ohne religiöses Bekenntnis![89] Der Anlass für das Scheiden vom Christentum war die Hochzeit mit Friedel am 20. Juli 1938 gewesen. Wilhelm und Elfriede waren am 7. Juli aus der römisch-katholischen Kirche ausgetreten.[90]

Bei der „Gegnerbekämpfung" in Wien hielt es den Akademiker nicht, er wollte höher hinaus, zumal der Kriegsausbruch 1939 für Nachrichtendienstler weitere Perspektiven versprach. Wegen „hervorragender Verdienste"[91] wurde er im Dezember 1940 zum Leiter des Referats VI beim SD-Leitabschnitt Wien und damit für „Auslandsfragen" zuständig.[92] In dieser Funktion hielt er sich auch häufig in Berlin auf – endlich in der Zentrale![93]

Der Karrierist internationalisierte seine Kontakte. Und genau das wurde ihm zum Verhängnis. Denn bei seiner konspirativen Arbeit nutzte Höttl Kontakte, die argwöhnische Vorgesetzte stutzig machten: etwa die Gräfin Dorothy Pálffy, eine US-Amerikanerin, die in eine einflussreiche deutschfreundliche ungarische Familie eingeheiratet hatte[94] und die Höttl wertvolle Informationen von englischen, französischen und polnischen Diplomaten beschaffte.[95] Ein prominentes Familienmitglied, Graf Fidél Pálffy de Erdőd, war seit 1933 die führende Figur der Ungarischen Nationalsozialistischen Partei und sollte für Höttl bald ein wichtiger Kontaktmann werden. Die Bekanntschaft mit der seltsamen Gräfin erregte den Verdacht von Polte und Co, zumal Höttl sie mit enteignetem jüdischem Vermögen zu versorgen suchte.[96] Kon-

Wilhelm und Elfriede: gemeinsam „gottgläubig" durchs Leben

kret ging es um eine Liegenschaft im Raum Linz und alte Besitzungen eines hochadeligen Pálffy-Verwandten in Polen, das mittlerweile von den Deutschen besetzt war.

Als Polte dahinterkam, dass sein Untergebener heimlich an ihm vorbei Kontakte nach Warschau aufgebaut hatte, war Feuer am Dach.

Höttl versuchte noch, diesen Kontakt zu verteidigen, indem er den aufrichtigen Antisemitismus der Gräfin pries, der sich allerdings naturgemäß vom deutschen unterscheide, da Gräfin Pálffy schließlich „Vollblutamerikanerin" sei.[97] Immerhin hatte die gute Dorothy wertvolle Informationen aus der britischen Botschaft gebracht, was sogar Heydrich selbst dazu bewogen hätte, einen Befehl zur Begünstigung der Gräfin zu geben.[98]

Für Willi wurde es indes noch viel ungemütlicher, als große Geldsummen von einem Wiener Bankkonto des SD in Wien verschwanden, während er sich gerade in Wien aufhielt. Er erntete eine vernichtende Beschreibung. Polte schrieb, er sei „der typische lästige Wiener – ein Lügner, eine kleine Kröte, ein Intrigant".[99]

Noch verdächtiger als die Pálffy erschien Höttls Vorgesetzten ein weiterer seiner Kameraden aus gemeinsamen Kampftagen: der Archivar des Haus-, Hof- und Staatsarchivs, Universitätsdozent Taras von Borodajkewycz. Mit ihm müssen wir uns ein wenig näher beschäftigen, denn er zählt zu den groteskesten Figuren der beklemmenden Geschichte Österreichs im 20. Jahrhundert. Dieser ruthenisch-, also ukrainischstämmige Aristokrat gebärdete sich die längste Zeit als politischer Grenzgänger, als katholisch-konservativer Nationalsozialist, und hatte sich trotz seiner CV-Mitgliedschaft[100] in den 1930er-Jahren als Gegner des Ständestaates hervorgetan – obwohl er gute Kontakte zu christlich-sozialen Kreisen über den Zweiten Weltkrieg hinüberrettete und sogar Ghostwriter für den österreichischen Bundeskanzler (1953–1961) Julius Raab (ÖVP) geworden sein soll, was ihm als Organisator des Deutschen Katholikentags 1933 und als Träger einer hohen päpstlichen Auszeichnung, des Ehrenzeichens „Pro Ecclesia et Pontifice"[101], wohl nicht schwerfiel.

Wo „Boro" hintrat, wuchs kein Gras mehr, er blieb auch im Nachkriegsösterreich ein Problem und belastete durch seine antisemitischen Ausfälle noch in den 1960er-Jahren als Professor für Geschichte an der Hochschule für Welthandel (der heutigen Wirtschaftsuniversität) das politische Klima. Nach seinem Hinauswurf aus dem katholischen CV hatte er – paradoxerweise erst nach dem Ende des Dritten Reichs – im-

*Immer für einen Skandal gut: Taras „Boro"
Borodajkewycz*

mer mehr den Charakter eines lupenreinen Nationalsozialisten angenommen! Bei einem Zusammenstoß von Studenten, die 1965 für ihn, und Antifaschisten, die gegen ihn demonstrierten, wurde der Pensionist Ernst Kirchweger getötet – der erste politischen Tote der Zweiten Republik, wie man seither im österreichischen politischen Sprachgebrauch sagt.

Die Empörung war eine allgemeine, Borodajkewycz wurde zwangspensioniert und fortan – exakt 20 Jahre nach dem Ende des Dritten Reichs – waren öffentliche antisemitische Äußerungen in Österreich tabu. Es sollten abermals zwei Dezennien vergehen, bis im Zuge der Waldheim-Affäre auch die untergründige Version eines latenten Antisemitismus ihre letzte große Vorstellung auf der politischen Bühne der

Alpenrepublik haben sollte. Was Wunder, dass wir Höttl selbst dann noch begegnen werden, wenn auch in einer winzigen, stummen Nebenrolle. Da war sein alter Freund Borodajkewycz bereits zwei Jahre tot, galt aber noch immer als Synonym für *den* österreichischen Nazi schlechthin.

In den 1930er- und 1940er-Jahren war „Boros" Leumund bei den Nationalsozialisten allerdings weniger gut – man traute ihm nicht und schob ihn 1942 als kleinen Assistenzprofessor an die Universität Prag ab. Borodajkewycz, ein ehemaliger Assistent des Historikers Srbik, soll durch Höttl zumindest sehr lose in den Verband des SD eingebunden gewesen sein. Mitglied der NSDAP war er jedenfalls seit 1934. Dass es ihm, dem nationalsozialistischen katholischen Aristokraten ruthenischer Herkunft, möglich gewesen wäre, an Top-Informationen gerade aus den bürgerlich oder adelig geprägten Bereichen, in denen auch Höttl in seiner Wiener Zeit arbeitete (von den Katholiken über die Monarchisten zu den Freimaurern), zu kommen, scheint auf der Hand zu liegen. Höttl sagte immerhin über Borodajkewycz, dass er ihm „sehr viel bei der nachrichtendienstlichen Tätigkeit helfen, das heißt Verbindungen schaffen konnte".[102]

Auch aus einem Dossier des Jüdischen Dokumentationszentrums geht die Tätigkeit Borodajkewycz' als Vertrauensmann für den SD hervor. Dort wird er als Mitarbeiter einer Dienststelle bezeichnet, die der SS-Obersturmführer Dr. Wilhelm Höttl vom SD-Leitabschnitt Wien leitete.[103]

Der Skandalprofessor der 1960er-Jahre als SS-Agent der 1930er und 1940er?

Höttl schwächt ab: „Es gab beim SD 3 Kategorien von Mitarbeitern, erstens die hauptamtlichen, zweitens die ehrenamtlichen und drittens die V-Leute. [...] Dr. B. war nicht einmal ein V-Mann, also wirklich zu nichts verpflichtet. Seine eigentliche Tätigkeit für den SD bestand darin, daß er mich mit ‚interessanten' Leuten zusammenbrachte, die dann sehr wohl wertvollstes Material lieferten, allerdings ohne jedwede Verpflichtung (so zum Beispiel Prinz Karl Anton Rohan [....])."[104] In den Vierzigerjahren galt Borodajkewicz Höttls Vorgesetzten als „recht bedenkliche[r]"[105] Mitarbeiter. Er, der „christlichen Idealen nachhängt", sei „einer der gefährlichsten Vertreter der katholischen Zwischenschicht [...], deren sich die Kirche von jeher in schwierigen politischen Situationen mit Erfolg bedient hat."[106]

Dennoch versuchte Höttl, Borodajkewycz zum Sekretär einer Zweigstelle der Deutschen Akademie, der Vorläuferin des Goethe-Instituts, zu machen, und diese letzte Eigenmächtigkeit sollte ihn vorübergehend seine Stellung im SD kosten: „Boro", Gräfin Dorothy, Warschau, SS-Konto, Flunkereien über alte Kampfzeiten: All das zusammen genommen war den SD-Gewaltigen einfach zu viel! Heydrich verfügte sofort nach Poltes Eingabe im Oktober 1941 Höttls Entfernung aus dem Sicherheitsdienst.[107]

Es wäre aber nicht Willi Höttl, hätte er nicht die Pleite zum Erfolg umgemodelt!

Und das kam so: Zugleich mit ihm wurden auch noch zwei andere, in der Hierarchie über ihm rangierende SS-Größen geschasst. Der Leiter der SD-Amtsgruppe „Nachrichtenübermittlung und nachrichtentechnischer Einsatz im Ausland" (Amt VI B), Alfred Naujocks, hatte sich als geschickter Fälscher von Banknoten und Uniformen bewährt. Er steckte unter anderem hinter dem getürkten „polnischen Überfall" auf den Sender Gleiwitz, der den Deutschen 1939 den Vorwand für den Angriff auf Polen lieferte, und so manchem anderen Terroranschlag. 1941 war er Heydrich zu übermütig geworden – er entließ ihn aus dem SD und versetzte ihn zur Waffen-SS. Die war damals schon eine kämpfende Truppe und verhieß also den Abschied aus der elitären Welt der Spionageeinsätze und Kommandounternehmen. Und da war noch der Leiter des SD-Ausland Heinz Jost, der sich zu sehr mit Werner Best, einem Rivalen Heydrichs, eingelassen hatte – er wurde prompt entfernt.

Das Fazit Höttls: So wie die beiden SS-Promis sei auch er, der 26-jährige Wunderknabe, dieser „Säuberungsaktion" Heydrichs im Amt VI zum Opfer gefallen. Kokett merkte er später an: „Meine Überraschung war groß, denn ich konnte mich schon auf Grund meiner ganzen Vergangenheit und auch meines Entwicklungsganges im deutschen Geheimdienst nicht zu dessen Führungs-Clan rechnen."[108]

Falsches Spiel als Methode: Alfred Naujocks

Oder war da doch mehr dran? Hingen die drei Fälle zusammen? Sollte Höttl schon damals mit den beiden Höherrangigen an den Vorbereitungen zur großangelegten Geldfälschungsaktion zur Destabilisierung der Westalliierten, dem „Unternehmen Bernhard", beteiligt gewesen sein? Außer Höttls eigener, späterer Behauptung gibt es dafür keinen Beweis …

Das SS- und Polizeigericht in Berlin wertete sein Delikt angeblich als „weltanschauliche Unzuverlässigkeit und konfessionelle Bindung"[109].

„Ich hatte nämlich versucht, maßgeblichen Persönlichkeiten im Vatikan die Anregung nahezubringen, die Westmächte für Friedensverhandlungen zu interessieren. Es war mir gelungen, den General des Jesuitenordens, Graf Ledochowski, für diesen Gedanken zu gewinnen […]."[110] Seine Korrespondenz mit dem Jesuitengeneral[111] in Rom sei ruchbar geworden, was ohne Genehmigung ein Dienstvergehen dargestellt hätte. Diese edle Unternehmung im Sinne des Weltfriedens sei der Grund für seine Entfernung aus dem SD gewesen.

Ganz anders argumentierte Höttl rückwirkend in einem Brief an den österreichischen Bundespräsidenten Karl Renner (SPÖ) im Jahr 1950. Da bittet er Renner um Gewährung von Ausnahmen nach dem NS-Verbotsgesetz 1947. Höttl hätte es ja 1941 immerhin anlässlich seines Hinauswurfs aus dem SD schriftlich von der SS bestätigt bekommen, dass er vor 1938 *kein* „illegaler" Nazi gewesen sei, sondern sich nur ein Gefälligkeitsgutachten hätte erstellen lassen, das ihn für die Partei dazu machte.[112]

Was stimmte denn nun? Einmal war er Nazi seit Jugendtagen und dann wieder nur ein später Parteigenosse des Jahres 1938? Wie üblich verschwommen Fakten und Erfindungen in der Höttlschen Brühe aus Dichtung und Wahrheit.

Heraus kam eine zuckersüße Melange: Seht ihn an, den Dr. Wilhelm Höttl! Ein notorisch missverstandener guter Mensch und zum anderen gar kein echter Ur-Nazi, der in Partei und SS nur deshalb aufsteigen wollte, um endlich Frieden mit der Kirche und dem Westen zu machen!

Seine Vorgesetzten im SD hingegen gelangten zu einem Charakterbild, das davon stark abwich: „Infolge seines ausgesprochen skrupellosen Ehrgeizes legte er sich bei seiner Arbeit und in seinem Verhalten in der Dienststelle insofern keine Hemmungen auf, als er immer bestrebt war, vollkommen selbständig unter Ausschaltung seines Vorgesetzten zu arbeiten, als er durch ein gewisses Heraustreten aus dem kameradschaftlichen Rahmen der Dienststelle deren kameradschaftliche Einheit gefährdete und auch vor der Verwendung recht bedenklicher Mitarbeiter nicht zurückschreckte […] Zusammenfassend muss, vor allem auf den Dienst in der Sicherheitspolizei und im SD bezogen, gesagt werden, dass seine negativen Seiten seine positiven, nämlich seine fachlichen Fähigkeiten, seine Kenntnisse und seinen Fleiss, überwiegen."[113] Von abweichender Gesinnung war da keine Rede.

Selbst wenn man in Rechnung stellt, dass diese Beurteilung nach dem fragwürdigen Ehrenkodex der SS zustande kam, lag sie wohl näher bei der Wahrheit als Höttls Eigenlob.

Die Strafe folgte auf dem Fuß. Höttl wurde zur Waffen-SS versetzt, und zwar vorerst als einfacher Rekrut zur „Leibstandarte Adolf Hitler" nach Berlin, dann als Kriegsberichter zur neu geschaffenen 7. SS-Freiwilligen-Gebirgs-Division „Prinz Eugen" nach Jugoslawien mit Sitz in Belgrad.[114] Was Höttl dort außer die Divisionszeitung herauszugeben[115] genau getan hat, wissen wir nicht, er hat seine Spuren gründlich verwischt; selbst behauptete er, „mit dem Gegner in Gespräch [... ge]kommen [...]"[116] zu sein und Kontakt mit serbischen Tschetniks, also nationalistischen Partisanen, aufgenommen zu haben, „[ich] war aber zu meinem Glück in die furchtbaren Partisanenkämpfe nicht oft [sic!] verwickelt[.]"[117] Die Division „Prinz Eugen" bestand aus Banater Deutschen und ist in der militärgeschichtlichen Forschung für ihre Grausamkeit besonders bekannt. Es ist davon auszugehen, dass der Herr Chefredakteur selbst saubere Hände behielt und keinen Blutspritzer abbekommen hat.

In seinen Veröffentlichungen wird Höttl später immer wieder Kritik an den Verbündeten Deutschlands auf dem Balkan üben. Besonders die kroatische Ustascha, also die faschistische Bewegung Ante Pavelićs, dürfte ihm schon damals unsympathisch gewesen sein.[118] Möglicherweise lag das an der kroatischen antijüdischen Gesetzgebung, die das Land keineswegs „judenrein" machte, sondern vorsah, dass alle reichen Juden, die einen Beitrag zur „Sache Kroatiens" leisteten, quasi zu „Ehrenariern" wurden. Ein Umstand, den Höttl in seiner Kritik später ebenso wenig erwähnen wird wie die Tatsache, dass er in einem Schreiben seinem Chef Kaltenbrunner denunziatorisch mitteilte, dass fast alle Mitglieder der herrschenden kroatischen Schicht mit jüdischen Frauen verheiratet seien.[119] Pavelić ließ trotz dieser „Gesetzeslücken" in

Willis Dienst in SS-Uniform und „Weißer Weste"

seinem Herrschaftsbereich von 1941 bis 1945 zehntausende Serben, Juden, Roma, orthodoxe Christen, kroatische und muslimische Oppositionelle, die meisten davon Kommunisten, planmäßig ermorden beziehungsweise nach Auschwitz deportieren.

Und dann explodiert die Bombe, die Höttls Karrierebarriere mit einem Mal wegsprengen wird! Am 4. Juni 1942 schlägt die letzte Stunde eines „Endlösers". Reinhard Heydrich, einer der Hauptverantwortlichen für den Holocaust und neben vielen anderen Ämtern auch Leiter des Reichssicherheitshauptamtes, stirbt an den Folgen eines Attentats. Die Täter sind Tschechen beziehungsweise Slowaken, die von britischen und Exil-tschechoslowakischen Geheimdiensten für dieses Kommandounternehmen ins „Reichsprotektorat Böhmen und Mähren", das Heydrich mit eiserner Hand verwaltet, eingeflogen wurden.

Die Nazis nehmen blutige Rache an tausenden tschechischen Zivilisten, darunter in den Dörfern Lidice und Ležáky.

Das offizielle Dritte Reich ist in Trauer und Hitler spricht den Ermordeten heilig, doch einige im deutschen Sicherheitsapparat atmen heimlich auf, darunter Wilhelm Höttl, dem Heydrich misstraute und der Willi daher aus dem SD entfernt hatte. Aber auch ganz andere Kaliber könnten sich vom jähen Abgang des verhassten RSHA-Chefs etwas versprochen haben, darunter sein eigener Vorgesetzter Heinrich Himmler und der Hitler-Skeptiker und Leiter der „Abwehr", des militärischen Geheimdienstes der Wehrmacht Admiral Wilhelm Canaris, der als Gegner von SS und SD später als Mitverschwörer des 20. Juli 1944 hingerichtet werden wird.

Der ehrgeizige Heydrich hatte inner- und außerhalb Deutschlands viele Feinde, und in wessen Auftrag er ermordet wurde, schien für Höttl klar: „Der englische Geheimdienst hat schon gewusst, warum der Heydrich wegmusste […] Wenn man den Gedanken ausbauen würde, könnte es sein, dass Himmler auf seinen Wegen dem englischen Geheimdienst Tipps gegeben hat, aber das ist umstritten."[120] Höttl meinte in Heydrich denjenigen zu erkennen, der als RSHA-Chef den Reichsführer SS Heinrich Himmler um ein Haar ausgebootet hätte. „Der Mann, der wirklich die Fäden zog und wusste, was er wollte, war Heydrich. Himmler war viel zu schwach und hat sich viel zu sehr von der einen oder anderen Seite beeinflussen lassen. Heydrich wollte der große Mann werden – wahrscheinlich wäre er's auch geworden. Himmler hatte er schon längst überspielt. Das hat mir auch der Adjutant von Himmler erzählt, wie der sich gekränkt hat, dass er bei Hitler nicht mehr vorgekommen ist, sondern nur mehr der Heydrich. Auch gegenüber Canaris hat Heydrich sich abgesichert. Der hat auf allen Klavieren gespielt."[121]

Ein halbes Jahr nach Heydrichs Tod, im Herbst 1942, wird Höttls Disziplinarverfahren abgeschlossen. Finanzielle Unregelmäßigkeiten konnten ihm keine nachgewiesen werden, doch die anderen Vorwürfe werden nicht entkräftet:[122] „Der Inspekteur Wien ist zu dem Ergebnis gekommen dass Höttl für die Weiterverwendung im sicherheitspolizeilichen Dienst im höchsten Masse ungeeignet ist, da dadurch nur das Ansehen des SD geschädigt werden könnte. Er hält Höttl weiterhin noch untragbar für die SS." Der Bericht kommt allerdings zu dem Ergebnis: „Nach hiesiger Ansicht, reicht das gesamte Ermittlungsergebnis nicht aus, um Höttl aus dem SD zu entfernen. Sämtliche, dem Beschuldigten zur Last gelegten Verfehlungen müssen einzig und allein als ein Versagen in rein innerdienstlicher Hinsicht angesehen werden, wobei zu berücksichtigen ist, dass ganz offensichtlich eine mangelnde Dienstaufsicht die Selbständigkeitsbestrebungen des Höttl in erheblichem Masse gefördert hat."[123]

Als schwerwiegendste Verfehlung wird bemerkenswerterweise sein Ehrenwortbruch gegenüber seinem Vorgesetzten, SS-Sturmbannführer Polte, vermerkt. Da dieser allerdings kein Disziplinarverfahren einleitete, war die Sache wohl erledigt. Und abschließend: „Nach hiesiger Ansicht reicht das gesamte Ermittlungsergebnis höchstens aus, um Höttl aus seiner Tätigkeit beim Amt VI herauszunehmen und ihn in eine Dienststelle ausserhalb Wiens zu versetzen, wo er unter aller schärfster Dienstaufsicht genommen wird. Darüber hinaus müsste Höttl nunmehr ganz eindeutig klargemacht werden, dass er in Zukunft bei weiteren dienstlichen Unsauberkeiten mit seiner Entlassung aus dem SD zu rechnen hat. Es wird also vorgeschlagen, das Disziplinarverfahren als solches beizulegen und dem Höttl scharfe Warnung zu erteilen."[124]

Handschriftlich ist am 24. Oktober 1942 vermerkt: „1. H. scharf vernehmen 2. Nahelegen, sich eine Tätigkeit auszusuchen da er offenbar für den SD nicht geeignet ist".[125]

Denkste! Denn nun folgt binnen weniger Wochen die Transformation des Bannfluchs in einen Freispruch Höttls! Und zwar in einem schriftlichen Pingpongspiel der SS-Bürokraten: Am 3. November 1942 lässt SS-Gruppenführer Streckenbach SS-Sturmbannführer Haensch, Amt I, mitteilen, dass er keine Bedenken dagegen habe, dass Höttl im Amt VI tätig wird, und zwar unter strenger Kontrolle, um seine nationalsozialistische Zuverlässigkeit zu überprüfen.[126] Und am 29. März 1943 meldet das RSHA an den Reichsführer-SS, SS-Personalhauptamt, dass das Disziplinarverfahren „formlos beigelegt" wurde.[127] Da waltet schon Ernst Kaltenbrunner als Chef des Reichssicherheitshauptamtes, und für seinen Protegé Wilhelm Höttl werden bald Milch und Honig fließen.

6. Der Revenant

Uff – gerade noch einmal geschafft! Der General bekreuzigte sich mit einem Blick gen Himmel.

Es war ein ausgesprochen holpriger Flug gewesen. Nur um ein Haar waren Edmund Glaise-Horstenau und seine Begleiter am Dienstag nach Pfingsten, dem 30. Mai 1944, einem Flugzeugabsturz entgangen. Die einmotorige Junkers W 33 hatte wegen eines Motorschadens auf einem Erbsenfeld bei Stuhlweißenburg in Ungarn notlanden müssen und der General Glaise-Horstenau war nebst seiner Entourage der Maschine unversehrt entstiegen.

Zugegeben, die Notlandung war eines der geringeren Schrecknisse der letzten Zeit, dachte der 63-Jährige bei sich. Der Offizier und Historiker hatte seine Karriere zwar großteils an Schreibtischen gemacht, im Wiener Kriegsarchiv, als Professor an der Universität Wien, als NS-naher Minister ohne Portefeuille der Ständeregierung und ganz kurz als Vizekanzler der Regierung Seyß-Inquart, doch hatten es dafür die Jahre seit 1941 in sich gehabt!

Während sich die kleine Reisegesellschaft angesichts des unfreiwilligen Zwischenstopps in einer Autócsárda einen „prachtvollen ungekochten Schinken"[128] nebst einem „Schluck Bier" schmecken ließ, dachte Glaise-Horstenau an die unfassbaren Gräuel, die er auf dem Balkan erlebt hatte.

Die Deutschen waren durch das stümperhafte Vorgehen des italienischen Verbündeten Mussolini nicht nur in Nordafrika, sondern auch in Jugoslawien und Griechenland in Zugzwang geraten, dort einmarschiert und hatten in Kroatien das grausame faschistische „Ustascha"-Regime des Ante Pavelić eingesetzt. Glaise-Horstenau war zum „Deutschen bevollmächtigten General in Kroatien" ernannt worden, also zum Vertreter der Deutschen Wehrmacht in Agram/Zagreb. Allerdings hatte er sich bei den Kroaten bald unbeliebt gemacht, als er die Morde im kroatischen Konzentrationslager Jasenovac kritisierte, wo Menschen massenhaft mit Hacken erschlagen und mit perfiden „Serbenschneidern" blutig ermordet wurden. Lange würde ihn der

Diktator Pavelić als notorischen Nörgler wohl nicht mehr in Agram dulden, grübelte Glaise-Horstenau, während er in einem gut getarnten Kübelwagen die restliche Strecke nach Budapest zurücklegte. „Gott sei Dank sind wir mit der W 33 nicht weiter südlich runtergekommen", pries der fromme General einmal mehr seinen Schöpfer, „sonst hätten uns die Partisanen schon kassiert ..."

Nun würde es in Ungarn auch etwas schärfer hergehen! Das ungarische Staatsoberhaupt, der mit Hitler verbündete Reichsverweser Miklós Horthy, hatte sich überraschend geweigert, die ungarischen Juden den Deutschen zur Vernichtung auszuliefern. Hitler fürchtete, dass nach Italien (dort war Mussolini 1943 gestürzt worden) auch Ungarn aus dem Bündnis der Achsenmächte ausscheren könnte. Im März 1944 waren daraufhin die Deutschen in Ungarn einmarschiert und hatten Horthy den ungarischen Nazi Döme Sztójay als Ministerpräsidenten vor die Nase gesetzt, der sofort damit begann, die Deportation der insgesamt 900.000 ungarischen Juden in die Vernichtungslager in Gang zu setzen. Hitler hatte einen Mann fürs Grobe als Unterstützung nach Budapest entsandt, den Botschafter und kürzlich zum SS-Brigadeführer beförderten Diplomaten Edmund Veesenmayer, einen Spezialisten für die Judenverfolgung und die Destabilisierung unbequemer Regime von Kleinstaaten. Diesen Gesandten des Todes trachtete Glaise-Hostenau nebst dem Ministerpräsidenten Sztójay nun zu besuchen, doch ehe er das tat, wollte er unbedingt einen anderen jungen Freund treffen, der einst bei ihm im Hörsaal der Universität Wien gesessen und im Gefolge Veesenmayers nach Budapest gekommen war: Dr. Wilhelm Höttl, Stabsoffizier des Polizeichefs für Ungarn Otto Winkelmann.

Höttl hatte als Resident, also Repräsentant des SD, sein Quartier auf dem „Ehrenplatz" der Ofener Burg, direkt im Zentrum der Stadt aufgeschlagen: „Er hat auf dem Disz-tér eine entzückende kleine Villa bezogen, die einige Jahre dem Juden Schulhof gehörte, vorher aber, wie jedes Stück der Einrichtung bewies, einer aristokratischen Familie gehört hatte", notierte Glaise-Horstenau begeistert in sein Tagebuch. „Nach dem Platz heraus hatte sie nur vier Fenster, dafür entwickelte sie sich tief nach hinten, das heißt nach der Donauseite hin, wo man, von einem Balkon, eine wundervolle Aussicht über Pest genießt. Die nicht übermäßig ergiebige Unterredung mit Höttl ließ vor allem einen neuen Blick in das gewohnte Auseinanderarbeiten tun, das dem neuen deutschen System nicht nur im Innern, sondern auch auf Auslandsplätzen eigen ist. Daß sich zwischen SD und dem Gesandten in Budapest schon geheime Klüfte auftun, erfuhr ich bereits in Wien. Allem Anschein nach ist der SD bemüht, dem frischgebackenen Brigadeführer Veesenmayer möglichst bald ein Bein zu stellen, und der Nachfolger ist wohl auch schon vor der Türe. [...] Nachdem [Höttl] uns noch durch die Wohnung geführt hatte, bat er mich, ihn dem Sztójay zu empfehlen. Ich tat es – ob mit Erfolg, weiß ich nicht. Sztójay hat ein bißchen vor Veesenmayer Angst."[129]

Der Einzige, der wohl keine Angst hatte oder sie sich zumindest nicht anmerken ließ, war Wilhelm Höttl. Könnte das daran gelegen sein, dass man sich eher vor ihm fürchtete als umgekehrt?

*

Wir erinnern uns, dass er nach dem Tod Reinhard Heydrichs in den SD zurückkehren konnte – eine regelrechte Wiederauferstehung. Er war ein Revenant! Protektion bekam er nun von weit oben im Apparat, durch den ab 31. Jänner 1943 als Chef des RSHA amtierenden Ernst Kaltenbrunner. Dieses Datum markierte zugleich einen Wendepunkt des Krieges – es war der Tag, an dem die Schlacht von Stalingrad für die Deutschen endgültig in einer Katastrophe endete. Wachere Geister unter den deutschen Generälen und Nachrichtendienstlern konnten ahnen, dass der Krieg im Osten unter keinem guten Stern stand und die Front gegen die Sowjetunion nach dieser Niederlage nicht mehr ewig halten würde.

Der Oberösterreicher Kaltenbrunner hatte in seiner neuen Position von Anfang an die Tendenz, österreichische Mitarbeiter um sich zu scharen.[130] Er schlug zunächst die Untersuchung nieder, die gegen Höttl wegen des von dem Wiener SD-Bankkonto verschwundenen

Geldes und der anderen Vorwürfe lief. Noch 1942 hatte Kaltenbrunner dringend urgiert, dass Höttl seiner Südosteuropa-Kenntnisse wegen für das Amt VI unentbehrlich sei.[131]

Im Lauf des Kriegs hatte sich das Personalkarussell auch bei der SS weitergedreht: Der Leiter des SD-Ausland war seit 1942 der ehrgeizige junge Jurist Walter Schellenberg[132], der sich bereits zuvor von 1939 bis 1942 als Leiter der Gruppe IV E im RSHA, also bei der Gestapo, in der polizeilichen Spionageabwehr hervorgetan hatte und der als Günstling Himmlers trotz seiner zuvor gescheiterten Mission, den Herzog und die Herzogin von Windsor aus Lissabon zu entführen und als Geiseln nach Deutschland zu bringen, auf den Posten als Chef des Amtes VI gehoben wurde.[133]

Geradezu blitzartig, am 31. Jänner 1943, befand Höttl sich auf Antrag Schellenbergs und Weisung Kaltenbrunners wieder im Amt VI in Berlin unter dem Gruppenleiter Wilhelm Waneck und wurde stellvertretender Leiter der Gruppe VI E („Erkundung weltanschaulicher Gegner im Ausland") – eine entscheidende Ausweitung seiner Sphäre!

Hatte Höttl in seiner ersten Zeit beim Amt VI des SD lediglich als Italien-Referent der Gruppe B fungiert, so war nun seine Aufmerksamkeit auf den Balkan gelenkt und hier besonders auf Jugoslawien, dazu noch auf Ungarn und die Slowakei. Zusätzlich behielt er aber auch Italien und das Vatikanreferat.[134] Rumänien, Bulgarien und Griechenland bearbeitete sein Gruppenleiter Wilhelm Waneck persönlich, und der große Feind im Osten, die UdSSR, war überhaupt einer anderen, der Gruppe VI C, zugeordnet.

Dass der „gottgläubige" Willi Rom und den Vatikan als Sachgebiet beibehielt, entsprang wohl weniger einer plötzlichen Hinwendung zur Frömmigkeit, sondern ist ein Hinweis darauf, dass er die Möglichkeiten des Papstes und der katholischen Kirche recht gut einzuschätzen wusste. Immerhin: Noch ein paar Monate zuvor hatte man ihm vorgeworfen, dass er sich mit den Katholiken zu eng eingelassen hatte, und nun war er gar für deren Zentrale in Rom zuständig! Es war für Höttl und manche seiner Vorgesetzten wohl schon zu ahnen, dass nach dem wahrscheinlichen Verlieren des Krieges die Hilfe des Vatikans bei der vielleicht notwendigen Flucht aus Europa von großer Bedeutung sein würde.

Von Beginn an versuchte Höttl nach eigenen Angaben, Kaltenbrunner von der Wichtigkeit des Vatikans zu überzeugen. Samstag für Samstag war er mit gleichgesinnten Kollegen beim RSHA-Chef im Amt eingeladen.[135] Wer diese Kollegen genau waren, ist unklar, aber privat bewegte sich Höttl ab 1943 in einem Kreis, der sich immer fester zusammenschloss. Neben Borodajkewicz und Anton Böhm waren es der Historiker Ludwig Jedlicka und Industrielle wie Werner Schicht oder die Brüder Fritz und Karl-Hermann Westen, die schon in den Jahren zuvor eine „Versöhnung der katholischen Kirche mit dem Nationalsozialismus" herbeiführen und nun „dieses System [...] beseitigen und wenigstens für Österreich erträgliche Friedensbedingungen [...] erhalten" wollten.[136]

Später wird Höttl bei Befragungen durch die Alliierten aus diesem Kreis eine Art Widerstandsnest machen und behaupten, dass er bereits 1943 mit politisch gemäßigten Österreichern Kontakt aufgenommen und seine Friedensfühler gegen Westen ausgestreckt hätte.[137] Tatsächlich hatte von den Genannten vor allem Ludwig Jedlicka Kontakte zu einer Gruppe der österreichischen Widerstandsbewegung, und auch das erst ab Herbst 1944.[138] Höttl hingegen wird in keinem der maßgeblichen Werke über die Widerstandsbewegung erwähnt.[139]

Indes war es nicht nur die Kirche, die es Willi angetan hatte. Wie er damals tickte und welche Optionen er für realistisch hielt, zeigt ein Tagebucheintrag Glaise-Horstenaus vom September 1943: „An den Sieg glaubt natürlich auch der 30jährige Höttl nicht mehr. Seine politischen Ideen bewegen sich in einer Richtung, der auch ich einmal anhing. Man müsse, wenn die Dinge reif seien, mit Rußland verhandeln, aber nur um die Engländer zu schrecken, und zum Einlenken zu bringen. Gewiß ein guter Gedanke. Aber die Zeit ist zu weit fortgeschritten. [...] Stalin bezeichnen wir beide als den klügsten aller Staatsmänner der Welt. Hitler ist für Höttl noli me tangere [lateinisch für „Rühr mich nicht an, Anm. d. Verf.]."[140] Der Lack des Hitlerismus war in den Augen dieser Akademiker also schon längst ab. Während der braune

Diktator auf die Verliererstraße abgebogen war, bekam Josef Stalin Aufwind, Hitlers roter Ex-Verbündeter und mittlerweile Konkurrent. Für die beiden Österreicher ein Grund, wie immer den jeweils stärksten Player zu bewundern, selbst wenn es ein Bolschewik sein sollte. Gesinnung zählte im Höttlschen Weltbild dabei nicht – nur Taktik, Strategie und Machtkalkül. Womit wir wieder bei der Kirche wären.

Nach Jahrzehnten erinnerte sich Höttl an die Samstage mit Kaltenbrunner: „Da haben wir mit mehr oder weniger Erfolg versucht, ihm beizubringen, worum es geht. Meine Idee ging ihm doch irgendwie nahe, dass man doch die katholische Kirche dazu bräuchte, um sich mit dem Westen zu verständigen – gemeinsam gegen die Bolschewiken. Unternehmen ‚Herzog' haben wir es genannt. Das war natürlich eine naive Idee, denn die hätten uns erst zum Zuge kommen lassen, wenn schon alles erledigt gewesen wäre, aber es war damals doch sehr wesentlich, dass man einen Mann wie Kaltenbrunner dazu gewonnen hat."[141]

Sein Verhältnis zu dem brutalen, aber kumpelhaften RSHA-Chef gestaltete sich eng. Der um einiges ältere Rechtsanwalt Kaltenbrunner war nur wenig früher als Willi illegales NSDAP-Mitglied und Angehöriger der SS geworden – sie waren also zwei Altgediente, denen eine gewisse Verbitterung über die „Kolonialmethoden"[142] der Reichsdeutschen gegenüber den „Ostmärkern" gemeinsam war. Dennoch war die Arbeit mit ihm schwierig: „Kaltenbrunner war ein Lebemann, der große Liebhaber und vor allem der große Säufer, und hat sich durch den Alkohol eigentlich jede Chance verdorben, eine Position, die wir ihm zugedacht hätten, zu erreichen. Es war schwierig, mit ihm ernsthafte Gespräche zu führen, da man schon beim Alkohol landete, ehe es dazu kam. Der schwere Trinker hat das auch für jeden vorausgesetzt, der näher mit ihm zu tun hatte. Auch als Anwalt hätte ich ihn mir nie genommen – ein ausgesprochener Versager."[143] Eine interessante Meinung über einen der mächtigsten Polizei- und Geheimdienstchefs dieser Zeit.

Doch bei aller Vertrautheit zwischen ihnen, die Höttl sogar dazu brachte, für seinen Chef „Positionen" zu ersinnen: Auch wenn Kal-

Ernst Kaltenbrunner

tenbrunner als einer der Hauptbetreiber der „Endlösung", des industriellen Massenmordes an den Juden durch Giftgas, eingestuft wird, will der sonst so gut informierte Agent Höttl darüber nicht von ihm, sondern erst gegen Ende des Krieges von ungarischen Abwehroffizieren und von seinem langjährigen Freund Adolf Eichmann erfahren haben.

Vielleicht als Freundschaftsdienst beförderte Kaltenbrunner Höttl im Oktober 1943 zum Sturmbannführer, obwohl er das vorgeschriebene Mindestalter von 30 noch nicht erreicht hatte.[144] Offizielle Begründung war die Beteiligung an einem erfolgreichen Coup namens „Unternehmen Eiche", von dem wir noch hören werden.[145] Zumindest formal eine steile Karriere für den Nachrichtendienstler, der seine konspirativen Fähigkeiten dementsprechend eifrig entfaltete.

In seiner Arbeit auf dem Balkan gewöhnte es sich Höttl wieder einmal an, mit Grenzgängern zu arbeiten, wie dem Doppelagenten Alexander Demjanow alias Fritz Kauders[146], der unter dem Decknamen „Max" als vermeintlicher Superspion die Deutschen mit gezielten NKWD-Desinformationen versorgte und den Höttl zumindest einmal mit einer Nachricht zu seinem Mitarbeiter Heinrich Schlie nach Zagreb schickte.[147]

Es ist davon auszugehen, dass er auch seinem Kollegen Herbert Kappler, dem Chef der Sicherheitspolizei und des SD in Rom, dabei half, das SD-Netz in Italien auszubauen. Das war aus deutscher Sicht umso wichtiger, da im Lauf des Sommers 1943 die Alliierten in Sizilien gelandet, Mussolini nach einem Beschluss des faschistischen Großrats abgesetzt und interniert und die Deutschen daraufhin in Italien einmarschiert waren, in ein Land, das nun unter Marschall Badoglio die Kehrtwende zu den Alliierten vollzogen hatte. Herbert Kappler erlangte traurige Berühmtheit als „Schlächter von Rom", der den römischen Juden zunächst 50 Kilo Gold abpresste und dann Tausende von ihnen deportieren ließ. Er und Höttl sollen jenen Plan mit ausgearbeitet haben, der zur spektakulären Befreiung Benito Mussolinis aus seiner Gefangenschaft im Hotel „Campo Imperatore" im Gran-Sasso-Massiv führte, genannt „Unternehmen Eiche". Mussolini wurde dann später in den deutsch beherrschten Gebieten Italiens wieder als „Duce" eingesetzt.

Ob Höttl an diesem Kommandounternehmen deutscher Fallschirmjäger zur Befreiung Mussolinis im September 1943 tatsächlich beteiligt war, ist aus seinen SS-Dokumenten nicht zu entnehmen.[148] Immerhin beanspruchte er aber das Verdienst, Mussolinis Verwahrungsorte ausgekundschaftet zu haben, wie auch der Freund und Historiker Ludwig Jedlicka behauptete, es sei überhaupt Höttl selbst gewesen, der den „Duce" herausgeholt habe.[149] Die Lorbeeren erntete dagegen in aller Öffentlichkeit ein anderer, viel berühmterer österreichischer Nazi, der sich als Haudegen einen Namen machen wollte und sich als fünftes Rad am Wagen an die Aktion anhängte: Otto Skorzeny, der nach dem Krieg für Höttl nichts als Spott und Verachtung übrig hatte …

Fest steht hingegen Höttls Anteil am Transfer des ehemaligen italienischen Außenministers Graf Galeazzo Ciano im Jänner 1944 nach

Otto Skorzeny befreit Mussolini ...

... und Höttl bleibt nur der Graf Ciano, hier (links) mit Hermann Göring (rechts)

Deutschland.[150] Ciano, der Ehemann der Tochter Benito Mussolinis, hatte im faschistischen Großrat für die Entmachtung seines Schwiegervaters gestimmt und wurde von der SS in einer Villa am Starnberger See als „Ehrenhäftling" untergebracht. Höttl oblag es dann auch, dem von ihm nach Deutschland eskortierten Ciano im Oktober desselben Jahres wieder an den neu formierten faschistischen Teil Italiens retour zu liefern, wo der Ex-Außenminister als Verräter hingerichtet wurde.[151]

In Italien lernte Willi eines Tages auch einen ganz besonderen SD-Kollegen kennen, der an Gerissenheit kaum zu überbieten war: Friedrich Schwend, ein windiger schwäbischer Geschäftsmann, der vom SD zur Tarnung den Rang eines SS-Sturmbannführers erhalten hatte, konnte eine reiche Expertise in Sachen Fremdwährungsgeschäfte aufweisen. Dass er auch ein begabter Hochstapler war, kam Höttl wie gerufen. Es galt nämlich, den Krieg gegen die Westalliierten auch auf einer wirtschaftlichen Ebene zu führen. Himmler und Kaltenbrunner wollten die britische Währung destabilisieren und ließen im großen Stil Falschgeld herstellen. 142 jüdische Häftlinge des Konzentrationslagers Sachsenhausen wurden bei Todesdrohung dazu gezwungen, englische Pfundnoten zu fälschen. „Unternehmen Bernhard" nannte man diese streng geheime Aktion im SD. Ungefähr 134 Millionen Pfund der meisterhaft gemachten Blüten sollen es bis Kriegsende geworden sein, wovon nicht mehr als acht Prozent erfolgreich in Umlauf gebracht wurden.[152] Allerdings dienten sie sehr bald nicht mehr der Destabilisierung, sondern dem Einkauf von Waffen sowie Rohstoffen für die Rüstungsindustrie und der Bezahlung von Agenten.

Denn es war klar geworden, dass mit so wenig Pfund (Dollars und Francs waren auch dabei) kein Chaos in der westlichen Wirtschaft anzurichten war. Stattdessen kauften die „Bernhard"-Agenten – in vorderster Linie Friedrich Schwend – mit den Blüten nun Gold, Diamanten und andere wertvolle Rohstoffe und teure Fertigwaren wie Seiden und Parfums, um über ihre Stützpunkte in Abbazia, Triest und Meran eine künftige Fluchtorganisation nach Westen aufzubauen und zu finanzieren! Höttl schätzte Schwend, der nun den Decknamen „Dr. Fritz Wendig" trug, über die Maßen und half ihm, wo er nur konnte. Der

„Vertriebsleiter" Wendig kaufte weltweit Häuser, Schiffe, Fahrzeuge und Firmenanteile und gab immense Summen für Bestechungszwecke aus – ein Milliardenunternehmen!

Sein globales Netz von Zwischenhändlern und Agenten hatte sogar jüdische Mitarbeiter, von denen einige die „Bernhard"-Connection nutzten, um illegal nach Palästina zu flüchten. Der wichtigste jüdische SS-Agent, Julius Levy (Deckname „Jaac van Harten"), würde am 17. Mai 1945 vom CIC in Meran im Besitz von fünf Millionen Dollar in gefälschten Pfundnoten angetroffen und verhaftet werden. Zuvor hatte er sich noch als Delegierter des Roten Kreuzes ausgegeben und in dieser „Funktion" seinem Chef Schwend und anderen belasteten SS-Offizieren Passierscheine ausgestellt. Schwend ging bald darauf selbst ein Dienstverhältnis mit dem CIC ein und Julius Levy übersiedelte 1946 nach Tel Aviv, eröffnete dort ein Juweliergeschäft und konnte durch die Fürsprache der späteren israelischen Ministerpräsidentin Golda Meir trotz seiner SS-Vergangenheit unbehelligt im Land bleiben.[153]

Friedrich Schwend alias „Wendig"

Zwar waren die Alliierten durch einen Vorfall in der Schweiz schon im Lauf des Jahres 1942 auf Schwends Geschäfte gekommen und zogen einen Teil der gefälschten Banknoten stillschweigend ein, aber der Aufbau der künftigen Trampelpfade gelang dennoch. Die Fragmente des „Unternehmens Bernhard" sollten „die größte Fluchtorganisation des Dritten Reiches" werden.[154]

Was aus dem Rest der Blüten wurde, bleibt bis heute Gegenstand wüster Spekulationen und ist vor allem in den Sagenschatz des österreichischen Salzkammerguts eingegangen. Zentrales Fabelwesen darin? Erraten: Wilhelm Höttl!

Sollte er wirklich gemeinsam mit SS-Hauptsturmführer Kurt Fröhlich eine große Summe davon beiseitegeschafft haben, wie SD-Chef Walter Schellenberg nach dem Krieg zu Protokoll geben wird?[155] Doch davon später mehr. Noch ist der Krieg nicht zu Ende. Wir schreiben das Jahr 1944 und Höttl wird zu einer neuen Baustelle versetzt.

Am 19. März 1944 kam er mit deutschen Truppenverbänden nach Ungarn und wurde offiziell bei der neuen Regierung als Vertreter des deutschen Auslandsgeheimdienstes akkreditiert.[156] Nach einer ersten Fühlungnahme zeigte er sich von der Organisation des Ungarischen Nachrichtendienstes beeindruckt, und es begann eine rege Kooperation mit den magyarischen Kollegen.[157] Vor allem mit der ungarischen Abwehr arbeitete er eng zusammen. Einer seiner wichtigsten Partner wurde der Oberst des Generalstabs Dr. Károly Ney. Den Namen werden wir uns gut merken müssen, denn dieser Mann wird bald wieder in anderen Zusammenhängen auftauchen.

Das nahende Kriegsende bereits im Blick, versuchten nun deutsche, ungarische und rumänische Aufklärungsstellen Meldeköpfe beziehungsweise Guerillagruppen im Bereich der vorstoßenden Sowjetarmeen einzurichten, was vor allem in Rumänien gelang.[158] In diesen wenigen Monaten spann Wilhelm Höttl sein Agentennetz in jenen Ländern und zurrte es so fest, dass es auch nach Kriegsende nicht riss!

Noch ein anderer alter Kamerad hielt sich in Budapest auf: Willi freute sich, Adolf Eichmann wiederzusehen. Nach der gemeinsamen Zeit in Wien hatten sie in Berlin nur losen Kontakt gehabt. Eigentlich, so behauptet Höttl, hätte er Eichmann in der Reichshauptstadt immer nur dann aufgesucht, wenn es galt, verschiedenen Juden die Ausreise ins Ausland zu ermöglichen, was sich angesichts Adolfs Sturheit schwierig gestaltet hätte. Nun, in Budapest, „hatte ich es leichter mit Eichmann".[159]

So sei es Höttl auch gelungen, auf Fürbitte der Schauspielerin Marte Harell die jüdische Frau des populären Filmschauspielers Hans Moser, Blanca, von der Deportationsliste streichen zu lassen! Auf gut Glück hatte Willi gegenüber Eichmann einfach behauptet, dass Moser ein Lieblingsschauspieler Hitlers sei. Dass das tatsächlich der Wahrheit entsprach, hätte er erst nach Kriegsende von Hitler-Adjutant Julius Schaub bestätigt bekommen. Nicht ohne Koketterie bemerkt Höttl: „Es scheint so, daß ich nicht lügen könnte[.]"[160] Oder vielleicht trifft es seine Formulierung im letzten Interview 1999 besser: „Wie so oft ist etwas wahr geworden, das ich erlogen habe."[161]

Eines stand fest: Wo immer Eichmann auftauchte, war das Schicksal der dort lebenden Juden besiegelt. Und Höttl? Welche Rolle spielte er beim Holocaust in Ungarn?

Eine „überaus verheerende", meinen kundige Zeithistoriker,[162] da seine Kontaktleute die Linie des neuen ungarischen Innenministeriums bestimmt hätten! Er war auch dort kein Mitläufer, kein stiller Sitzkrieger!

Sein oberster Chef Ernst Kaltenbrunner sagte nach dem Krieg aus, dass die besten Informationen aus Budapest vom dortigen SD-Residenten Höttl kamen. Immerhin war er ja auch politischer Berater des Reichsbevollmächtigten Edmund Veesenmayer.[163] Eine Funktion, die Höttl zwar nicht mit großer Begeisterung wahrgenommen haben dürfte – wir erinnern uns an General Glaise-Horstenaus Tagebucheintrag –, aber was hatte diese Aversion schon zu bedeuten? Dienst war Dienst!

Die neue ungarische Regierung wurde von Veesenmayer für den Judenmord präpariert, vor allem der besonders eilfertige Staatssekretär und persönliche Freund Höttls, László Baky.[164] Als Kaltenbrunners Mann war Wilhelm Höttl in Budapest vor Ort, als über 400.000 ungarische Juden zwischen April und Juni 1944 nach Birkenau verschleppt und dort vergast wurden.[165] Während Eichmann Hunderttausende in den Tod schickte, beriet Höttl in der Person von Veesenmayer jenen Mann, der die Mordbilanzen nach Berlin weiterreichte.[166] Und dieser Wilhelm Höttl wollte von der „Endlösung" in den deutschen Vernichtungslagern bis dahin nichts gewusst haben?

„Ja, also das ist immer ein schwieriges Problem, das zu erklären", meinte der alte Höttl 1999 im Interview. „Es ist vielleicht etwas unglaubwürdig, wenn ich in meiner Position das sage, dass ich von den Massenmorden erst in Ungarn 1944, als ich in Budapest war in meiner Funktion, von ungarischen Abwehroffizieren hörte, die natürlich angenommen haben, der Höttl, der muss ja das genau wissen! Und da kamen eben die sechs Millionen zur Sprache."[167]

Dort also will er jene Zahl in diesem Zusammenhang zum ersten Mal gehört, die Morde wahrgenommen haben; und die Deportationen, die sich direkt vor seiner Nase abgespielt haben.

„Wie gesagt, ich hab's dann in Budapest im Sommer kennengelernt, das erste Mal, da hat's keine Lastwagen und keine Waggons mehr gegeben, da sind also diese armen Hunde in Fußmärschen Richtung Osten getrieben worden, da hab' ich das erste Mal persönlich gesehen, dass das wirklich stimmt."[168]

Einer der ungarischen Abwehragenten sei über Höttls Ahnungslosigkeit erstaunt gewesen: „Der hat gesagt: Das musst ja du wissen, nicht? Sag ich, nein, ich weiß gar nichts! Dann hat er mir erzählen müssen, wie das ist, nicht?"[169]

Eichmann hätte regelrecht zwanghaft die letzten verfügbaren Eisenbahnwaggons für die Deportationen requiriert, die sogar der Judenverfolger László Baky lieber zum Transport von Soldaten verwendet hätte: „Ja, also, Eichmann war besessen geradezu von seiner Aufgabe. Er will ja nur das, was der ‚Führer' eben will, darauf hat er sich immer berufen, nicht? Das wird er also treu und bieder durchführen, nicht? Und so war's dann auch."[170]

Dem Sturmbannführer Höttl war also damals durchaus bekannt: „Ein Jude war automatisch zum Tode verurteilt, nicht?"[171] In die-

Heinrich Himmler, Franz Zireis und Ernst Kaltenbrunner im KZ Mauthausen

sem Bewusstsein handelte er, als er seine SD-Agenten von der Leine ließ.

Der ungarische Historiker Szabolcs Szita hat recherchiert: „Der von Wilhelm Höttl geleitete politische Sicherheitsdienst eröffnete eine wahre Menschenjagd. Zur Einschüchterung der Bevölkerung wurde sogar das Telefonbuch zur Hilfe genommen. Aufs Geratewohl haben die Deutschen von den hauptstädtischen Telefonteilnehmern 200 dem Namen nach für Juden gehaltene Ärzte und Juristen ausgewählt und verschleppt."[172]

Eine andere Version besagt, dass Höttl die Deportationslisten von Graf Fidél Pálffy erhalten hätte. Ja, genau von jenem Verwandten der angeheirateten Gräfin Dorothy aus Höttls wilden Wiener Jahren! Zumindest sagte das Höttls unmittelbarer Vorgesetzter am Ort, der Polizeichef Otto Winkelmann, später aus.[173] Veesenmayer wiederum ging, so wie auch das ungarische Innenministerium, davon aus, dass Höttl die Listen selbst erstellt hatte. Allerdings bezog sich diese Vermutung vor allem auf die Verhaftung antideutscher ungarischer Politiker.[174]

Über welche Kanäle auch immer die Deportationslisten zustande gekommen waren, hatte sich Höttl dabei persönlich bereichert. Angeblich stahl er Wertgegenstände aus dem 1944 beschädigten Palais Erdődy-Hatvani[175] und tat sich an mehreren Kisten mit von Juden geraubtem Gut gütlich, die Teil des berüchtigten „Ungarischen Goldzuges" wurden.[176] Dieser Goldzug ist ein so tragisches wie mysteriöses Vehikel, dessen genauer Inhalt und vollständiger Verbleib bis heute ungeklärt ist. Nachdem Eichmanns Schergen ihr Werk nahezu vollendet hatten und die Rote Armee näher rückte, setzte sich im März 1945 ein Zug mit 46 Güterwaggons in Bewegung, davon 24 mit jüdischem Raubgut – Edelmetallen und Wertgegenständen aller Art. Auf seinem langen Weg gen Westen „bedienten" sich an den Haltestellen Hopfgarten/Tirol, Bad Gastein, Tauerntunnel, Böckstein, Werfen und schließlich Salzburg Österreicher, Ungarn und auch US-amerikanische Soldaten an dem jüdischen Vermögen. Vergeblich versuchten Hinterbliebene und Opferorganisationen nach 1945 davon etwas zurückzuerhalten, und man einigte sich erst im 21. Jahrhundert mit den USA auf eine Entschädigung von 25 Millionen Dollar in bar für Sozialhilfeaktionen zugunsten ungarischer NS-Opfer …

1944 und 1945 befand sich Wilhelm Höttl wie so manch anderer im Bereicherungsmodus und nützte seine gute persönliche Beziehung zu Kaltenbrunner in vielfacher Art und Weise. So erwirkte er bei seinem obersten Chef für seinen Freund Fritz Westen, einen wohlhabenden Industriellen, der in Kroatien und Italien tätig war, eine Sondergenehmigung für eine Lkw-Kolonne, die praktisch im letzten Moment Goldwaren, Devisen, Schmuck, Teppiche und wertvolle Maschinen aus dem jugoslawischen Gebiet herausbrachte. Angeführt wurde die Kolonne von Höttls persönlichem Fahrer.[177] Die Österreichische Staatspolizei meint später zu wissen: „Westen […] hat für [Höttl] von 1942–1945 grössere Mengen Gold in die Schweiz verbracht."[178]

Damit der nächste Akt des ungarischen Dramas beginnen konnte, mussten die Deutschen zunächst einmal den widerspenstigen Reichsverweser Miklós Horthy stürzen, der im Herbst 1944 Anstalten machte, vor der Sowjetunion zu kapitulieren. Dazu bedienten sie sich der ultimativsten ideologischen Keule, derer sie habhaft werden konnten: der „Pfeilkreuzler". Diese nationalsozialistischste aller ungarischen Parteien hing noch an der Kette des sich ohnehin immer mehr radikalisierenden Regimes und sollte nun nach einem gewaltsamen Putsch an die Stelle des unsicheren Kantonisten Horthy gesetzt werden.

Treibende Kraft hinter der geplanten Kapitulation vor den Russen war Horthys Sohn Miklós. Er wollte über Agenten des jugoslawischen kommunistischen Partisanenführers Josip Broz Tito Kontakt zu den Sowjets aufnehmen, was der SD spitzgekriegt hatte. Das galt es zu verhindern, und ein Spezialist für riskante Aktionen wurde dazu ausersehen, das Kommandounternehmen „Panzerfaust" zum Sturz der Horthys zu leiten: der Wiener SS-Offizier Otto Skorzeny, der durch die handstreichartige Befreiung Mussolinis im Juli 1943 vom Gran Sasso in den Abruzzen bereits weltbekannt war und von internationalen Medien zum „gefährlichsten Mann Europas" stilisiert wurde.

Höttl dürfte selbst den Plan zur Erpressung des jungen Horthy ausgearbeitet haben, der ihn zwingen sollte, „einen von Deutschland nominierten General als geschäftsführendes Staatsoberhaupt einzusetzen".[179] Das ganze Unternehmen, das in der Entführung von Horthy junior gipfelte, lief unter dem Übertitel „Maus", „(so nach dem Spitznamen des jungen Horthy, ‚Micky', von mir so genannt)"[180], schildert Höttl, und stand wie gesagt unter der militärischen Leitung Otto Skorzenys. Doch die entscheidenden „Agents provocateurs", vermeintliche Tito-Agenten, die Klein-Horthy kompromittieren sollten, seien in Wahrheit zwei albanische Mitarbeiter Höttls gewesen[181], behauptet der stolze Willi später, von denen in Skorzenys Büchern jedoch nichts zu lesen steht. Für seine Verdienste hätte Höttl einen ungarischen Orden zugestanden bekommen, den er indes nie ausgefolgt bekam, da er den neuen Regierungschef Szálasi mit einem rüden Scherz beleidigt hätte, was ihm dieser persönlich übel nahm.[182] Höttl misstraute dem Führer der Pfeilkreuzler, da er ihn verdächtigte, ausschließlich ungarische und keine deutschen Interessen zu vertreten.[183]

Ferenc Szálasi übernahm nun nach dem Sturz der Horthys am 15. Oktober 1944 als Diktator von Gnaden der SS das Ruder in Ungarn. Höttls Einfluss dabei war immerhin so groß, dass er seinen Freund Pálffy als Landwirtschaftsminister in diese Regierung hinein zu intervenieren vermochte.[184] Die Pfeilkreuzler deportierten weitere 76.000 Juden – meist in langen Fußmärschen, die noch Eichmann organisierte[185] – und ermordeten eigenhändig und bestialisch 50.000 jüdische Männer, Frauen und Kinder.

Szálasi und einige seiner Komplizen wurden 1946 für ihre Verbrechen in Budapest hingerichtet, und auch Baky und Pálffy ereilte die Todesstrafe. Andere beteiligte Herren hingegen blieben vorerst unbehelligt. Sie hatten sich noch vor Kriegsende anderen Aufgaben zugewandt, nicht zuletzt in höchstpersönlichem Interesse, da die Zeit zu drängen begann und man daran denken musste, die eigene Haut zu retten: Veesenmayer, Eichmann, der schon Ende 1944 nach Berlin zurückging,[186] und – natürlich – auch Höttl.

7. Die Mission

„Dieser Fanatiker Eigruber wird niemals aufgeben!" – „Vollkommen sinnloser Widerstand!" – „Der Gauleiter wird uns mit seinen Durchhalteparolen den Kopf kosten" – „Das wird uns den Russen bis an den Inn bringen!" – „Die Tschekisten werden uns alle liquidieren – der NKWD verhandelt nicht!"

Alle Herren im Raum sprachen nun hektisch durcheinander. Ihre schwarzen SS-Uniformen waren blitzblank und standen in merkwürdigem Kontrast zu ihren bleichen Gesichtern. Einer von ihnen wandte sich zu Major George und beteuerte: „Hören Sie, wir sind zwar Nationalsozialisten, aber auch gute Österreicher! Wir wollen mit den Briten und den Amerikanern zusammenarbeiten! Dr. Kaltenbrunner hat zugestimmt, dass wir eine österreichische Regierung aus Nationalsozialisten, Christlichsozialen, Heimwehrleuten, Monarchisten, kirchlichen Kräften und Sozialdemokraten bilden, die sich ganz und gar auf die westlichen Alliierten ausrichten wird – gegen den Bolschewismus und die von ihm gesteuerte Renner-Regierung in Wien!"

Major George musste an sich halten, um nicht laut aufzulachen. Mitten im größten militärischen und staatlichen Zusammenbruch der ganzen Weltgeschichte versuchten diese Irren ihre Schäfchen ins Trockene zu bringen. Aber er verriet sein wahres Denken nicht und antwortete mit englischem Akzent: „Großartig! Ein solches Government entspricht ganz den Intentionen des Außenministeriums seiner Majestät."

Besonders begeistert war Dr. Höttl. Er entwickelte bereits ein Regierungsprogramm!

„Aber es muss Schluss sein mit den Gestapo- und SD-Methoden!", mahnte Major George. Das verstehe sich von selbst, meinte einer der SS-Offiziere und sagte zu, dem Major alsbald ein Verzeichnis aller Beamten, Spitzel und Konfidenten von SD und Gestapo zu übergeben. Und Dr. Höttl versprach, der Österreichischen Freiheitsbewegung ein Funkgerät zur Verfügung zu stellen, um mit der britischen und der amerikanischen Armee in Kontakt treten zu können. Dann sahen die österreichischen Partisanen den Zeitpunkt gekommen, um das Banditennest um Kaltenbrunner und Höttl auszuheben. Als sie die Villa Kerry in Altaussee, Fischerndorf 74, stürmten, ernteten sie entsetzte Wut. „Was geschieht hier mit uns? Herr, was soll das bedeuten?", schrie einer.

George sah ihn spöttisch an: „Sie sind Gefangene der Widerstandsbewegung!" – „Ja, wer sind Sie denn eigentlich?", wollte er wissen. „Ich? Ja, haben Sie das früher nicht gewusst? Ich bin der Chef dieser Bewegung, und Sie nehmen doch hoffentlich nicht an, ich hätte auch nur einen Augenblick lang daran gedacht, mit Ihnen und Ihren Spießgesellen zu paktieren?"

Und dann übergab der vermeintliche Major George der britischen Armee, der in Wirklichkeit der mutige Albrecht Gaiswinkler aus Aussee war, die Möchtegern-Regierung der eben erst eintreffenden Vorhut der US-Army. Die Amis eilten der österreichischen Freiheitsbewegung, die bereits alles unter Kontrolle hatte, mit zwei Jeeps und zwei Panzern zu Hilfe.

*

Diese kleine Geschichte[187] ist zu schön, um wahr zu sein. Sie ist wie das ganze Buch, aus dem sie stammt, frei erfunden. „Sprung in die Freiheit" erschien 1947 in Salzburg, gibt sich als Tatsachenbericht und ist die erste literarische Verarbeitung eines Teils des Höttl-Stoffes. Freilich war der Autor Albrecht Gaiswinkler ein mindestens ebenso begabter Lügner und Schwadroneur wie Wilhelm Höttl! So hat es sich also definitiv nicht zugetragen und dennoch ist es das Märchen wert, dass man sich mit ihm auseinandersetzt, denn es ist symptomatisch für die Fabeln und Legenden, die sich um die letzten Kriegstage im Auseerland ranken.

Gaiswinkler war sozialdemokratischer Schutzbündler und danach Kommunist, desertierte 1944 in Frankreich aus der Wehrmacht und arbeitete dann für den britischen Sabotagedienst „Special Operations Executive". Am 8. April 1945 sprangen er und seine Truppe aus einer britischen „Halifax"-Maschine mit dem Fallschirm über dem Feuerkogel am Traunsee im oberösterreichischen Salzkammergut ab. Sie sollten den Reichspropagandaminister Joseph Goebbels ermorden, den die Briten dort in der Nähe, am Grundlsee, auf Urlaub vermuteten. Indes, Goebbels war bereits nach Berlin abgereist, und da ihr Funkgerät kaputtgegangen war, musste die Gruppe untertauchen und abwarten, bis die US-Army am 8. Mai Bad Aussee erreichte.

Aus diesen dürren Fakten konstruierte Gaiswinkler sein persönliches Heldenepos: Er hätte mit 300 Widerstandskämpfern die Macht in Altaussee übernommen, die im örtlichen Salzbergwerk versteckte Raubkunst vor der Zerstörung gerettet, die maßgeblichen Nazis dingfest gemacht und den Amis übergeben. Diese Lügen kosteten ihn seine politische Karriere, denn Gaiswinkler ging zwar aus den ersten Wahlen der Zweiten Republik 1945 als sozialistischer Abgeordneter zum Nationalrat hervor, wurde aber 1949 wegen seiner Flunkereien aus der steirischen SPÖ ausgeschlossen und kehrte zu den Kommunisten zurück. Da waren seine Märchen allerdings schon in die Welt gesetzt und trugen später dazu bei, dass die Erfolge des tatsächlich vorhandenen linken wie katholischen Widerstands gegen den Nationalsozialismus in Aussee und Umgebung falsch eingeschätzt wurden.

Wie aber kam es dazu, dass gerade das Salzkammergut in den letzten Kriegswochen diese zentrale Rolle spielte; jene zerklüftete Kulturlandschaft am Nordrand der Alpen mit ihren wilden Naturschönheiten, ihren Bergen und Seen zwischen Steiermark, Salzburg und Oberösterreich, die wegen ihrer Eigentümlichkeit im Volksmund gerne das „zehnte Bundesland" genannt wird?

Gehen wir zunächst in den Herbst 1944 zurück. Wir erinnern uns, dass der RSHA-Chef Ernst Kaltenbrunner zu Wilhelm Höttls Expertise zu Ungarn, dem Balkanraum und Italien volles Vertrauen hatte. Weniger Zuversicht setzte Kaltenbrunner auf den Sieg der deutschen Waffen. Es war Zeit, sich umzuorientieren und nach Auswegen aus der unausweichlichen Niederlage zu suchen. Neben dem „Weltjudentum" hielten die Nazis in ihrer Verschwörungsideologie auch die römisch-katholische Kirche für eine ungeheure globale Macht. Nachdem Höttl und seine Freunde Kaltenbrunner seit gut einem Jahr bearbeitet hatten, doch zu einer Verständigung mit der Kirche zu kommen, siegte bei dem antiklerikalen, völkischen Nationalsozialisten allmählich die Einsicht, dass man diesem Machtkalkül tatsächlich nähertreten sollte. Dem Sicherheitspolizeichef war natürlich bekannt, dass neben dem linken, „bolschewistischen" Widerstand auch untergründig christlich-bürgerliche Widerstandstendenzen existierten, die auf dem Boden des ehemaligen Österreichs noch dazu eine katholische Note hatten. Dazu kam die günstige Ausgangsbasis, dass ihn Heinrich Himmler für den Fall einer kriegsbedingten Teilung des deutschen Gebietes zu seinem „Beauftragten Süd" ernennen würde.

Es mag makaber klingen, aber bei Kaltenbrunner und seinen Mannen kam so etwas wie ein machtpolitisches „Österreich-Bewusstsein" auf. Die SD-Leute wussten natürlich, dass die Wiedererrichtung eines selbstständigen Österreichs seit der „Moskauer Deklaration" von 1943 ein Kriegsziel der Alliierten war. Was lag näher, als den Amerikanern und Briten dabei entgegenzukommen und, um die Glaubwürdigkeit zu erhöhen, bürgerliche Widerstandskämpfer mit ins Boot zu holen?

Ob nun auf Betreiben Höttls oder nicht, suchte Kaltenbrunner – inspiriert von einer Inspektionsreise durch die österreichischen Gaue nach dem Attentat auf Hitler vom 20. Juli 1944, bei der er eine „defaitistische Grundstimmung, insbesondere in Wien" feststellte – eine Verbindung zur österreichischen Widerstandsbewegung, um über sie Gespräche mit den Westalliierten in Gang zu bringen.[188]

Das war natürlich Hochverrat und selbst für einen Mann vom Rang des RSHA-Chefs lebensgefährlich! Indes war er nicht der einzige mächtige Nazi, der damals Pläne für sich und sein Umfeld ersann, auf diese Art und Weise den Kopf aus der Schlinge zu ziehen, die sich beim Näherrücken der Fronten Richtung Heimat immer enger um seinen Hals zog. Denn seit 1943 war bekannt, dass die Alliierten deutsche Kriegsverbrecher verfolgen, ihre Untaten ahnden würden. Kaltenbrunner stand neben Hitler und Himmler ganz oben auf der Liste. Himmler fürchtete wiederum Kaltenbrunner, der ihn wie schon zuvor Heydrich bei Hitler ausgestochen hatte. „Wie soll ich das machen mit Kaltenbrunner im Genick?", soll Himmler im April 1945 geseufzt haben, als er mit einer skandinavischen Delegation des „Jüdischen Weltkongresses" in Verhandlungen treten wollte.[189] Die Äußerung fiel übrigens im Gespräch mit Höttls Vorgesetztem Walter Schellenberg, dem sein Chef Kaltenbrunner unheimlich war und der es vorzog, mit seinem alten Protektor Himmler direkt in Fühlung zu bleiben. Schellenberg hatte da schon zusätzlich zu seinen Agenden als Leiter des SD die Reste der militärischen „Abwehr" geerbt, deren Chef Wilhelm Canaris er wegen dessen Verstrickungen in das Attentat vom 20. Juli 1944 ausgeschaltet hatte.

Die Voraussetzung für eine „Lösung Süd" schien Kaltenbrunner darin zu liegen, die Gauleiter von „Niederdonau" (also Niederösterreich) und Wien auszuwechseln und für seine Pläne brauchbarere Parteigenossen einzusetzen, womit er aber bei Himmler und Reichsleiter Martin Bormann nicht durchdrang, da diese auf keinen Fall „österreichische" Tendenzen befördern wollten.[190] Ein Kontakt Kaltenbrunners zur Widerstandsbewegung kam nicht zustande, und auch Wilhelm Höttl ist ein solcher angeblich erst im Jänner 1945 geglückt.[191]

Dass auch andere an einem „Plan B" bastelten, erfuhr Willi Höttl zunächst durch seine Spione in Italien. Diese unterrichteten ihn Anfang des Jahres 1945 von Plänen des deutschen Botschafters Rudolf Rahn, mit US-amerikanischen Dienststellen in der Schweiz wegen eines Sonderfriedens mit den Westmächten in Kontakt zu treten. Verhandlungsführer sollte SS-General Karl Wolff, der höchste SS- und Polizeiführer des deutsch besetzten Italiens sein.[192]

Höttl will nun Kaltenbrunner Ähnliches vorgeschlagen haben, vor allem im Wissen um die Furcht der Amerikaner vor einer drohenden „Alpenfestung", also einer Befestigung der Deutschen im alpinen Gebiet, und im Bewusstsein der alten Rivalität zwischen Kaltenbrunner und Wolff.[193] Letzteres ist fast überflüssig festzustellen, denn Neid, Missgunst und Konkurrenzkampf waren Grundstimmungen unter den Führungskräften des Dritten Reichs.

Seit Mitte 1944 ging in den USA die Angst um, die Deutschen könnten ihre letzten Kräfte in den Alpen Österreichs und Bayerns zusammenziehen, um vom Gebirge aus einen langwierigen Stellungskrieg zu führen. Hitler und Goebbels beschlossen im November 1944, diese Mär zu nützen, um ihrerseits die Alliierten zu demoralisieren. Sie setzten marginale Schanzarbeiten in Gang, die von den Feinden wahrgenommen werden mussten, allerdings weit vom Bau einer echten Festung entfernt waren. Trotzdem wurde sie auch vor allem vom Tiroler Gauleiter Franz Hofer forciert. Allerdings musste allen Weitblickenden im deutschen Militär- und Sicherheitsapparat klar sein, dass die Propaganda von der „Alpenfestung" auf lange Sicht die große Gefahr in sich barg, dass die Alliierten umso schärfere Geschütze auffahren könnten – mit weiteren sinnlosen Todesopfern!

Nun folgt ein Paradebeispiel für eine „Henne-Ei-Frage": Hat Kaltenbrunner die „Alpenfestung" gewollt und gefördert und der besonnene Höttl sie ihm auszureden versucht? Oder bediente sich umgekehrt der schlaue Höttl seinerseits der „Alpenfestung" mit allerlei Ausschmückungen, um von den alliierten Verhandlungspartnern mehr herauszuholen?

In Willis Selbstdarstellung liegt der Fall vollkommen klar: „Es war sehr mühsam und dauerte Stunden, um diesen ‚Sturschädel' und immer noch Hitlergläubigen [also Kaltenbrunner, Anm. d. Verf.] von der Notwendigkeit der Verhinderung dieses herostratischen Planes zu überzeugen, nicht zuletzt mit dem Appell an ihn als Österreicher, um dessen engere Heimat es ja in erster Linie ging. Zuletzt erhielt ich doch seine Zustimmung, selbst in die Schweiz zu fahren, um dort mit den gleichen amerikanischen Vertretern, die Wolff in Ascona kontaktiert hatte, zu sprechen."[194]

Was Höttl hier verschweigt, ist seine eigene Interessenlage; und die hatte mehr mit Eigennutz als mit hehren Idealen zu tun … Versuchen wir, die später gewobenen Mythen auf ihren Wahrheitsgehalt abzuklopfen!

Im RSHA und im SD war natürlich bekannt, dass die „Alpenfestung" eine Luftburg war, ein Propagandatrick, den man als Druckmittel für die Verhandlungen mit den Alliierten verwenden konnte. Trotzdem verbreitete sich das Gerücht von dem „alpine redoubt" auch reichsweit nach innen, sodass sich vor allem das Salzkammergut schön langsam und dann immer schneller mit Nazi-Größen auffüllte, die sich in der Hoffnung auf sicheres Terrain und vor allem auf der Flucht vor den anrückenden Sowjets dorthin absetzten. Darunter war auch unmilitärisch und unpolitisch gelagerte Prominenz wie der Komponist Nico Dostal oder der Filmschauspieler Johannes „Joopie" Heesters.

Aber warum zog es sie alle ins Salzkammergut und nicht etwa nach Tirol? 1963 erklärte Höttl dem Hamburger Blatt „Der Spiegel" in einem Interview, warum gerade die Gegend um Aussee zum Refugium wurde:

„Sie müssen zwei Gruppen unterscheiden. Die eine Gruppe kam schon früher her, weil Bad Aussee in seinem abgelegenen Gebirgskessel geradezu ideal gegen Bomben abgesichert schien; die andere Gruppe blieb hier hängen, weil sie dem Kaltenbrunner nachgezogen war und dann von den Ereignissen überrascht wurde. Erwähnenswert ist auch noch eine dritte Gruppe, die Emigrantenregierungen aus dem europäischen Südosten.
SPIEGEL: Das waren also die Regierungen Ungarns, Rumäniens, Bulgariens, Kroatiens und der Slowakei, Länder, die inzwischen von den alliierten Armeen erobert worden waren.
HÖTTL: Diese Leute kamen in Aussee an, weil das deutsche Auswärtige Amt im letzten Augenblick einen Generalbevollmächtigten ernannt hatte, den Dr. Günther Altenburg, der jene Südost-Regierungen betreuen sollte, die ihre Länder schon verloren hatten.
SPIEGEL: Wozu diese Betreuung?
HÖTTL: Man wollte wohl die Fiktion aufrechterhalten, daß wir noch immer diplomatische Beziehungen mit der Regierung Rumäniens und so weiter unterhielten. Zuletzt ging's nur noch ums nackte Weiterleben. Dabei hat sich allerdings gezeigt, daß die Balkan-Leute den Deutschen in ihrer Planung weit überlegen waren. Die haben sehr wohl gewußt, wie sie beizeiten wegkommen.
SPIEGEL: Wahrscheinlich hatten diese Emigranten auch Werte bei sich, eben die Schätze, um die sich auch heute noch zählebige Legenden ranken.
HÖTTL: Die Leute aus dem Südosten, die nur eine einzige Währung – Gold – anerkennen, hatten sich von Anfang an darauf eingestellt, die

Flucht vorzubereiten und die Mittel dafür zu organisieren. Darunter waren wirklich prominente Untergrundleute, die dann auch fast alle durchgekommen sind.
SPIEGEL: Und noch heute irgendwo in Übersee ihre goldenen Mitbringsel in Ruhe verzehren?
HÖTTL: Da war zum Beispiel der Ustascha-Führer Ante Pavelic, der immerhin einiges auf dem Kerbholz hatte. Er setzte sich zuerst nach Kärnten ab und lebte dort ein Jahr lang ungeschoren auf einem Schloß. Er verkehrte sogar mit den Engländern, was ziemlich tiefe Schlüsse zuläßt; später ging er über Rom nach Südamerika."[195]

Wieder einmal hatte der Historiker und neutrale Zeitzeuge Dr. Wilhelm Höttl die Öffentlichkeit an seinen Kenntnissen teilhaben lassen. Dabei traf er in diesem Interview sogar den Nagel auf den Kopf – von Kriegsgewinnlern und Beutemachern verstand er ja etwas …

Auch traf es zweifellos zu, dass Kaltenbrunner sich offensichtlich Hoffnungen machte, nach einem Zusammengehen mit Amerikanern und Briten die Deutschen im Kampf gegen die Sowjetunion und den Kommunismus zu führen oder zumindest eine Art Regierungschef eines neuen Österreich zu werden.[196] Und er erstellte bereits eine Liste von Ministern aus möglichst vielen politischen Richtungen für eine österreichische Regierung in Salzburg!

In diesem „All Star Government" sollten Angebote für alle nicht-kommunistischen Kräfte enthalten sein, darunter Edmund Glaise-Horstenau (der Ex-Vizekanzler der kurzlebigen nationalsozialistischen Seyß-Inquart-Regierung 1938), der populäre ehemalige NS-Bürgermeister von Wien, Hermann Neubacher, der ehemalige Heimwehrführer Julius Raab und der zeitweilig in den Konzentrationslagern Dachau und Buchenwald inhaftierte christlich-soziale Ex-Landeshauptmann von Oberösterreich, Heinrich Gleißner, aber auch der katholische Salzburger Erzbischof Andreas Rohracher und zwei sozialdemokratische Lokalpolitiker. Die Namen Raab und Gleißner sollten übrigens später im österreichischen Nationalrat zur Einsetzung eines parlamentarischen Untersuchungsausschusses führen, aber die beiden waren offenbar auf die Liste gekommen wie „der Pontius ins Credo", also nicht auf eigenen Wunsch ...[197]

Hat Wilhelm Höttl je an dieses Szenario geglaubt? Hoffte er gar, selbst einer solchen Regierung anzugehören?

Schon möglich, aber zunächst hatte er sich um andere Probleme zu kümmern – in höchsteigener Sache! Zunächst einmal musste er – Kaltenbrunner hin oder her – schon allein deshalb mit den US-Amerikanern irgendwie ins Geschäft kommen, um nicht als Kriegsverbrecher wegen seiner Taten in Budapest verfolgt zu werden, die dem OSS durchaus bekannt waren. Darüber hinaus hatte er sich um das Beutegut aus Ungarn zu kümmern. Letzteres wussten die Amis freilich nicht![198]

Ein Freund Höttls, der ungarische Polizeioffizier Árpád Toldi, war in der Pfeilkreuzlerregierung Verwalter des geraubten jüdischen Vermögens und mutierte im Februar 1945 zum Zugsführer des „Goldzugs" gen Westen. Am 8. April würde die Eisenbahngarnitur – obwohl unterwegs schon teilweise geplündert – in der „Alpenfestung" eintreffen,[199] wo sich in der von der Gestapo beschlagnahmten Villa Kerry in Altaussee neben Kaltenbrunner und seinem übrigen Stab auch Höttl aufhielt. Aber wohin mit den ganzen Werten, mit Gold und Silber, Kisten mit Eheringen und Kerzenhaltern, Diamanten, Juwelen, mit handgeknüpften Orientteppichen, Meißener Porzellan und Kristallglas und mehr als 1200 Gemälden?[200]

Die Abfahrt des „Gold trains" aus Budapest fiel zeitlich jedenfalls mit Willis erstem Trip ins neutrale Ausland zusammen: Kaltenbrunner schickte Höttl im Februar 1945 in die Schweiz, um mit dem „Office of Strategic Services" (OSS) Gespräche zu führen, dem zentralen strategischen und taktischen Geheimdienst der USA.[201] Das alles, während zeitgleich um die Ecke im Gau „Oberdonau" (= Oberösterreich) der fanatische Gauleiter August Eigruber wilde Erschießungen österreichischer Widerständler durchführen und entflohene KZ-Häftlinge aus Mauthausen bei der „Mühlviertler Hasenjagd" ermorden ließ!

Allen W. Dulles,[202] der Chef des etwas improvisierten amerikanischen OSS in Europa, residierte in der Schweizer Hauptstadt Bern und kam mit der Bearbeitung konspirativer Friedensangebote kaum noch nach. Karl Wolff, der höchste SS- und Polizeiführer Italiens, verhandelte mit Dulles erfolgreich (aber unter Ausschluss der darüber sehr verärgerten Sowjets) die vorzeitige Kapitulation der deutschen Italien-Armee aus (Unternehmen „Sunrise") – wenn das auch erst nach dem Tod Hitlers gelingen sollte.

Dabei hatte es nicht an skurrilen Artigkeiten in der Korrespondenz der beiden Herren gefehlt: So hatte Wolff seinem US-Verhandlungspartner Dulles zum Ableben von Präsident Franklin D. Roosevelt schriftlich kondoliert und eine dreiseitige Denkschrift über die historische Bedeutung des Verewigten, immerhin eine der großen Horror-Gestalten der Nazi-Propaganda, beigelegt – eine Geste, die Dulles umgekehrt beim Tod Hitlers wenigstens unterließ ...[203]

Dulles nun, der 52-jährige Exdiplomat (und Bruder des späteren Außenministers John Foster Dulles), war zu diesem Zeitpunkt bereits ein frustrierter und gichtkranker Mann, der so gar nicht dem Bild des pfeiferauchenden Meisterspions entsprach, als der er sich nachher gern feiern ließ.[204] Entnervt von den Misserfolgen seiner Deutschland-Aufklärung und von einer exzentrischen Ehefrau gepeinigt, war der Europa-Chef des OSS mittlerweile schnellen Entscheidungen abgeneigt. Dazu kam, dass er sich als bedeutendster Resident des OSS auf dem europäischen Kontinent einer Armada von Agenten der sowjetischen Verbündeten gegenübersah (in Luzern war das der Spionagering „Lucy"), denen er zutiefst misstraute. Zudem wurde der als „Sonderassistent des US-Gesandten" in Bern Akkreditierte mit einem Land konfrontiert, das er aus seiner Zeit als Gesandtschaftssekretär während des Ersten Weltkriegs ganz anders in Erinnerung hatte.

Bern war zwar noch immer ein Eldorado für ausländische Agenten, hatte aber mittlerweile eine stärker durchgreifende Zensur und wurde – bei immerhin 150.000 deutschen Staatsbürgern im Land, wovon 40.000 für NS-Sympathisanten gehalten wurden[205] – von einschlägigen Gerüchten über Einmarschpläne Hitlers und von massiven Existenzsorgen geplagt. Der schweizerische Geheimdienst seinerseits war zwischen Sympathien für Deutschland und die Alliierten gespalten. Im Bureau des gleichermaßen gegen die Nazis wie gegen die Pazifisten

Allen W. Dulles

eingestellten Hans Hausamann („Büro Ha") hielt zum Beispiel Roger Masson – wiewohl selbst frankophoner Nazi-Gegner – Kontakt zu Walter Schellenberg. Unter seinen Offizieren fanden sich SD-Freunde ebenso wie etwa der strikte NS-Gegner Max Waibel, der einen konspirativen „Offiziersbund" unterhielt, um im Fall einer Schweizer Kapitulation vor Hitler die eidgenössische Führung auszuschalten. Obwohl der „Offiziersbund" aufflog und seine Exponenten disziplinär gemaßregelt wurden, agierten Waibel und seine Leute weiter.[206]

Mit beziehungsweise entgegen all diese Herausforderungen hatte nun Dulles zu operieren. Seine Mitarbeiter und Konfidenten waren ein dementsprechend buntes Völkchen[207]: Gero von Schulze-Gaevernitz[208], ein frischgebackener Deutschamerikaner, besorgte den Kontakt zu deutschen Industrie-, Bankier- und Diplomatenkreisen und wurde bald Dulles' rechte Hand. Nebenbei machte er gute Geschäfte, indem er den Schweizern Dollarnoten im Austausch gegen Schecks verkaufte; Mary Bancroft[209], eine exzentrische, mit einem Schweizer verheiratete Angehörige der amerikanischen Hautevolee, unterhielt nicht nur mit Dulles ein Verhältnis, sondern hielt für ihn auch Kontakt zu Hans Bernd Gisevius[210], einem als Vizekonsul im deutschen Konsulat in Zürich getarnten Agenten der deutschen Abwehr. Der Ex-Gestapo-Mann Gisevius – ein geradezu klassischer Doppelagent – hielt den OSS über den deutschen Widerstand gegen Hitler auf dem Laufenden und überbrachte Dulles Botschaften von General Beck und Carl Friedrich Goerdeler.[211] Mary Bancroft machte Dulles auch mit Carl Gustav Jung bekannt, der den OSS-Europa-Chef mit tiefenpsychologischen Analysen Hitlers und der übrigen Deutschen versorgte.

Zu diesem Kuriositätenkabinett kamen noch das deutsche politische Exil in der Schweiz[212] und obskure Gestalten sonder Zahl, mit denen beispielsweise die Briten nie geredet hätten. Dennoch wurden die Ergebnisse der Berner Truppe von OSS-Direktor Donovan in Washington höher eingeschätzt als jene anderer Kanäle.

Dazu sei nur angemerkt, dass sich auch auf deutscher Seite merkwürdige Typen zur Spionage anboten, wie 1939 Reinhard Spitzy, zu dieser Zeit „Abwehr"-Mitarbeiter von Canaris, berichtet: „Damals traten verschiedene Damen der Gesellschaft mit der Bitte an mich heran, sie in der Abwehr, womöglich im Ausland, zu verwenden. Darunter war auch die neue Gräfin Fürstenberg, die hochintelligente, reizende Gloria. Sie, eine mexikanische Bäckerstochter, hatte sich nach einem Yankee in zweiter Ehe den reichen, sympathischen und sehr wohlerzogenen Grafen geangelt. Sie war hinreißend, Diana auf ibero-aztekisch, groß, schlank, blendend angezogen, pechschwarze Haare, brauner Teint und ein intelligenzsprühendes, rassiges Gesicht. Leider brauchte sie viel Geld. So kam ihr Mann auf die glorreiche Idee, Gloria in der deutschen Abwehr etwas dazuverdienen zu lassen, nachdem er selber dort nur einen kleinen Trostposten ergattert hatte. Oster gab mir den

Rat, mich in dieser Sache an Oberst Rohleder, den Chef der Gegenspionage, zu wenden. Gloria wurde nun zu ihm bestellt und [...] bekam reichlich Geld und das gewünschte Auslandsvisum."[213] Jedoch: „An Nachrichten brachte sie nur fürchterlichen Society-Tratsch und hatte natürlich nicht die geringste Absicht, ernstlich mitzuarbeiten."[214] Nach dem Krieg heiratete Gloria erneut und wurde die Frau des englischen Braumagnaten Guinness.[215]

Ein Sittenbild, das hüben wie drüben wohl ganz ähnlich ausfiel. Die Wege der Nachrichtendienste sind letztlich auf allen Seiten unergründlich und den Formen der Betätigung auf diesem Terrain scheinen kaum Grenzen gesetzt zu sein …

Dulles jedenfalls hatte sich mit „seinen" deutschen Widerständlern bereits so sehr identifiziert, dass er auch deren Argumente übernahm: Rettung der nationalen Substanz nach der Beseitigung Hitlers und damit Ausgleich mit dem Westen, Abwehr jeden Zugriffs der Sowjets auf Deutschland. Dulles ging es nun darum, die sowjetischen Armeen von Mitteleuropa fernzuhalten und der UdSSR einen stabilen deutschen Staat entgegenzustellen.[216] Damit hatte Allen Welsh Dulles, der OSS-Resident in Bern, den Kalten Krieg für sich bereits begonnen, noch ehe der Zweite Weltkrieg beendet war!

Mitten hinein in die schillernde Schweizer Exil- und Spionagegesellschaft reiste nun, mit einem liechtensteinischen Pass versehen, den er laut eigenen Angaben vom Onkel des regierenden Fürsten von Liechtenstein, Alfred Graf Potocki, erhalten hatte,[217] am 28. Februar 1945[218] SD-Mann Wilhelm Höttl. Vorangegangen war die Kontaktaufnahme mit dem OSS[219] durch einen alten Bekannten: Höttls Freund und Mitarbeiter Fritz Westen, der in der Schweiz mit Repräsentanten des OSS und dem Vertreter der Österreichischen Widerstandsbewegung in der Schweiz, dem Rechtsanwalt Dr. Kurt Grimm,[220] zusammengetroffen war.[221]

Friedrich Westen changierte also in allen Farben: als reicher deutscher Industrieller in Osteuropa, der nicht nur von der Sklavenarbeit jüdischer Gefangener profitierte und für sich und seine Freunde, darunter Wilhelm Höttl, Millionenwerte ins neutrale Ausland schaffte, sondern auch noch dem US-amerikanischen OSS zu Diensten war!

Über seine Rolle gibt eine Mitteilung vom OSS Bern an den Direktor des OSS vom 28. Februar 1945 Auskunft. Westen ist darin vom OSS mit der Nummer „503" versehen: „503 hatte Wien um den 18.2. verlassen und kam am 25. Februar [in der Schweiz, Anm. d. Verf.] an. Er hat sich vor einigen Jahren mit Hoettl bekannt gemacht, einem der Wiener SS-Chefs, der vage von 503s amerikanischen Kontakten in die Schweiz wusste. Vor 503s kürzlicher Abreise aus Wien in die Schweiz informierte ihn Hoettl, dass der SD-Chef Kaltenbrunner ihn sehen wollte. Kaltenbrunner informierte 503, dass er und Himmler sehr bestrebt seien, den Krieg zu beenden und als ersten Schritt die Beseitigung der ‚Kriegstreiber' in der Nazi-Partei erwägen, vor allem [Hitlers Büroleiter Martin, Anm. d. Verf.] Bormann. Himmler und Kaltenbrunner seien höchst daran interessiert, Kontakte mit Briten und Amerikanern herzustellen und baten 503, in der Schweiz Versuche in diese Richtung zu unternehmen und überlegten, hohe SS-Offiziere zu entsenden um in ihrem Namen zu verhandeln. Ein Kontakt könnte vorbereitet und hergestellt werden. 503 schlug von sich aus vor, dass es Alfred Potocki […] gestattet werden sollte, ihn in die Schweiz zu begleiten, da er meinte, dass dieser erstklassige Kontakte zu den Briten hätte. Hoettl besorgte sofort Ausreisevisa für Potocki und dessen Mutter. Potocki wird zunächst in Liechtenstein erwartet, wo er noch nicht angekommen ist."

„503" alias Fritz Westen sei zwar ein Leichtgewicht, aber was er erzählte, deutete auf den fortschreitenden Zerfall der Nazi-Partei hin und darauf, dass Himmler allerlei Possen trieb, um sich ein Alibi zu verschaffen. Immerhin: „Laut 503 organisiert Himmler derzeit die Verteidigung an der Ostfront und hat diesen Kriegsschauplatz weitgehend im Griff."[222]

Potocki erreichte indessen nichts.[223] Dulles hatte offenbar bereits zu diesem Zeitpunkt eine Ahnung von den realen Verhältnissen entwickelt. Wenn auch dauernd von Himmler die Rede war: Der Vorschlag Kaltenbrunners „bewies die Uneinigkeit innerhalb der Nazi-Hierarchie. [...] Zweifellos handelte es sich um ein Manöver Kaltenbrunners, um sich und seine SS-Schergen bei den Alliierten in ein günstiges Licht zu setzen. Vielleicht gab er sich sogar der Illusion hin, daß die Alliierten ihm und seiner Gruppe erlauben würden, nach dem Krieg eine politische Rolle zu spielen."[224] Um den 26./27. Februar befand sich Höttl wieder in Salzburg.[225] Er hatte vom OSS einen Korb bekommen.

Trotz dieses ersten Rückschlags wurden die Verhandlungen fortgesetzt und Willi reiste abermals in Richtung Schweiz. Zwar hatte er nicht jene Position wie etwa Wolff, doch war er immerhin von Kaltenbrunner beauftragt und das OSS war an einer raschen Kapitulation der Deutschen gerade im Süden interessiert, denn das Gespenst der „Alpenfestung" spukte ja unablässig herum und versetzte die Amerikaner – und nicht nur sie – in panische Angst vor einem langwierigen Guerillakrieg in den Bergen. Auch in der Schweizer Presse war das „alpine redoubt" etwa seit August 1944 ein Thema.[226] Da die Schweizer wohl befürchten mussten, dass dann irgendwann ihre Neutralität nichts mehr wert sein würde und ihre gebirgserfahrene Armee den Alliierten beispringen müsste, duldeten sie Höttls Mission und statteten ihn angeblich sogar ihrerseits mit falschen Schweizer Papieren aus.[227]

Willi verhandelte um seine Existenz!

Nicht zuletzt nährte er selbst noch immer das Gerücht von der real existierenden „Alpenfestung" als SS-Kampfbasis gegenüber Dulles, um schneller ans Ziel zu kommen.[228] Höttl behauptete, dass der Chef des Oberkommandos der Wehrmacht, Wilhelm Keitel, sowie die Feldmarschälle Löhr, Schörner und Kesselring an der „Alpenfestung" bauten, und bot sich an, das zu verhindern.[229] Zusätzlich behauptete er, man müsse sich vor neu gebildeten deutschen Guerillatruppen, dem „Werwolf" in Acht nehmen. Otto Skorzeny hätte 100.000 Mann unter Waffen, log Höttl![230] Die einzige Lösung für die Amerikaner, so Willi, sei, mit *ihm* zu verhandeln, denn er sei der Sohn des sozialdemokratischen Wiener Schulreformers Karl Höttl (gelogen!) und habe deshalb beim roten Widerstand einen guten Namen (abermals und unverschämt gelogen!).

Immerhin war es Willi mittlerweile tatsächlich gelungen, in näheren Kontakt zu einem echten bürgerlichen beziehungsweise adeligen Nazi-Gegner zu kommen. Der Unternehmer Karl von Winckler gehörte zum österreichischen Kern der konservativen Widerstandsgruppe „W-Astra" um die Aristokraten Emmanuel Ketteler und Nikolaus von Halem.[231] Sie wollte seit 1936 den „Anschluss" Österreichs an das Deutsche Reich verhindern und wurde nach Halems Verhaftung 1942 durch Karl von Winckler reorganisiert. Er hatte Kontakt zu Grimm und Dulles, zur französischen Résistance und auch zu Höttls Freund Glaise-Horstenau.[232] Diese Kombination war besonders wertvoll. Mit Wincklers gutem Namen ging Willi nun hausieren, obwohl er selbst nicht zum Netzwerk „W-Astra" gehörte.[233]

Doch das OSS war nicht sicher, ob Höttls Chef Kaltenbrunner wirklich genug Macht besaß, um im Süden selbstständig zu entscheiden. Als Beweis dafür verlangte es die sofortige Freilassung zweier prominenter österreichischer Vorkriegspolitiker aus dem Konzentrationslager: des Christlichsozialen Richard Schmitz und des Sozialdemokraten Karl Seitz – beide einst Wiener Bürgermeister. Tatsächlich ordnete Kaltenbrunner die sofortige Entlassung von Seitz aus dem Konzentrationslager Ravensbrück an, der später „stürmisch bejubelt"[234] nach Wien zurückkehrte. Schmitz blieb hingegen vorerst verschwunden – statt diesen entließ man versehentlich einen rheinischen Zentrumspolitiker gleichen Namens aus Dachau.[235]

Der Beweis für die Macht Kaltenbrunners, der ja offiziell erst am 18. April[236] von Himmler für den Fall einer Teilung des Reichsgebiets durch die Front zum „Beauftragen Süd" und damit zu Himmlers Alter Ego mit allen Vollmachten und Befugnissen ausgestattet wurde,[237] war also – wenn auch mit einer Panne – erbracht.

Aber da blieb noch die Angst vor Hitler. Sie war nach wie vor derartig groß, dass Kaltenbrunner am 23. März nach Berlin fuhr und ihn fragte, ob er denn auch wirklich mit dem Feind verhandeln dürfte!

Hitler tobte nicht wegen des Ansinnens, erzählte später Kaltenbrunner dem verdutzten Höttl, sondern nestelte versonnen an einem Modellbau seiner Lieblingsstadt Linz herum und prophezeite dem oberösterreichischen Landsmann den „Endsieg". Kaltenbrunner nahm die Aktentasche mit den von Hitler ungelesenen Dokumenten (darunter angeblich ein Memorandum Höttls) wieder unter den Arm und vertraute auf des

„Führers" „Wunderwaffe".[238] Trotzdem erlaubte der RSHA-Chef, dass Höttl um den 10. April erneut in die Schweiz reiste.[239]

Noch galt Höttl primär als Emissär Kaltenbrunners und als Repräsentant verhandlungswilliger Teile der SS. Bis zu Dulles persönlich drang Willi indes nicht vor, der „nicht die geringste Lust"[240] verspürte, ihn zu empfangen: „Inzwischen waren wir durch Wolff gewarnt. Wir kannten Kaltenbrunners Mißfallen an Wolffs Kapitulationsplänen und seine Absicht, sie zu durchkreuzen. Es lag die Vermutung nahe, daß Höttls Mission nur von Kaltenbrunner inszeniert worden war, um unsere Verbindungen zu Wolff zu stören, dem er anders offenbar nicht beikommen konnte."[241]

Höttls Gesprächspartner wurde der Dulles-Mitarbeiter Edgeworth Leslie[242], der wahrscheinlich darüber hinaus ein Agent des britischen Secret Service war ...[243] Ja, auch innerhalb der westlichen Alliierten gab es V-Leute und Doppelagenten, und die Interessen Großbritanniens und der USA waren nicht immer deckungsgleich!

Der österreichische Historiker Peter Broucek analysiert das Geschehen in dieser Phase von Höttls Mission: „Den Aussagen Leslies zufolge sollte das Gespräch mit Höttl mehr oder weniger vor allem ‚als Tarnung ...' dienen, um von Querschüssen gegen die für aussichtsvoller angesehenen Verhandlungen abzulenken, falls diese zu keinem Ergebnis führen sollten, aber in dieser Hinsicht galt Höttl doch auch als zweites Eisen im Feuer. Höttl bot eine Reise Kaltenbrunners in die Schweiz an. Leslie bat Grimm, diesen ‚österreichischen' Kontakt zu überprüfen, und Grimm hatte ebenfalls ein Gespräch mit Höttl, wahrscheinlich am 13. April. Höttl wurde hingehalten, erhielt aber immerhin den Eindruck, daß die Westalliierten über die raschen sowjetischen Erfolge im Osten Österreichs besorgt waren."[244]

Dulles erschienen die Angebote Kaltenbrunners aus dem Mund Höttls indes schlicht „unwichtig".[245] Zeitgleich befand sich auch ein Emissär Generaloberst Alexander Löhrs, des Wehrmachts-„Oberbefehlshabers Südost", mit einem ähnlichen Auftrag in der Schweiz bei Grimm. Auch er wurde hingehalten und seine Sendung brachte kein Ergebnis.[246]

Nach und nach wurde Höttl immer klarer, dass er fürchten musste, wegen seiner Zeit in Ungarn auf einer Kriegsverbrecherliste zu landen.[247] Denn das OSS wusste inzwischen, dass er in den Mord an den ungarischen Juden verwickelt gewesen war. Aus London kam noch dazu von den britischen Verbündeten die Warnung, dass Höttl „schon lange als Angehöriger der extremistischen Clique" eingestuft werde, und dass er wahrscheinlich nur ein Werkzeug sei, um die Westmächte und die Russen zu entzweien.[248]

Hier war Leslie, der britisch-amerikanische Doppelagent im Dienst des OSS, anderer Meinung, denn er sah Höttls Zwielichtigkeit sogar als Vorteil. Leslie meinte: „Natürlich ist er gefährlich! Aber ich sehe keinen Grund, ihn nicht zu benützen, um den Widerstand der Deutschen in Österreich mit dem Zusammenbruch der Alpenfestung zu brechen."

Und dann folgte der entscheidende Satz, den ich Ihnen im englischen Original nicht vorenthalten will: „To avoid any accusation that we are working with a Nazi reactionary [...] I believe that we should keep our contact with him as indirect as possible. [...] I think [...] that he takes it for granted that we will take into account his present services when judging his past activities."[249]

Auf gut Deutsch: Um sich den Vorwurf der Zusammenarbeit mit einem Super-Nazi zu ersparen, sollte man den Kontakt nicht zu unmittelbar gestalten und eher informell halten. Höttl wird das als Garantie dafür annehmen, dass alles, was er jetzt tut, positiv in Rechnung gestellt wird, wenn einmal über seine vergangenen Taten gerichtet werden wird.

Zu keinem Zeitpunkt wurde Höttl vom OSS also als geläuterter Nazi-Mitläufer oder gar als „neutraler Experte" gesehen, ganz im Gegenteil: Das Wissen der Amerikaner um den Judenmord in Ungarn war ihr Druckmittel, dass er ihnen künftig treue Dienste leisten würde! Dessen war er sich auch bewusst und verhielt sich von jetzt an danach – immerhin wollte er sein Leben retten, er hatte daheim eine schwangere Frau und mittlerweile bereits zwei kleine Söhne!

Dulles und OSS-Chef Donovan beschlossen nun auch bilateral, den Höttl-Kontakt zu nutzen.[250] Höttl erhielt den Codenamen „Alpberg" und bekam in der zweiten Aprilwoche 1945 den Auftrag, sich in die

„Alpenfestung" zu begeben und von dort aus über Funk die Amerikaner über das deutsche Potenzial zu informieren.[251] Damit war „Alpberg" alias Höttl als Mitarbeiter des OSS anzusehen. Er war übergelaufen. Oder sollte man ihn als Doppelspion bezeichnen?

Unterdessen war, von den Amerikanern unbemerkt, Höttls Beute aus Ungarn im Salzkammergut eingetroffen.[252] Er beschloss, seine neuen Auftraggeber beim OSS zwar über die Ankunft des Zuges zu informieren,[253] aber seinen Anteil daran still beiseitezuschaffen. Willi machte sich dazu die Nöte seines Freundes Árpád Toldi zunutze. Der hatte den Zug samt Inhalt zwar immerhin aus Ungarn herausgebracht und die wertvollsten Bestände aus Gold und Juwelen in Kisten verpackt bis nach Vorarlberg geschafft, doch dort, an der Schweizer Grenze, war Schluss gewesen!

Willi und Fritz Westen trafen nun den guten Toldi am 29. April in Feldkirch/Vorarlberg und boten ihm an, die Kisten im Zuge ihrer „Friedensmission" als Emissäre Kaltenbrunners in die Schweiz in Sicherheit zu bringen beziehungsweise Westen zu ermöglichen, das selbst zu tun. Die Gegenleistung: zehn Prozent des Vermögenswertes für Höttl und Westen!

Gemacht!

Westen bringt die Beute – allein – über die Grenze in die Schweiz. Dort verschwinden die Kisten spurlos. Nur Westen weiß, wo sie versteckt sind. 1951 stirbt Westen nach einem unglücklichen Sturz bei einer Schlägerei auf der Straße in Innsbruck. Höttl erleidet einen Nervenzusammenbruch. Kein Wunder. Die Kisten mit dem Schatz werden nie gefunden.[254]

Zurück ins Jahr 1945: In gewisser Weise überholten Höttl nun die Ereignisse, denn am 27. April erkannten die Sowjets die Einigung über die provisorische österreichische Staatsregierung Karl Renners in Wien an und am 29. April unterzeichneten Karl Wolffs Emissäre die geheime Kapitulation in Caserta, die am 2. Mai in Kraft trat. Dulles war Wolff gegenüber hart geblieben und hatte sich nicht an Verhandlungen, sondern lediglich an einer bedingungslosen Teilkapitulation interessiert gezeigt.[255]

Höttl war nun in eine mehrfache Zwangslage gekommen: Die näher rückende totale Niederlage der Deutschen, die Kapitulation von Caserta und die Existenz einer neuen österreichischen Regierung – wenn auch nur in dem von den Sowjets besetzten Gebiet –, aber auch die Tatsache, dass das OSS schon seit August 1944 über Dulles' späteren Schwiegersohn, den Widerstandskämpfer Fritz Molden, konstruktiven Kontakt zur viel wichtigeren österreichischen Gruppe „O5" hatte,[256] schwächten seine Position als Emissär Kaltenbrunners.

Und jetzt folgen zwei Versionen des Endes von Höttls Mission. Sie können sich jene aussuchen, die Ihnen glaubwürdiger erscheint.

Zunächst Willis selbsterzählte Story: Ende April 1945 wurde Höttls letzter Aufenthalt in der Schweiz jäh unterbrochen – die Eidgenossen wiesen ihn aus. Für das OSS war er in seiner Rolle als Abgesandter Kaltenbrunners wertlos geworden, da inzwischen der allmächtige Martin Bormann von seinen Verhandlungen gehört hatte, worauf Kaltenbrunner jede Beteiligung daran von sich wies und Höttl als Hoch- und Landesverräter zum Tod verurteilte.[257]

Höttl wurde aus der Schweiz kommend am 1. Mai in Salzburg vor dem Hotel „Österreichischer Hof" gemeinsam mit seinem mitreisenden Freund Ottokar Pessl von der Geheimen Feldpolizei verhaftet und in das Gestapo-Gefängnis in Salzburg eingeliefert.[258]

Durch Hitlers Tod am 30. April hatte sich die Situation allerdings so weit verändert, dass Kaltenbrunners Adjutant Arthur Scheidler den Gefolgsmann seines Chefs durch einen Telefonanruf retten konnte – es habe sich um ein „Missverständnis" gehandelt.[259] Höttl und Pessl seien nach ihrer Entlassung wie geplant in Richtung Aussee weitergereist und wären in St. Gilgen Kaltenbrunner begegnet, der sich damit entschuldigt hätte, er habe gedacht, Höttl hätte aus der Schweiz nicht mehr zurückkehren wollen und sei ohnehin dem Zugriff der Gestapo entzogen gewesen.[260]

Höttl selbst gibt an, am 1. Mai wieder in Altaussee angekommen zu sein.[261] Am selben Tag traf dann auch Kaltenbrunner ein, der nach der Nachricht vom Tod Hitlers sein Hauptquartier in Salzburg verlassen hatte. Neben Höttl und Kaltenbrunner war dort außerdem unter anderen noch Eichmann zugegen.[262] Ihn hätte Willi noch mit Gepäck in Richtung Westen entschwinden sehen.

Durch Zufall sei er Anfang Mai in Aussee an einem Telefon in Kaltenbrunners Büro zu sitzen gekommen. Höttl „benutzte die Wartezeit, um Telephonanrufe für Kaltenbrunner entgegenzunehmen."[263] Das hätte auch einem höheren Zweck gedient: „So konnte ich einiges dazu beitragen, um eine gewaltlose Übergabe zu erleichtern. [...] Hier und da konnte ich auch die Weisung durchgeben, daß alle politischen Häftlinge zu entlassen seien. Nicht ein einziges Mal wurde mir widersprochen; selbst der gefürchtete Leiter der Staatspolizei in Linz schien sichtlich erleichtert zu sein, daß ich ihm die Verantwortung abnahm."[264]

Und dann hätte ihn der Anruf eines SS-Oberleutnants[265] erreicht, dessen Namen Willi entfallen ist. Der Anrufer hätte als Führer eines reichswichtigen Transports um die Bereitstellung zweier leistungsfähiger Lastkraftwagen gebeten. Höttl hätte dies kategorisch abgelehnt. „[...] das Wichtigtun mit irgendeinem Transport schien mir in diesen Stunden, wo es um größere Dinge ging, geradezu grotesk. Außerdem hatte ich den Verdacht, daß es sich in Wirklichkeit vielleicht um Privatgut irgend eines hohen SS- oder Parteifunktionärs handeln könnte, denn der Offizier wollte mir durchaus nicht mitteilen, um was für einen Transport es da eigentlich gehe, und berief sich dabei auf eine besondere Vereidigung."[266]

Höttl sei daraufhin die Geduld gerissen und er hätte ins Telefon geschrien: „Werfen Sie die Ladung einfach in die Traun und schicken Sie Ihre Leute nach Hause!"[267] Der anonyme SS-Oberleutnant hätte aber entgegen dem Befehl die Ladung eines von zwei Lkws einem Wehrmachtshauptmann, dessen Name ebenfalls nicht genannt wird, übergeben, „ohne ihn jedoch von der Art des Ladegutes zu unterrichten".[268]

Die Kisten eines zweiten, am Weg hängengebliebenen Lkws hätte der SS-Oberleutnant befehlsgemäß in die Hochwasser führende Traun werfen lassen. Mit verbliebenen Lkws hätte der Oberleutnant die Fahrt nach Aussee fortgesetzt, sei unterwegs Kaltenbrunner begegnet, der ihm aufgetragen hätte, die Ladung der Lkws bis in die Nähe von Radstadt zu bringen, um sie dort einem Gruppenleiter des RSHA-Amts VI, dem uns wohlbekannten SS-Obersturmbannführer Otto Skorzeny, auszufolgen, der von dort aus den „letzten Widerstand im Gebirge organisieren"[269] sollte.

Der Transport sei abermals hängengeblieben und am Fuß des Grimming zum Stillstand gekommen. Der anonyme SS-Oberleutnant sei daraufhin mit einer am nahen Toplitzsee befindlichen „Spezialeinheit, die eine Versuchseinheit der deutschen Kriegsmarine betrieb"[270], in Kontakt getreten. Dann verliere sich die Spur der Ladung. Nun bringt sich Höttl erneut selbst ins Spiel, was zu einem Knalleffekt führt: „Die auf meinen ‚Befehl' in die Traun geworfenen Kisten hielten nämlich nicht."[271]

Detailliert schildert Höttl in seinem Buch „Unternehmen Bernhard" die geborstenen Kisten, deren Inhalt – gefälschte Pfundnoten – in den Traunsee fielen und zu Hunderttausenden an die Oberfläche geschwemmt wurden. Dort wurden sie nicht nur von der Bevölkerung eingesammelt, sondern erregten die Aufmerksamkeit der mittlerweile eingetroffenen US-Truppen.

Wenigstens dieser Teil der Höttl-Saga ist eine erwiesene Tatsache mit vielen Zeugen: Der Traunsee gab bares Geld frei! Wenn es auch nur Falschgeld war.

In einem Lkw der SS hätten Beauftragte des CIC in 23 großen Kisten 21 Millionen Pfund Sterling gefunden, schildert Willi und schätzt: „Da als sicher angenommen werden muß, daß die in die Traun geworfene Ladung nicht geringer war, dürfte der gesamte Transport mindestens 40 Millionen Pfund an britischen Noten umfaßt haben, ungerechnet jenen Transportrest, der bis zum Toplitzsee gelangte und dort verschwand."[272]

So hätte für Willi und die Menschen im Ausseerland also das „Unternehmen Bernhard" geendet. Welche seltsamen Geschichten doch das Leben schrieb …

Am Tag nach dem US-amerikanischen Einmarsch in Altaussee sei Höttl von zwei US-amerikanischen Offizieren von zu Hause abgeholt und nach Salzburg gebracht worden.[273]

So, das war also die Höttlsche Version. Und nun folgen die Fakten, die sich aus der zeitgeschichtlichen Forschung ergeben. Sie lesen sich kürzer und nüchterner.

In der ersten Maiwoche wollte Höttl wieder einmal in die Schweiz einreisen. Mittlerweile hatten aber die französischen Truppen die Grenze zwischen Vorarlberg und der Eidgenossenschaft erreicht und Willi kam nur bis Liechtenstein. Er saß in der Falle. Denn die Schweizer ließen ihn nicht mehr herein und auf österreichischem Gebiet konnte er nicht lange bleiben, da er fürchtete, dort von Ungarn aufgegriffen zu werden, die von seinem Anteil an den mörderischen Verbrechen in ihrer Heimat wussten![274]

Laut einem US-Geheimbericht stellte sich Höttl beim 3. US Army Counter Intelligence Corps (CIC), stationiert in Kirchdorf am Inn selbst, trat also die Flucht nach vorne an.[275]

Welchen Schluss der Geschichte Sie, werte Leserinnen und Leser, auch immer bevorzugen: Für Höttl war dieses Ende zugleich der Beginn einer neuen Existenz!

Zusammengefasst beschrieb die „Nazi War Crimes and Japanese Imperial Government Records Interagency Working Group (IWG)" die Kontakte von Dulles' Büro mit Verhandlern wie Höttl so: „Um den Krieg in Norditalien schneller zu beenden, führte OSS-Resident Allen Dulles geheime Verhandlungen in der Schweiz mit deutschen Offiziellen, die Kriegsverbrechen begangen hatten. Diese Nazis benützten ihre Kontakte mit Dulles in der Absicht, sich selbst nach dem Krieg zu schützen."[276]

Mission accomplished!

8. Der Hausierer

„Und das war natürlich dann willkommen für die Amerikaner: Da gibt's einen SS-Führer, der aus der Spitze kommt, der das auch sagt, wobei wir bis heute noch nicht wissen, was wirklich dran ist."

Wilhelm Höttl im Interview 1999

*

Nürnberg, 1. August 1946. Prozess des Internationalen Militärgerichtshofs gegen die deutschen Hauptkriegsverbrecher. Hartley Murray, US-amerikanischer Vertreter der Anklage, nimmt Rolf-Heinz-Höppner ins Kreuzverhör. SS-Obersturmbannführer Höppner leitete die Amtsgruppe III A „Volks- und Rechtsordnung" im Reichssicherheitshauptamt und hatte 1941 Eichmann vorgeschlagen, „irgendein schnellwirkendes Mittel" einzusetzen, um die Juden Osteuropas zu „erledigen".

Major Murray: Kennen Sie Dr. Wilhelm Höttl, der ein Mitglied des Amtes VI des RSHA war?
Höppner: Darf ich nochmals um den Namen bitten; ich habe den Namen nicht verstanden.
Major Murray: Vielleicht habe ich ihn nicht richtig ausgesprochen. Dr. Wilhelm Höttl, ich buchstabiere: H-ö-t-t-l.
Höppner: Höttl? Habe ich überhaupt erst hier kennengelernt.
Major Murray: Sie wissen, dass er eine verantwortliche Stellung im SD hatte, nachdem Sie ihn hier kennengelernt haben, nicht wahr?
Höppner: Nein. Ich habe mit Höttl auch hier nicht gesprochen, da er immer von uns getrennt war.[277]

*

Nürnberg, 20. Oktober 1945. Zeugentrakt des Justizpalastes. Ein Wachtposten schiebt Wilhelm Höttl einen Zettel in die Zelle, der von dem amerikanischen Gefängniskommandanten unterzeichnet ist: „Dr. Wilhelm Höttl ist ein deutscher Staatsbürger und hat die Erlaubnis dieser Dienststelle, sich innerhalb von Nürnberg, Deutschland, überall hinzubewegen, wo immer er will, ohne polizeiliche Begleitung oder Sicherheitskontrolle."[278]

*

Was für eine Überraschung!
Im Turbotempo, binnen weniger Monate war es SS-Sturmbannführer Wilhelm Höttl gelungen, vom höchst verdächtigen Kriegsgefangenen zum wichtigen Zeugen im Hauptkriegsverbrecherprozess zu mutieren, der sich noch dazu frei in Nürnberg bewegen durfte!
Wie hatte er das angestellt? Was hatte er dafür tun müssen?
Die letzten Kriegstage in Altaussee vulgo „Alpenfestung" dürfte er nicht ganz lückenlos mitbekommen haben, da ihn ja seine „Friedensmission" als Gesandter Kaltenbrunners samt wirtschaftlichen Nebenaspekten in eigener Sache beanspruchte und immer wieder in die Schweiz führte. Auch als frischgebackener OSS-Agent „Alpberg" konnte er nicht viel Berichtenswertes liefern, was die Amerikaner nicht schon wussten.
In letzter Minute war es beherzten Ausseern gelungen, die Sprengung des örtlichen Salzbergwerks zu verhindern. Dort waren seit zwei Jahren unersetzliche Kunstwerke im Wert von geschätzten 3,5 Milliarden Dollar gelagert, welche die Nazis aus den Museen zerbombter Städte in Sicherheit gebracht oder in ganz Europa zusammengestohlen hatten. Der fanatische Gauleiter von „Oberdonau", August Eigruber, wollte sie im Angesicht der Niederlage für die Nachwelt vernichten. Salinendirektor Emmerich Pöchmüller und seine Bergmänner konnten die Sprengbomben entfernen. Diese Entschärfung dürfte der letzte Befehl des RSHA-Chefs Kaltenbrunner gewesen sein.
Im Mai nahmen die Amis Ernst Kaltenbrunner fest, der sich mit seinem Adjutanten Arthur Scheidler auf der Wildensee-Hütte hoch droben im Toten Gebirge versteckt hielt. Abgesehen vom inneren Zirkel

der NS-Gewaltigen und seinen eigenen Mitarbeitern waren Name und Gesicht Kaltenbrunners übrigens der deutschen und damit auch der österreichischen Öffentlichkeit so gut wie nicht bekannt.

Wilhelm Höttl dürfte sich zunächst einmal in amerikanischer Obhut einigermaßen sicher gefühlt haben – immerhin war er „Alpberg", ein Konfident des OSS! Dem CIC, in dessen Haft er jetzt saß, gab er sich ab sofort als glühender Österreicher zu erkennen, der als eingefleischter Katholik 1938 nur aus Furcht vor dem Bolschewismus der Nazi-Partei beigetreten war. Außerdem sei er ja mehrfach politisch abgemahnt, sogar zeitweilig aus dem SD entfernt worden – ein Opfer![279] Dass er dann im SD doch noch so weit hinaufgekommen war, sei nur der Österreicher-Manie Kaltenbrunners zu verdanken gewesen …

Dann öffnete der Hausierer seinen Bauchladen: Wie wir bereits wissen, bot Willi den Amerikanern sein Agentennetz an, das von Budapest über Bukarest bis Zagreb reichte, um gegen die Russen vorzugehen.[280] Und, wie praktisch: Höttl hatte in seiner Funktion als OSS-Mitarbeiter auftragsgemäß in Steyrling in Kirchdorf an der Krems/Oberösterreich eine Funkstation eingerichtet, die der Übermittlung von Nachrichten an die Alliierten aus der „Alpenfestung" hätte dienen sollen. Jetzt konnte sie als Auffangstation für Nachrichten aus dem Osten dienen.[281] Denn, so sagte Willi dem CIC-Verhöroffizier, da es ja nicht zu erwarten sei, dass der Westen ein taugliches Netz in der Sowjetunion aufbauen könne, sei es nur logisch, die sowjetisch besetzten Nachbarländer als Fenster in den Osten zu benützen.[282]

Pflichteifrig dürfte das CIC seiner damaligen Bestimmung als reine Abwehrpolizei der US-Armee nachgekommen sein und Höttls Angebot an das OSS weitergeleitet haben. OSS-Resident Dulles ging scheinbar darauf ein, ließ die Funkstation in Steyrling besetzen und stellte fest, dass die Agenten in Rumänien und Ungarn nach wie vor einsatzfähig waren![283] Sofort meldete er an OSS-Chef Donovan, welche Chance ihnen „Alpberg" bot.

Doch Höttls Ruf war beim OSS bereits nachhaltig beschädigt. Zwar hielt man ihn dort für einen der intelligentesten SD-Auslandsspezialisten, aber der Kalte Krieg war noch nicht ausgebrochen und man missbilligte seine merkbare Tendenz, das Bündnis der alliierten Waffenbrüder zu sprengen. Dazu kam noch, dass das OSS nach und nach Informationen über Höttls Methoden sammelte, die nicht immer zimperlich waren: So beschuldigte ihn Willy Goetz, ein ehemaliger Abwehroffizier in Budapest, er habe ihn im April 1941 erpresst. Höttl würde höheren Orts melden, dass Goetz eine jüdische Freundin hätte. Goetz musste sich bereiterklären, für den SD gegen die konkurrierende Abwehr zu spionieren und Willi, der damals noch in Wien war, mit politischen Berichten aus Ungarn versorgen.[284]

Was in den Augen der Amerikaner noch schwerer wog: Höttls Sekretärin Hildegard Beetz bestätigte im Juli 1945, dass es definitiv Willis Ziel war, die alliierte Ost-West-Allianz zu spalten.[285] Nun hatte man also den Beweis aus Höttls engstem Umfeld! Noch dazu war es in Donovans Augen zu riskant, die Agenten des SD einfach nahtlos für das OSS weiterarbeiten zu lassen, da er nicht sicher sein konnte, ob sie nicht längst unterwandert waren und unter sowjetischer Kontrolle standen.[286]

„Wild Bill" (ein Spitzname aus seinem Universitäts-Football-Team) William J. Donovan hatte schon bessere Tage gesehen. Sein persönlicher Mentor Präsident Roosevelt war eben gestorben und just im Sommer 1945 war er in eine gewisse Zwangslage geraten, da der US-Statthalter in Deutschland Lucius D. Clay den konservativeren Armeegeheimdienst MIS bevorzugte und US-Präsident Harry Truman dazu bewegen wollte, das OSS, das er für ein „übles Nest von Radikalen"[287] hielt, überhaupt aufzulösen.[288]

In dieser prekären Situation haben wir den OSS-Chef zu Beginn unserer Reise in die Vergangenheit angetroffen.

Donovan meinte, den bereits abweisend gewordenen NKWD-General Pawel Fitin zu neuer Kooperation bewegen zu müssen. Am 11. Juli bot Donovan Fitin an, gemeinsam die Höttl-Organisation zu liquidieren! Doch der misstrauische Russe zögerte noch und die darauffolgenden 20 Tage geschah ... gar nichts.[289]

Am 1. August schaltete sich das Kriegsministerium in Washington ein: Die Joint Chiefs of Staff verboten weitere Verhandlungen mit

Moskau, denn das MIS wollte sich vom OSS nicht in der Anwerbung deutscher Geheimdienstler behindern lassen![290]

Höttl ahnte damals nicht, an welch seidenem Faden sein Schicksal hing! Nahtlos war er vom Intrigensumpf der NS-Führer in jenen der US-Geheimdienste geraten. Der „Fall Höttl" markierte den Anfang vom endgültigen Ende des OSS[291], das auch prompt am 20. September 1945 aufgelöst wurde.[292] Damit war auch „Alpberg" Geschichte und Höttl hing in der Luft. Denn beim CIC hatte man große Bedenken gegen ihn. Der Historiker Norman J. Goda befindet: „Noch konnte er keinen Vorteil aus dem kommenden Kalten Krieg ziehen, aber immerhin konnte er seine früheren Chefs nützen. So wurde er beim Nürnberger Prozess als Zeuge verwendet, wo er die Schätzung von sechs Millionen ermordeter Juden lieferte."[293]

Hier ist er wieder, einer der blinden Flecken der Höttl-Story! Denn wie genau Willi zum Zeugen in Nürnberg wurde, wissen wir nicht. Wir haben nur Indizien.

Wie seine Stellung im Zeugentrakt, in dem er gemeinsam mit vielen anderen einsaß, war, illustriert wenigstens die beglaubigte Szene, dass er volle Bewegungsfreiheit innerhalb der Stadt hatte.[294] Das lässt darauf schließen, dass er bereits (wieder) in Gnaden der US-Dienste war, obwohl die USA offensichtlich zu diesem Zeitpunkt keine Verwendung für seine geheimdienstliche Expertise hatten.[295] Das OSS war zwar aufgelöst worden, aber Allen W. Dulles war noch da. Wer immer sich auch noch so geringe Verdienste um die Operation „Sunrise", also die vorzeitige Kapitulation der Deutschen in Italien, gemacht hatte, konnte auf seine Dankbarkeit und Hilfe zählen.[296]

Von Anfang an stand auch für Höttl selbst fest, dass er sich nicht als Angeklagter, sondern als Zeuge in Nürnberg befand. Das war für ihn der Beweis, dass die westlichen Alliierten vorhatten, sein Leben zu schonen. Die Bereitschaft, mit den Amerikanern zu kollaborieren, rettete ihn vor dem Galgen.[297] Und er musste dafür nicht einmal im Gerichtssaal erscheinen, womöglich Auge in Auge mit seinem Ex-Chef Kaltenbrunner und den anderen Angeklagten, sondern konnte seine Aussagen schriftlich abgeben.

Am 14. Dezember 1945, dem 20. Verhandlungstag des Hauptkriegsverbrecherprozesses, verlas US-Anklagevertreter Major Walsh erstmals eine Erklärung Höttls vom November 1945.[298] Darin schildert der Zeuge Höttl, wie ihn Adolf Eichmann Ende August 1944 in seiner Budapester Wohnung besuchte – getippt auf einer US-amerikanischen Schreibmaschine mit Tastatur für die englische Sprache:

„Eichmann stand damals stark unter dem Eindruck des in diesen Tagen erfolgten Kriegsaustrittes Rumaeniens. Deswegen war er auch zu mir gekommen, um sich ueber die militaerische Lage zu informieren, die ich taeglich vom Ungarischen Honved- (Kriegs)Ministerium und dem Befehlshaber der Waffen-SS in Ungarn bekam. Er gab seiner Ueberzeugung Ausdruck, dass der Krieg nunmehr fuer Deutschland verloren sei und er damit fuer seine Person keine weitere Chance mehr habe. Er wisse dass er von den Vereinigten Nationen als einer der Hauptkriegsverbrecher betrachtet wuerde, weil er Millionen von Judenleben am Gewissen habe.

Ich fragte ihn, wieviele das seien, worauf er antwortete, die Zahl sei zwar ein grosses Reichsgeheimnis, doch wuerde er sie mir sagen, da ich auch als Historiker dafuer Interesse haben muesste und er von seinem Kommando nach Rumaenien wahrscheinlich doch nicht mehr zurueckkehren wuerde. Er habe kurze Zeit vorher einen Bericht fuer Himmler gemacht, da dieser die genaue Zahl der getoeteten Juden wissen wollte. Er sei auf Grund seiner Informationen dabei zu folgendem Ergebnis gekommen:

In den verschiedenen Vernichtungslagern seien etwa vier Millionen Juden getoetet worden, waehrend weitere zwei Millionen auf andere Weise den Tod fanden, wobei der Grossteil davon durch die Einsatzkommandos der Sicherheitspolizei waehrend des Feldzuges gegen Russland durch Erschiessen getoetet wurden.

Himmler sei mit dem Bericht nicht zufrieden gewesen, da nach seiner Meinung die Zahl der getoeteten Juden groesser als 6 Millionen sein muesse. Himmler hatte erklärt, dass er einen Mann von seinem statistischen Amt zu Eichmann schicken werde, damit dieser auf

Grund des Materials von Eichmann einen neuen Bericht verfasse, wo die genaue Zahl ausgearbeitet werden sollte.

Ich muss annehmen, dass diese Information Eichmanns mir gegenueber richtig war, da er von allen in Betracht kommenden Personen bestimmt die beste Uebersicht ueber die Zahl der ermordeten Juden hatte. Erstens ‚lieferte' er so-zu-sagen durch seine Sonderkommandos die Juden zu den Vernichtungsanstalten und kannte daher diese Zahl genau und zweitens wusste er als Abteilungsleiter im Amte IV des RSHA, der auch fuer die Judenangelegenheiten zustaendig war, bestimmt am besten die Zahl der auf andere Weise umgekommenen Juden.

Dazu kam, dass Eichmann zu diesem Augenblick durch die Ereignisse bestimmt in einer solchen seelischen Verfassung war, dass er gar nicht die Absicht hatte, mir etwas Unwahres zu sagen.

Ich selbst weiss die Einzelheiten dieses Gespraeches deswegen so genau, weil es mich erklaerlicher Weise sehr bewegt hatte und ich auch bereits vor dem deutschen Zusammenbruch naehere Angaben darueber an eine amerikanische Stelle im neutralen Ausland machte, mit der ich zu diesem Zeitpunkte in Verbindung stand.

Ich schwoere, dass ich die obigen Angaben freiwillig und ohne Zwang gemacht habe, und dass die obigen Angaben nach meinem besten Wissen und Gewissen der Wahrheit entsprechen.
Dr. Wilhelm Hoettl."[299]

Die Zahl der mit der Judenvernichtung befassten Männer in Eichmanns Einsatzkommando gab Höttl mit etwa 100 an.[300]

Das ist er: Willis kurzer Moment der Berühmtheit in der Weltgeschichte! Höttl bestätigte jene entsetzliche Zahl, die alles Maß an bis dahin bekanntem Grauen überstieg.

Seine Aussage eröffnete aber auch ein groteskes Tauziehen um diese sechs Millionen, das, wie Bettina Stangneth es ausdrückt, „von einer zynischen Menschenverachtung" ist, „die beinahe so unerträglich ist, wie der Gedanke an den nationalsozialistischen Massenmord selber[.]"[301] Die Lübecker Historikerin Stangneth hat mit „Eichmann vor Jerusalem" 2011 *das* moderne Standardwerk zu Adolf Eichmann vorgelegt und befasst sich darüber hinaus als Philosophin vor allem mit einer Theorie der Lüge. Damit ist sie wie geschaffen für eine Analyse Wilhelm Höttls und seiner Variationen von Wahrheit!

Stangneth klassifiziert die systematische Vernichtung der Juden als „improvisiertes und teilweise chaotisches Verbrechen. [...] Dort, wo das Produktionsziel Leichenberge sind, löst sich wahrscheinlich zwangsläufig jede Ordnungsstruktur mit der Zeit auf. Allein die Vorstellung, dass am Ende historischer Forschung die genaue Opferzahl stehen könnte, ist schon eine Idealisierung der Umstände dieses gigantischen Verbrechens."[302]

Geradezu lächerlich an Höttls Aussage ist, dass er sich hier wieder einmal auf seine Position als Historiker zurückzieht und diese Zuschreibung sogar Eichmann in den Mund legt! Wahrscheinlich lagen die Dinge anders: Eichmann fragte Freund Willi, wie er die militärische Lage einschätzte, und Höttl wollte schlicht und ergreifend via Eichmann herausfinden, was der Gestapo-Chef Heinrich Müller und Heinrich Himmler planten. Beide kannte Willi schließlich nicht persönlich, und sie waren die beiden größten Unsicherheitsfaktoren für die beabsichtigte Selbstrettung Höttls und Kaltenbrunners. Ob die Sechs-Millionen-Zahl bei diesem Gespräch überhaupt gefallen ist, bleibt fraglich. Denn die letzten Massenvergasungen in Ravensbrück und viele weitere Mordaktionen erfolgten erst nach dem August 1944, und mit den Morden durch Einsatzgruppen im Rücken der Ostfront war Eichmann gar nicht befasst.

Später wird Höttl einschränken, dass Eichmann wie auch andere SS-Größen, etwa der KZ-Kommandant von Auschwitz, Rudolf Höß, angeblich zur Übertreibung der Opferzahlen tendierten, „wobei es doch zu zynisch wäre, hier von ‚Jägerlatein' zu sprechen".[303] Oder hatte Eichmann die Sechs-Millionen-Zahl gar aus Meldungen der BBC entnommen, die er heimlich abhörte? Höttl behauptet das 1999 im Interview: „Sogar die Feinde anerkennen das, was er also hier geleistet hat – Millionen zu vernichten."[304] Auch Hannah Arendt beschreibt in ihrem Buch „Eichmann in Jerusalem" seinen Charakter: „Wichtigtuerei war das Laster, das Eichmann zugrunde richtete."[305] Arendts Beurteilungen gelten bei vielen mittlerweile als überholt, aber ihre Feststellung passt ins Profil …

Fakt ist, dass Höttl bei den Alliierten mit der Eichmann-Story von seiner eigenen Geschichte ablenken konnte. Darum ging es ihm vor allem!

Gegen Ende seines Lebens ließ er mehrfach durchblicken, dass er selbst nie an ein solches Ausmaß der Judenvernichtung geglaubt hatte. „Eine Andeutung, die […] beweist, wie wenig Höttl damit ein Problem hatte, sein Leben lang andere Dinge zu sagen, als er selber für wahr hielt"[306], meint Stangneth. Er „borgte" sich Aussagen von anderen und zimmerte bedenkenlos seine eigenen „Informationen" daraus zusammen. Das galt auch für die weiteren Aussagen in Nürnberg, mit denen er seinen Chef Kaltenbrunner entlasten wollte!

Wie rechtfertigten Angeklagter und Zeuge die unfassbaren Untaten, derer man sie bezichtigte beziehungsweise von denen sie Zeugnis ablegen sollten?

Der Angeklagte Kaltenbrunner log beim Prozess in Todesangst, dass sich die Balken bogen! Er erzählte Geschichten darüber, dass er Allen W. Dulles in der Schweiz getroffen und schon ab Mai 1943 über Höttl österreichische oppositionelle Kreise gewonnen hätte, die ihre „Friedensfühler nach dem Ausland" ausgestreckt hätten[307]; und betonte die tatsächliche Gefährlichkeit dieses hochverräterischen Unternehmens angesichts Hitlers Verbot von Friedensverhandlungen. Nicht nur Höttl hätte in seinem Auftrag „sehr viele Reisen" in die Schweiz unternommen, sondern auch Graf Potocki.[308] Und Höttl musste auch als Zeuge dafür herhalten, dass Kaltenbrunner nicht nur keinen Befehl gegeben hätte, alle Häftlinge des Konzentrationslagers Mauthausen bei Kriegsende zu töten, sondern ganz im Gegenteil befohlen hätte: „Das gesamte Lager und alle Häftlinge sind ohne jede Mißhandlung dem Feind zu übergeben."[309]

Höttl war zwar in der bequemeren Position des Zeugen, stand seinem Chef aber im Beugen der Wahrheit um nichts nach, allerdings wiederum nur schriftlich auf Vorschlag von Anklagevertreter Sir David Maxwell-Fyfe in Form eines Fragebogens.[310] Dort beantwortete er unter anderem Fragen zu Eichmann, Kaltenbrunner und Heinrich Müller und deren Verhältnisse zueinander. Die Konzentrationslager wären dem Wirtschafts- und Verwaltungshauptamt der SS unterstanden, und nicht dem RSHA.[311] Ob Kaltenbrunner von den Vernichtungsmaßnahmen gewusst habe, wisse er nicht, menschlich gebilligt hätte er sie aber vermutlich nicht.[312]

Schon im Frühjahr 1943 hätte Kaltenbrunner Höttls Vorschlag, den Vatikan zu Friedensvermittlungen zu gewinnen, sofort zugestimmt und im März 1944 Hitler dazu gebracht, den Einmarsch rumänischer und slowakischer Truppen in Ungarn zu verhindern. „Dank [Kaltenbrunners, Anm. d. Verf.] Unterstützung gelang es mir, eine geplante Ungarische Nationalsozialistische Regierung noch ein halbes Jahr zu verhindern."[313]

Gelinde gesagt eine gewisse Selbstüberschätzung …

Insgesamt bescheinigte Höttl Kaltenbrunner, die Vernichtung der Juden weder betrieben noch gebilligt, das RSHA aber auch kaum jemals wirklich beherrscht zu haben.[314]

Und Willis engere Dienststelle?

Ach, beteuerte er, der SD hätte als Nachrichtendienst ja keinen unmittelbaren Einfluss auf die Auswahl von Nazi-Führern gehabt,[315] und er strich besonders hervor, dass die Mitgliedschaft der Angehörigen des SD während ihrer Zugehörigkeit zu dem „Einsatzgruppen" ruhte.[316] Das sollte bezeugen, dass der SD nicht an Deportationen beziehungsweise Morden beteiligt gewesen sei.

„Ich persönlich hatte mit Konzentrationslagern überhaupt nichts zu tun. Ich habe allerdings eine Reihe von Personen aus dem KZ befreit und kannte daher die Schwierigkeiten, die dabei seitens der KZ-Leitungen gemacht wurden, die sich auf Befehle des Wirtschafts- und Verwaltungshauptamtes der SS in solchen Fällen immer beriefen, da die Insassen für die Rüstungsindustrie benötigt würden."[317]

Tatsächlich, so Willi weiter, seien aber ungarische Bekannte im März 1944 in das Konzentrationslager Mauthausen gekommen und hätten ihm nach ihrer Rückkehr von den dortigen Grausamkeiten berichtet. Höttl richtete daraufhin ein empörtes Schreiben an den Leiter der Staatspolizeistelle Linz mit der Bitte, diesen Berichten bei KZ-Kommandant Zierreis nachgehen zu wollen, was dieser aber später geleugnet hätte.[318] Praktischerweise war Franz Zierreis schon seit Mai 1945 tot …

Es fällt nicht leicht, durch den Wust an Aussagen und Behauptungen die wahre Figur Willis herauszukristallisieren, aber eine schemenhafte Gestalt erkennen wir dennoch: So groß, dass er den Nazi-Putsch in Ungarn um ein halbes Jahr hätte verzögern können, war Höttl definitiv nicht, aber als bloßes Rädchen im Getriebe der Maschinerie von SS und SD konnte man ihn auch nicht gerade bezeichnen.

Trotzdem wollte ihn der Leiter eines benachbarten Ressorts, der Gruppe IIIa „Rechtsverwaltung und Volksleben" im RSHA, Rolf Heinz Höppner, auf Nachfrage nicht kennen! Und Höttls Darstellung der Arbeit des SD zerriss er in der Luft: „Es ist Richtiges mit Unrichtigem durcheinander gemischt. Ich empfinde diese Art und Weise, wie der Bericht über die Sicherheitsdienstarbeit urteilt, etwas oberflächlich. Es macht nicht den Eindruck, als ob Höttl sehr lange im Inlandsnachrichtendienst gearbeitet hat, nach diesem Dokument."[319]

Dieses Verdikt eines schwer belasteten Zeugen wie Höppner konnte Höttl freilich herzlich egal sein. Insgesamt präsentierte sich der schlaue Willi in seinen eidesstattlichen Erklärungen beim Nürnberger Prozess als großer Historiker und achtete begreiflicherweise sehr genau darauf, was er über die Judenvernichtung zu welchem Zeitpunkt und in welcher Position gewusst haben wollte. Er belastete Eichmann und entlastete Kaltenbrunner nicht wirklich. Dass er nicht in Gefahr geriet, sich in Widersprüche, etwa in einem Kreuzverhör zu verwickeln, ist dem Umstand zuzuschreiben, dass die US-Anklagevertretung auf sein persönliches Erscheinen vor Gericht verzichtete.

Höttl ließ später in seiner Autobiografie „Einsatz für das Reich" keinen Zweifel daran, dass er Eichmann für schuldig an der „Beihilfe zum Mord in Millionen Fällen"[320] hielt. Die meisten Leiter der betreffenden Einsatzgruppen oder Einsatzkommandos hatte er persönlich gekannt, könne sich aber bis heute nicht erklären, wie diese denkfähigen „Vollakademiker" zu Massenmördern werden konnten und dementsprechend einen „Knacks" bekommen hätten, „wobei wir, denen dieses

Schicksal erspart blieb, damals ja nicht einmal ahnen konnten, was da an Massenmord begangen wurde."[321]

Nebenbei erwähnt er noch, dass „die meisten Männer in Stellungen meiner Größenordnung"[322] Kommandoführer bei Einsatzkommandos zur Judenvernichtung geworden seien, ihm selbst dies glücklicherweise erspart geblieben sei, da er zum infrage kommenden Zeitpunkt strafweise zur Waffen-SS in Jugoslawien versetzt gewesen sei.[323] Als ob es nach dem 31. Jänner 1943, dem Ende seiner erzwungenen Auszeit vom SD, keine Einsatzkommandos mehr gegeben hätte!

So war das also mit der Verantwortung! Die Höttlsche Selbstverteidigungslinie folgte stets dem gleichen Muster: Nein, Bomben hatte er während seiner Zeit als „Illegaler" in den 1930er-Jahren keine gelegt und auch 1944/45 in Budapest keinem Menschen persönlich auch nur ein Haar gekrümmt. Man habe lediglich Nachrichten beschafft und keine Polizei- oder sonstige Exekutivgewalt gehabt. Dass seine Arbeit aber darauf ausgerichtet war, die Opfer dieser Massenverbrechen auszuspionieren und Personenlisten für die eigentlichen operativen Mörderbanden zu erstellen, kam dabei nicht vor.

Während Willi brav aussagte und sich nebenbei in Nürnberg von anderen Zeugen wie Hitlers Chefadjutanten Julius Schaub oder dem Dolmetsch des „Führers", Paul-Otto Schmidt, Schnurren aus dem Dritten Reich erzählen ließ (die Höttl dann zu seinen machte), arbeitete seine Frau Friedel daheim für das Wohl der Familie.

Daheim, das hieß für die Höttls jetzt Altaussee. Dieser idyllische Luftkurort in einem Talkessel des Toten Gebirges am Ufer des Altausseer Sees mit seinem Salzbergwerk war und ist eine Perle des steirischen Salzkammerguts. Gemeinsam mit den Angehörigen vieler anderer Nationalsozialisten wie den Eichmanns oder der Familie von Kaltenbrunners Adjutanten Arthur Scheidler war man hiergeblieben, da die sowjetisch besetzten Teile Österreichs wie etwa Wien als Aufenthaltsort viel zu gefährlich gewesen wären.

Neben anderen US-Dienststellen hatte auch das CIC in Altaussee Einzug gehalten, und bei dessen Vertretern klopfte eines Tages ein österreichischer Polizist an. Bei seinen Einsätzen zwischen Altaussee und dem benachbarten, etwa fünf Kilometer entfernten Bad Aussee hatte er die wachsenden Gerüchte um vergrabenes Gold und Geld in der Gegend mitbekommen. Und es war ja auch da und dort etwas entdeckt worden!

Auf der Suche nach verstecktem Nazi-Gold war der Beamte gemeinsam mit dem Leiter des Ermittlungsdienstes des Bundesministeriums für Vermögenssicherung und Wirtschaftsplanung, Josef Reith, an zwei auskunftsfreudige Damen geraten: Iris Scheidler und Elfriede Höttl.

Im Frühjahr 1947 saßen beide Ehemänner in Haft, Wilhelm Höttl war aus Nürnberg in das Internierungslager Dachau verlegt worden, in dem die Amerikaner vor allem mutmaßliche NS-Kriegsverbrecher festhielten.

Iris Scheidler hatte von ihrem Mann, dem Kaltenbrunner-Adjutanten, bei einem Gefangenenbesuch eine brisante Information erhalten: Er und Kaltenbrunner hätten im April 1945 ein Vermögen an Gold und Geld aus Berlin in die „Alpenfestung" verbracht. Dieser Schatz sei in der Nähe von Altaussee versteckt worden und seitdem verschollen! Brühwarm hatte sie das dem österreichischen Polizisten verraten, der irgendwie das Vertrauen der 34-jährigen Wienerin erlangte.[324] Daraufhin erzählte Arthur Scheidler bei einer Vernehmung in der Haft auf Nachfrage angeblich alles, was er wusste – schließlich hatte er schwerste Bestrafung zu erwarten und vielleicht konnte ihn das vor dem Galgen retten?

Kaltenbrunners Beutezug, also die Eisenbahn des RSHA, sei auf seinem Weg gen Süden unter alliiertem Feuer gelegen und beschädigt worden und der Inhalt der Kisten durcheinandergeraten, schilderte Scheidler. Goldbarren und persönliche Dokumente seien von Gmunden aus in Lastwagen in Richtung Imst/Tirol verbracht worden … Sollte die Preisgabe dieser Informationen Arthur Scheidlers Ticket in die Freiheit oder zumindest aus der Todesgefahr sein?

„Bitte, ich weiß *auch* was!"

Elfriede Höttl, 35 Jahre alt, Mutter zweier Söhne und einer kleinen Tochter, hatte ein lebendiges Interesse daran, dass auch ihr Ehemann aus Dachau zurückkehren würde! Auch sie hatte eine Goldgeschichte für die österreichischen Ermittler auf Lager. Als sie am 4. April 1947 in Wien ihre Aussage machte, stand sie ihrem Mann in Sachen Selbstvermarktung um nichts nach.

Seit jeher seien Willi und sie glühende Österreicher gewesen! Die Nazis hätte sie immer schon verabscheut, gab sie (NSDAP-Mitglied seit 1932!) zu Protokoll. Und sie berichtete nun von einem Goldschatz, den Wilhelm Waneck, der Gruppenleiter ihres Mannes beim SD, zuerst ins Stift Kremsmünster/Oberösterreich und dann nach Altaussee in die Villa Kerry, die Residenz des RSHA, transportiert hätte. Alle Untergebenen Wanecks hätten ihre Beute an ihn abliefern müssen, und dann seien Gold und Geldwerte in Millionenhöhe auf die Blaa-Alm oberhalb von Altaussee geschafft und dort versteckt worden! Tatsächlich waren in den ersten Tagen nach dem Krieg ein paar Kisten mit Goldmünzen und Papiergeld in der Villa Kerry aufgetaucht. Und der große Rest sollte sich auf der Blaa-Alm befunden haben?

Auch von anderen SS-Schätzen wusste Friedel Höttl zu erzählen, von rumänischem Gold in Kremsmünster, gestohlenen russisch-orthodoxen Kirchenreichtümern in Wehrmachtskisten mit der Aufschrift „Charkow" in Bad Aussee und einem Auto Heinrich Himmlers mit Juwelen, Diamanten und Gold auf dem Grund des Zeller Sees. Woher kannte sie diese Details? Nun, ihr inhaftierter Mann war immerhin im Nachrichtengeschäft …

Gefunden wurde von den sagenhaften Schätzen später, ab den 1960er-Jahren nur wertloses Zeug wie ein paar Blüten des „Unternehmen Bernhard" im Toplitzsee oder Kaltenbrunners persönliches Siegel im Altauseer See.[325]

Friedel Höttl hatte jedenfalls zum Ausdruck gebracht, dass ihr Mann mit seinen Kenntnissen noch von großem Nutzen für die Amerikaner sein könnte! Wäre doch schade, ihn aufzuhängen, oder? Auch wenn das meiste ad hoc nicht überprüfbar war, hatte sie für den Moment ihr Möglichstes dazu beigetragen, um den Gatten aus der Haft freizubekommen.

Zugleich aber verschmolzen die Geschichten der Damen Höttl und Scheidler im Tratsch des Ausseerlandes zusammen mit andernorts behaupteten sagenhaften 22 Goldkisten Eichmanns, der Blütenlese des „Unternehmens Bernhard", dem ungarischen Goldzug und den Kunstwerken im Salzbergwerk von Altaussee zum Amalgam einer Saga von märchenhaftem Reichtum der Familie Höttl – auch wenn alle diese Einzelstorys nicht unbedingt etwas miteinander zu tun hatten.

Mithin war es allerdings ganz etwas anderes, das Willi den Hals rettete: der Beginn des Kalten Kriegs und die Teilung Europas und der Welt in eine westliche und eine kommunistische Hemisphäre.

Am 12. März 1947 erklomm US-Präsident Harry S. Truman das Rednerpult des Kongresses und erklärte, dass es fortan die Aufgabe der Vereinigten Staaten sei, „freien Völkern beizustehen, die sich der angestrebten Unterwerfung durch bewaffnete Minderheiten oder durch äußeren Druck widersetzen." Das richtete sich direkt gegen die Bedrohung durch den realen Sozialismus des Massenmörders Stalin. Diese „Truman-Doktrin" kam einer Scheidung vom sowjetischen Verbündeten gleich. Ab nun ging's rund an der geheimen Front der Nachrichtendienste! Freunde und Feinde formierten sich neu und die ehemaligen Nazi-Agenten mutierten plötzlich von Angeklagten zu gesuchten Mitarbeitern. Denn die aktuelle Bedrohung durch Stalin wog in der Logik des Westens schwerer als die vergangene durch Hitler.

2010 schilderte mir Jury von Luhovoy, ein russischstämmiger ehemaliger Agent des CIC in Wien, diesen abrupten Wechsel und seine Auswirkungen auf die Arbeit der US-Intelligence:

„Es war die Zeit 47/48, wo es den Amerikanern bewusst geworden ist, welche eminente Gefahr die Sowjets darstellen, Sie waren ja […] die ganze Zeit schon die Waffenbrüder, aber hier kam zum Ausdruck, dass man sich in gegensätzlichen Positionen befand. Das ist meine persönliche Überzeugung, dass die Sowjets in der damaligen Zeit den Amerikanern gegenüber einen eklatanten Überhang an Nachrichteninformationen gehabt haben. Sie hatten einen unerhörten Einfluss über ihre österreichischen Kontaktleute, eine wesentlich höhere Informationsdichte.

Und da kam der Zeitpunkt, wo eines Tages der Chef der CIC während einer Morgenbesprechung zum Ausdruck brachte, dass sich das

Feindbild des nationalsozialistischen Verbrechers geändert hat, also dass diese NS-Leute in dieser Form nicht mehr der wirkliche Zielpunkt der Erhebungen sein sollten, sondern wir müssen wesentlich mehr auf die ursprüngliche Charakterisierung der Einheit [gemeint ist das CIC] zugehen und zur Abwehr übergehen.

Das hat damals in dem Büro zu Divergenzen geführt. Ich erinnere mich an einen jüdischen Offizier, der eine Schreibmaschine gegen die Wand geworfen hat, weil er es nicht verstanden hat, wieso mal auf einmal Nationalsozialisten pardoniert wurden, respektive sogar eingebunden wurden wenn sie nichts Gravierendes verbrochen haben, aber interessant für Informationen waren, warum man die verschonen soll und gegen die Waffenbrüder der Sowjetunion auf einmal aggressiv sein sollte."[326]

Diese Monate des Jahres 1947 entschieden über Willi Höttls weiteres Leben. Die westlichen Alliierten hatten ihn für seine Zeugenaussage zwar mit dem Weiterleben belohnt, aber da war noch die Gerichtsbarkeit der neu errichteten Republik Österreich und dort tagten in Permanenz sogenannte Volksgerichte zur Verfolgung mutmaßlicher NS-Kriegsverbrecher.

Ehe Höttl auf freien Fuß gesetzt wurde, überstellte man ihn am 8. Oktober 1947 von Dachau ins Lager Kleßheim bei Salzburg,[327] wo er einen solchen Volksgerichtsprozess zu erwarten hatte.[328] Doch Willi bot seinen ganzen Charme auf, um dem zu entgehen! Es war für ihn offenbar nicht sehr schwierig, in Gmunden den CIC-Chef für Oberösterreich, Thomas A. Lucid, von sich und seinen Qualitäten zu überzeugen. Lucid war über Höttls Vorleben nicht genau im Bilde und auch nicht gerade von Recherchegeist durchdrungen.[329]

Fazit: Die US-Armee entließ Höttl im Dezember 1947 aus dem Gefängnis und verweigerte seine Auslieferung an das österreichische Volksgericht![330]

Für die USA war Höttl plötzlich doch noch interessant geworden. Und das aus mehreren Gründen. Als gegen Ende 1945 bis Mitte 1946 eine große Zahl von CIC-Mitarbeitern ins zivile Leben in die USA zurückkehren konnte, herrschte bei CIC Austria akuter Personalmangel.

Das mag erklären, warum bereits 1946 eine Reihe früherer Angehöriger der deutschen Abwehr, aber auch des SD und der Gestapo als Informanten oder sogar als Mitarbeiter des CIC angeheuert wurden. Darunter waren ausgesprochen finstere Gestalten, wie der frühere Adjutant Adolf Eichmanns, Otto von Bolschwing,[331] oder Robert Jan Verbelen, ein SS-Obersturmbannführer, der 1947 wegen Mordes an belgischen Widerstandskämpfern zum Tod verurteilt wurde, danach jahrelang in Österreich als CIC-Mitarbeiter im Einsatz stand[332] und nach dem Ende der Besatzungszeit 1955 von der Österreichischen Staatspolizei als Informant übernommen worden sein soll.[333]

In einem ausführlichen Bericht des OSI (Office of Special Investigations) des US-Justizministeriums heißt es, dass in Österreich damals noch 13 weitere ehemalige Funktionäre des NS-Sicherheitsapparats im Dienst des 430th CIC gestanden seien, „die alle über eine schlimme NS-Vergangenheit verfügten"[334], und das CIC in Österreich darüber hinaus noch über tausende von Informanten verfügt habe.[335]

Nicht alle, die nachweislich dabei waren, werden in diesem Bericht namentlich genannt: Unerwähnt bleiben etwa Wilhelm Höttl oder der Salzburger SS-Hauptsturmführer Hermann Milleder, der ehemalige Pressereferent des Wiener Gauleiters Bürckel und SD-Mitglied Erich Kernmayer, der frühere Gauinspektor in „Oberdonau", Stefan Schachermayer, oder der ehemalige Gebietsführer der Hitlerjugend in Wien und SS-Mann Karl Kowarik. Sei's drum, später sagten frühere amerikanische CIC-Mitarbeiter übereinstimmend aus: „Die Mitgliedschaft in der SS oder die Teilnehme an fragwürdigen Aktivitäten während des Kriegs disqualifizierte eine Person nicht für ihren Nutzen als CIC-Informant."[336] Oder an anderer Stelle noch konkreter: „Diese Gruppen bestehen aus Nazis, die gerade aus alliierter Haft entlassen wurden. Sie nutzen geschickt die Spannungen zwischen Ost und West, um sich wieder in wichtige Positionen hinaufzudienen. Auf diese Weise werden sie langsam zu unentbehrlichen Leuten und schaffen sich so wieder Einfluss und eine Basis für NS-Aktivitäten."[337]

Sogar der berüchtigte Gestapo-Chef von Wien, Franz Josef Huber, wurde direkt von Krankenhaus in Altaussee nach der Kapitulation

„nach einigen Wochen [...] von einem CIC-Mann abgeholt, in das Gefängnis Alt-Aussee gebracht und in das Lager Mitterweißenbach abgeschoben. [...] Huber [wurde] nach dem Kriege sowohl vom russischen Nachrichtendienst angelaufen und auch von amerikanischen Offizieren im Internierungslager zur Mitarbeit aufgefordert."[338]

Vorsichtiger agierten hier etwa die Briten, für die auch das „befreite" und „befreundete" Österreich keine Sache für ihre Abwehr, sondern für die Aufklärung (MI6) war. Die Amis dagegen waren „open minded". Besonders krass war der Fall Robert Jan Verbelens[339], der während des Krieges 101 Widerstandskämpfer getötet haben soll und der sich nun „nicht um des Lohnes willen, sondern aus ideologischen Beweggründen"[340] als Angehöriger des 66. CIC-Corps am Kampf gegen den Kommunismus beteiligte. Angeworben hatte ihn ein ehemaliger SS-General, den er 1946 oder 1947 auf der Straße traf.[341] Dem CIC habe der in Belgien zum Tode verurteile Verbelen erst 1956 seine wahre Identität enthüllt, sagte er später. 1959 erhielt Robert Jan Verbelen jedenfalls die österreichische Staatsbürgerschaft, was bis zu seinem Tod im Jahr 1990 für einigen Wirbel sorgen sollte.

Da sich das CIC Austria nun mit diesen schwer belasteten Nazis einließ, wandelte sich die ursprüngliche Aufgabe, nämlich die Entnazifizierung in der amerikanischen Besatzungszone, vollkommen. Antisowjetische Aufklärung war jetzt die Priorität. Man fühlte sich dabei auch im Einklang mit den Österreichern, von denen 95 Prozent bei den ersten Parlamentswahlen 1945 deutlich gegen die KPÖ und damit das totalitäre kommunistische Regime gestimmt hatten. Die höchst präsente Diktatur der Sowjets erschien den USA in der allgemeinen Abwägung der Risiken gefährlicher als die überwundene der Nationalsozialisten.

Und tatsächlich drangen die KPÖ-Führer Johann Koplenig und Friedl Fürnberg darauf, dass nach der verlorenen Wahl die Rote Armee möglichst lange in Österreich bleiben und das Land auf Dauer entlang der Sektorengrenze in einen östlichen und einen westlichen Staat geteilt werden möge – die österreichische Variante einer BRD-DDR-Lösung. Das ging indes sogar den Sowjets zu weit, die im Rahmen ihrer geopolitischen Interessen andere Pläne mit dem kleinen Land hatten, nämlich eine Neutralisierung Österreichs, um der NATO keine Handhabe zu geben, sich diesfalls Westösterreich einzuverleiben. Das wusste halt damals keiner in Österreich, nicht einmal die KPÖ.

Im Februar 1948 rügte das ZK der KPdSU die beiden österreichischen Genossen und befahl ihnen, mit ihrer separatistischen Agitation aufzuhören.[342] Doch die Nachwelt scheint in diesem Fall gnädig zu sein: Im Wien des Jahres 2019 gibt es nicht nur ein Denkmal für Koplenig, sondern, wie zu hören ist, auch bald einen Platz im 20. Bezirk, der nach diesem spaltungsfreudigen Stalinisten (um-)benannt werden soll, der offenbar bereit gewesen wäre, die gerade erst wiedererrungene Freiheit und Einheit Österreichs seiner Ideologie zu opfern. Und das, obwohl doch gerade er einer jener exilierten Widerstandskämpfer war, die während des Kriegs von Moskau aus plakativ für ein eigenständiges Österreich eingetreten waren, und der im Namen der KPÖ am 27. April 1945 seine Unterschrift unter die Gründungserklärung der Zweiten Republik setzte!

Im Oktober 1950 entwickelte sich aus einem kommunistisch dominierten Streik samt Demonstrationen gegen das vierte Lohn-Preis-Abkommen in Wien etwas, das die meisten Zeitgenossen als KP-Putschversuch empfanden (obwohl auf dem oberösterreichischen Nebengleis der Randale auch eine ganz andere Partei namens VdU mitmischte, aber zu ihr werden wir noch kommen). Sozialdemokratische Gewerkschafter, geführt vom Gewerkschaftschef der Bau-Holzarbeiter Franz Olah, traten dieser Bewegung besonders handfest entgegen. Olah gehörte zum Kreis jener österreichischen Politiker, die von den USA im Hintergrund massiv unterstützt wurden.

Ob das Ganze tatsächlich als Putsch angelegt war, ist nach heutigem Forschungsstand mehr als fraglich, trotzdem fürchteten sich die meisten Österreicher vor den Zuständen einer roten KP-Diktatur. Aus der Luft gegriffen waren die Ängste vor dem realen Kommunismus aus Sicht der westlich orientierten Zeitgenossen also nicht. Um diese Gefahr zu bannen, waren den Amerikanern fast alle Mittel recht. Sie rüsteten Olahs Tarnclub namens „Österreichischer Wander-, Sport- und Geselligkeitsverein" zu einer echten „Stay behind"-Organisation auf, die erst ab 1963 aufgelöst wurde. Was übrig blieb, waren Waffendepots, die vor sich hin gammelten ...³⁴³

Insgesamt hatte das CIC in Österreich während der Besatzungsjahre kontinuierlich etwa 500 hauptamtliche Mitarbeiter mit einem monatlichen Gehalt von 130 bis 200 US-Dollar.³⁴⁴ Prioritär waren sie laut einem Aufgabenkatalog mit der Überwachung der Aktivitäten östlicher Geheimdienste und der KPÖ beschäftigt, aber auch mit dem Sammeln von Informationen über die österreichische Innenpolitik und der Beschattung österreichischer Politiker.³⁴⁵

Das war also der Laden, für den Wilhelm Höttl künftig arbeiten würde.

Er fand ideale Bedingungen vor. Der oberösterreichische CIC-Chef Thomas A. Lucid nahm schlichtweg alles, was Willi ihm erzählte, für bare Münze. Höttls Vergangenheit als SD-Offizier war für ihn kein Hindernis, sondern zählte als Vorteil. Willi habe „sich als hervorragender Ideenlieferant erwiesen! Sein Hintergrund als früherer stellvertretender Abteilungsleiter des Amtes VI des RSHA für Südosteuropa befähigt ihn dazu, hereinkommende Berichte über die Sowjets mit absoluter Genauigkeit zu bewerten."³⁴⁶

So erlangte Wilhelm Höttl also nicht nur die Freiheit und den Schutz vor Strafverfolgung, sondern darüber hinaus einen einträglichen Job und durfte obendrein zu seiner Familie ins Salzkammergut zurückkehren. Der Hausierer konnte seine Wanderschuhe ausziehen und den Bauchladen in die Ecke stellen. Zumindest vorübergehend.

9. Das Reptil

„Der Lügendetektor war ganz interessant! Er war nicht weit entfernt vom Haus der Baronin Freytag-Loringhofen, das war ein Stück weiter oben, da ist die Himmler-Villa gewesen, die ehemalige Trapp-Villa,[347] und da fragten sie mich, bevor ich gehe […], ob ich einen Lie-Detector-Test machen würde. Ich sagte: ‚Ja selbstverständlich, warum nicht?' Und da saß ich vier Tage jeden Vormittag von 9 oder 10 bis um zwei Uhr Nachmittag im Lügendetektor."

2010. Interview mit dem ehemaligen CIC-Agenten Jury von Luhovoy, der 1952 aus dem Dienst schied und sich in Salzburg-Aigen einem Lügendetektortest unterziehen musste:

Frage: Wie hat sich das abgespielt?

Luhovoy: „Sehr amikal! Ich hab' mich hingesetzt und die haben, so wie Sie das jetzt gerade tun, wirklich beginnend mit allem, sämtlichen Verwandten, alles durchgecheckt, was es irgendwie gibt. Und ich hab' bei allem die Wahrheit gesagt, so wie es war."

Frage: Waren Sie da angeschlossen an Geräten?

Luhovoy: „Ja, mit Quarzen, da sitzt man dort und hat die Quarze überall. Und ich weiß es nicht, ich hab' das Ergebnis nie erfahren. Man erfährt das Ergebnis nie, aber wenn etwas gewesen wär', etwas Gravierendes, dann hätten sie es mir gesagt."[348]

*

„Technisch gesehen ist es nicht möglich, Höttl physiologisch mit dem Lügendetektor zu testen. Er hat einen niederen Blutdruck und eine Kreislaufstörung, was die Messungen von Veränderungen beim Puls praktisch bedeutungslos macht. Charakteristisch für seine Reaktionen im Test war, dass er die stärkste Resonanz bei einer Frage zeigte, bei der wir absolut sicher waren, dass er nicht log."[349]

1953. Befragung Wilhelm Höttls durch das CIC.[350]

„No way out! Es hilft nichts!", seufzte der Officer. „Wir müssen jetzt dringend unseren Abschlussbericht fertigstellen und an die Kollegen von der CIA liefern."

„Das nehmen uns die doch nicht ab, dass wir ihn nicht geknackt haben! Wir werden uns bis auf die Knochen blamieren!", brauste der Kollege auf. „Wir haben sein Haus in Altaussee auf den Kopf gestellt! Wir haben vier österreichische Blanko-ID-Karten gefunden und 1300 *echte* englische Pfund aus den Dreißigerjahren, 20.000 Seiten Korrespondenz und mehr als 100 Briefe von ihm an diese beiden russischen Spione Ponger und Verber! Der Typ *ist* ein Agent der Sowjets! Dann haben wir ihn hopsgenommen und in eine Einzelzelle gesperrt! Und jetzt die Durchgänge mit dem …"

„… Lügendetektor, ich weiß. Ich kann das Wort ‚Polygraph' schon nicht mehr hören! Taugt dieses Zeug nichts, oder …"

„… oder ist Willi ein Reptil?"

Das musste es sein. Ein Reptil. „Eternal Willi" war einer der wenigen Meister, die dem Lügendetektor standhielten und keine aussagekräftigen Ausschläge auf der Skala des Polygrafen lieferten. Er war „physiologically not testable by polygraph"!

„Willi hat uns angelogen und bloß alles auf alte Kollegen vom CIC geschoben. Und dann macht er sich auch noch über uns lustig und bietet an, wieder für uns zu arbeiten und die wahren Doppelagenten herauszufinden!"

„Die von der CIA sollen ihn ‚verbrennen', dann ist er raus. Sie können ja in einer deutschen Zeitung einen Artikel mit allen möglichen Indiskretionen bringen, die ihm schaden. Dann ist er bei den deutschen Diensten und bei den Russen unten durch und belästigt die USA nicht ständig mit seinen Falschmeldungen."

„Am besten wäre der Mirror, also ‚Der Spiegel' von diesem Mr. Augstein. Die bringen gern Agentenstorys!"

„Perfect!" Der Officer setzte sich an die Schreibmaschine und schrieb seinen Bericht: „Indirekte Verleumdungen aus dem Nichts sind charakteristisch für Höttls Anmerkungen zu bisherigen Kollegen."[351] Und – peinlich – er musste eingestehen, dass sie nicht herausbekommen hatten, ob Höttl nun ein sowjetischer Agent war oder nicht. Willi sei „entschlossen […], auch hartem Druck standzuhalten und sich, wenn notwendig, eher lächerlich zu machen, als auch nur einen Millimeter von seiner vorbereiteten Geschichte abzuweichen. Er fürchtet sich nicht wirklich vor uns und lässt sich durch nichts einschüchtern."[352]

Ein Reptil. Aber ein Reptil, das immerhin im Dienst des CIC gestanden war.

*

Die Stadt Gmunden am Nordufer des Traunsees ist eine Perle des oberösterreichischen Salzkammerguts. Seit Kaiserzeiten rivalisiert der idyllische Kurort mit Bad Ischl um die Gunst von Sommerfrischlern und Touristen. Schier konkurrenzlos war Gmunden dagegen in einer anderen Kategorie: als ein Hauptort der Spionage während des Kalten Kriegs!

In dem von 1945 bis 1955 von Großbritannien, den USA, Frankreich und der Sowjetunion besetzten Österreich musste auch während der Konfrontation von Ost und West eine gewisse Zusammenarbeit oder zumindest Koexistenz auf engstem Raum funktionieren. Vor allem in Wien, das so wie Berlin einen Vier-Mächte-Status hatte. Umso eifriger bespitzelte man einander!

Auf dem Boden der verschiedenen Besatzungszonen in den Bundesländern errichteten die Militärs und Nachrichtendienste ihre diversen Spionagezentralen und legten Waffendepots für potenzielle „Stay behind"-Aktionen an, um im Fall einer sowjetischen Invasion Partisanen bewaffnen zu können.

Am 20. September 1945 löste US-Präsident Truman das ungeliebte „Office of Strategic Services" (OSS) auf und ersetzte es nach einem kurzlebigen Übergangsdienst am 18. September 1947 durch die neu gegründete „Central Intelligence Agency" (CIA). In diesen Auslandsgeheimdienst wurden etliche alte OSS-Leute übernommen, deren prägendster sicher Allen W. Dulles war. Er stand der Republikanischen Partei nahe und wurde unter dem ihm nicht gewogenen Demokraten Truman erst 1950 in die CIA geholt, die er dann 1953–61 unter dem republikanischen Präsidenten Dwight D. Eisenhower als Direktor führen sollte.

Bei aller Neuorganisation mussten sich die Amis allerdings eingestehen, dass sie über die Rote Armee kaum intime Kenntnisse besaßen und auch keine Agenten in der Sowjetunion hatten. Um dieses Manko auszugleichen, brauchte man die alten Feinde in Europa: deutsche Spione, Spitzel und Agenten.

In Deutschland hatten sich die Amerikaner 1945 einen ganz besonderen Spezialisten für die Ostspionage geholt: Generalmajor Reinhard Gehlen hatte während des Krieges die Wehrmachtsabteilung „Fremde Heere Ost" (FHO) geleitet, die im Unterschied zum politisch motivierten SD eine systematisch angelegte militärische Aufklärung betrieb. Gehlen gelang es, sich bei Kriegsende mit seinem gesamten Archiv zu den Amis abzusetzen und wurde Ende 1946 zum Chef einer Unterabteilung des US-Heeresnachrichtendienstes G-2 ernannt. Einen passenden Namen hatte man für das Ding nicht so schnell parat, also firmierte diese neue Truppe aus alten Wehrmachtsoffizieren, Abwehrleuten, Gestapo-Beamten und SD-Agenten unter dem Arbeitstitel „Organisation Gehlen", abgekürzt „Org". Noch ehe sie 1949 von der CIA übernommen wurde, fand sie am 6. Dezember 1947 ihren Sitz in Pullach nahe München.

Auch in der „Org" war man nicht wählerisch, was die Vergangenheit der Mitarbeiter betraf. Es waren etliche Bluthunde darunter, wie der Gestapo-Chef von Lyon, Klaus Barbie, Eichmanns Scherge Alois Brunner, der Gaswagenerfinder Walter Rauff, der „Judenreferats"-Leiter des Außenamtes, Franz Rademacher, oder der Leiter der Geheimen Feldpolizei, Wilhelm Krichbaum. Reinhard Gehlens Ekelgrenze dürfte sehr hoch gewesen sein, denn natürlich hatte er als gut informierter Nachrichtendienstler Kenntnis vom Vorleben dieser Männer.

Gehlens Büro wurde zunächst intern so konsequent geheim gehalten, dass das CIC zu Beginn gar nichts von der Schaffung der „Org" wusste, da es vom militärischen Geheimdienst G-2 nicht informiert, geschweige denn eingebunden wurde.[353] Erst als das CIC in der irrigen Meinung, es handle sich um den wiederauferstandenen SD, damit begann, Gehlens Agenten zu behindern und zu verhaften, wurde auch dieser Dienst vorsichtig von der Zusammenarbeit der USA mit der

Von der Wehrmacht ...

„Org" informiert.[354] Große Achtung hatten die CIC-Abwehrmänner vor Gehlens Leuten anfangs jedenfalls nicht ...

Die „Org" übernahm für den Westen die Beobachtung der sowjetischen Besatzungszone in Deutschland, der Sowjetunion und Polens. Auch wenn sich Gehlen guter Kontakte in Wien erfreute, klaffte aus Sicht der Amerikaner eine nachrichtendienstliche Lücke auf dem Balkan. Dabei waren gerade die Länder Südosteuropas mit ihren nationalen Spannungen und ethnischen Feindschaften zwischen Völkern und Volksgruppen besonders geeignet, um dort antikommunistische Aktivitäten zu starten oder zu unterstützen.[355] Hier kam nun Österreich als ideale Horchstation in den Südosten ins Spiel, ein besetztes Land, das auch selbst Geheimdienstaktivitäten entwickelte.

... zum Bundesnachrichtendienst: Reinhard Gehlen

Just ab Juni 1947 vollzog sich im Österreichischen Nachrichtendienst eine entscheidende Verlagerung der politischen Gewichtung: Der strikt antikommunistische Innenminister Oskar Helmer (SPÖ) nützte die Gelegenheit einer Ungereimtheit bei den Ermittlungen nach einem Sprengstoffanschlag, um den mächtigen Chef der Wiener Staatspolizei, den Kommunisten Heinrich Dürmayer, nach Salzburg zu versetzen und durch den ÖVP-nahen Oswald Peterlunger zu ersetzen.[356] Unter Peterlunger, der im Gegensatz zu Dürmayer im Dritten Reich nicht im Konzentrationslager gelandet, sondern lediglich wegen seiner Ständestaats-Vergangenheit (ab 1937 in der Generaldirektion für die Öffentliche Sicherheit) seines Amtes enthoben worden war, änderte sich die Linie der Staatspolizei nachhaltig. Und das, obwohl die Stapo ebenso wie die gesamte Polizei bis zu einem gewissen Grad kommunistisch unterwandert blieb, was unter anderem an der hohen Zahl an Polizisten ersichtlich wurde, die dann nach der Unterzeichnung des

Staatsvertrags 1955 in die DDR auswanderten.[357] Trotzdem: Die prinzipielle Zielrichtung der Stapo war ab nun antikommunistisch. So sah die Bühne aus, die Wilhelm Höttl zu Beginn des Jahres 1947 als Darsteller betrat.

Es wäre indes nicht Willi, wenn er seinen großen Auftritt nicht wieder einmal kaschiert hätte! Im Rückblick spielt er seine Rolle in den Diensten der Amerikaner herunter: „Ich persönlich habe nie für den CIC gearbeitet, aber ich habe – das geb' ich zu – etliche Leute vermittelt, die dann auch hauptberuflich gearbeitet haben."[358] Es darf gelacht werden!

Die Österreichische Staatspolizei wusste in einem Bericht über Höttl als forschen Salzkammergut-Agenten zu sagen: „Aus einem ranken SS-Musterjüngling wurde dabei eine Figur im kanariengelben Ledermantel und mit Palmen-Krawatte um den Hals."[359] Fest steht, dass Wilhelm Höttl im Salzkammergut als eine Art „Mini-Gehlen" eine geheimdienstliche Zelle für Südosteuropa aufbaute, und zwar für das CIC in Salzburg. „Die ehemaligen Sicherheitsdienstler machten aus Salzburg, was in alten Tagen Wien war: die große Nachrichtenbörse für den Südosten.[360] Willi war in seinem Element!

Sein Chef Lucid verpasste ihm gleich zwei Agentennamen: „Neben „Willi" noch das wohltönende „Goldberg", was beziehungsvoll an die alten OSS-Zeiten gemahnte, in denen er unter „Alpberg" firmiert hatte. Als Wohnorte weist sein CIC-Akt zwei Adressen aus, nämlich Altaussee 53 und die Ernest-Thun-Straße 9 in Salzburg.[361]

Zwei von Höttl geschaffene Netze wurden formell 1948 vom CIC aktiviert (jenem Jahr, in dem die Kommunisten die Macht in der Tschechoslowakei übernahmen, die Berlin-Blockade begann und die Angst vor einem kommunistischen Putschversuch auch in Österreich stieg): Das Netz „Montgomery" hatte ab 10. Juli 1948 Ungarn und die dort stationierten sowjetrussischen Streitkräfte als Zielgebiet[362] und „Mount Vernon" richtete sich ab 1. Oktober gegen die sowjetische Besatzungszone in Österreich.[363]

In Gmunden mietete Höttl als Hauptquartier für seine Dienststelle zwei Villen und setzte nach einem personellen Missgriff schließlich Erich Kernmayer (Pseudonym als Schriftsteller: Erich Kern, Spitzname

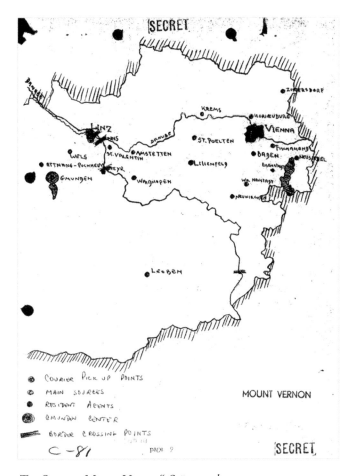

Top Secret: „Mount Vernon"-Stützpunkte

„Spinne") als Geschäftsführer für „Montgomery" ein. Zunächst glühender Kommunist, dann so wie Höttl seit 1934 „Illegaler" in Wien, war Kernmayer als Mitglied der SA Journalist für NS-Medien gewesen und dann ab 1941 als SS-Angehöriger (Standarte „Kurt Eggers"[364]) propagandistisch gegen die Tito-Partisanen tätig. In Budapest fungierte er als Assistent Otto Skorzenys und stieß 1945 zum CIC.[365] „Kernmayer war in jeder Hinsicht ein Vollblutjournalist, der Sensationen bieten wollte", sagte Höttl später, "war also der richtige Mann für die Amerikaner, die mir ewig dankbar waren, dass ich ihnen den Kernmayer vermittelt habe."[366] Laut Personalakt residierte er in der „Villa Marie Louise, Altmünster 173, Gmunden."

Die „Montgomery"-Agenten waren ungarische Flüchtlinge, darunter Militärs, Techniker, Industriearbeiter, Bürokräfte, Studenten und ein Ex-Abgeordneter, sowie Österreicher mit guten Kenntnissen des Landes. Sie sollten in weiterer Folge ihren Fokus auch auf Rumänien und die Ukraine richten.[367] Die Kosten für dieses Netz von rund 20 Personen betrugen laut CIC 24.000 österreichische Schilling pro Monat.[368] Einzelne Spitzenleute verdienten bis zu 5000 Schilling monatlich.

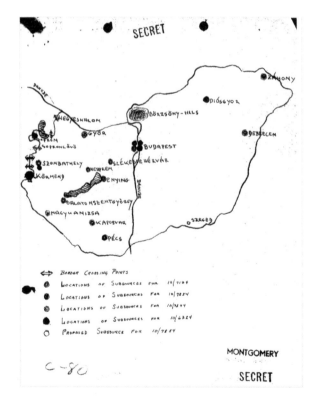

„Montgomery": Zielgebiet Ungarn

Das zweite Netz, „Mount Vernon", leitete Karl Kowarik (Spitzname „Ko", CIC-Deckname „Berger"[369]), welcher der NSDAP bereits 1930 beigetreten war, 1934 Führer der Hitlerjugend in Wien wurde, auf Polizeidruck hin nach Deutschland flüchtete und ein Jahr später wieder zurückkehrte, um die mittlerweile illegale Hitlerjugend in Österreich zu leiten. Seit April 1939 war „Ko" SS-Offizier, dem besondere ideologische Überzeugungstreue bescheinigt wurde.[370] Nun wurde Kowarik in „Mount Vernon" als „Journalist" geführt und verbrachte die meiste Zeit in der „Villa Bauer", Ort 55, damit, seine alten Kameraden von der HJ zu kontaktieren und finanziell zu unterstützen.[371] „Mount Vernon" kostete das CIC 33.000 Schilling pro Monat. Ziel war die Überwachung von militärisch relevanten Fabriken in der Ostzone Österreichs

Karl Kowarik: Von der HJ zum CIC

und militärische, wirtschaftliche, politische sowie industrielle Aufklärung zu betreiben.[372]

Die einzelnen „Sources", also Gewährsleute, wussten aus Sicherheitsgründen nicht voneinander, sondern lieferten ihre Berichte direkt an das Gmunden Center. Unter den 14 Hauptkontakten in der Sowjetzone waren ein Rechtsanwalt, ein Chefingenieur, ein Großhändler, ein Eisenbahnbeamter und einige gut platzierte Angestellte der KPÖ, darunter ein Dolmetscher im sowjetischen Hauptquartier in Baden bei Wien und eine Sekretärin namens „Maria" beim Wiener Büro der „Kominform", einem internationalen Bündnis kommunistischer Parteien. Bis 1949 hatte man vier geheime Funkstationen in der Sowjetischen Besatzungszone eingerichtet.[373]

Ehe Höttl Ernst Kernmayer als Leiter von „Montgomery" einsetzte, hatte er es mit einem anderen alten Bekannten versucht, seinem wohl problematischsten Mitarbeiter: Dr. Károly Ney. Wir erinnern uns noch dunkel, dass dieser ehemalige ungarische Generalstabsoberst und SS-Hauptsturmführer in Budapest ein Partner Höttls – und in schwere Verbrechen verwickelt war! Unter der Anleitung Otto Skorzenys formierte er deutsche und ungarische SS-Leute zu einer besonders brutalen Einheit: Als Führer der „Kampfgruppe Ney" war seine Aufgabe 1944 „die Liquidierung von Juden, Defaitisten und Saboteuren in Ungarn".[374] 1946 wurde Ney von einem US-Militärtribunal in Salzburg wegen Mordes an fünf US-Fliegern durch seine Kampfgruppe im Ort Bor zum Tode verurteilt. Drei seiner Mitangeklagten wurden hingerichtet, Ney hingegen auf Wunsch des CIC begnadigt und aus dem Gefängnis entlassen!

CIA-Kreise werden drei Jahre später feststellen, dass „die Umstände, unter denen Ney Monate nach dem Todesurteil aus amerikanischem Gewahrsam entlassen wurde, sehr verwirrend sind".[375] Denn es habe genügend Augenzeugen für den Mord an den US-Fliegern gegeben, um Ney an den Galgen zu bringen, doch 1947 seien Gerüchte aufgekommen, dass höchste Kreise in den USA für ihn interveniert und dass Vatikan-Kontakte dabei mitgespielt hätten.[376] All das war nun kein Thema mehr, denn Károly Ney hatte eine neue Aufgabe im Dienst des CIC: In einer Hütte des Deutschen Alpenvereins bei Grünau nahe des Toten Gebirges bildete er fortan als Operations Chief von „Montgomery"[377] ungarische Emigranten für Guerillaaktionen hinter dem Eisernen Vorhang aus.[378]

Höttl behauptete später, er hätte Ney dem CIC angedient, obwohl er selbst diese militärischen Pläne angeblich nicht wirklich für sinnvoll hielt: „Trotz meiner Bedenken trug ich Neys Pläne beim CIC Salzburg vor und fand dort zu meiner Überraschung dafür größtes Interesse und Unterstützung, vor allem in finanzieller Hinsicht. Ich ließ Dr. Ney daraufhin ganz frei arbeiten und leitete seine Berichte, die mir reichlich übertrieben erschienen, an die CIC-Stelle Salzburg weiter."[379] Zielgebiet war dabei wohl nicht die Ungarische Tiefebene, denn das Gebirge des Salzkammerguts ähnelt nicht dem sanft hügeligen Alt-Ungarn. Vielmehr hatte Ney, der auch unter den Decknamen „Dr. Neff" und „Dr. Peff" auftrat,[380] wahrscheinlich die Karpatenlandschaft Siebenbürgens[381] im Visier, der er als Angehöriger der dortigen ungarischen Minderheit auch entstammte.[382]

Gemeinsam mit einem jungen HJ-Veteranen namens Lothar Greil bildete Ney unter dem Schirm von Höttls Organsation paramilitärische Kader aus. Willi ging wegen der „unnützen Soldatenspielerei" auf Distanz zu ihm. „Als Dr. Ney erkannte, von mir nicht die erhoffte Unterstützung zu bekommen, suchte er Kontakt zu einschlägigen amerikanischen Nachrichtendienststellen in Deutschland und scheint auf diese Weise an General Gehlen herangekommen zu sein. Jedenfalls erzählte mir Kernmayer, daß er mit Ney noch Kontakt hätte, daß dieser ein großes Invasionsnetz – mit militärischem Hintergrund – aufziehe. Spätere Nachforschungen haben ergeben, daß Ney tatsächlich mit der Gehlen-Organisation zusammenarbeitete."[383]

Die Verbindungen mit der „Org" Reinhard Gehlens schienen also geknüpft zu sein. Daneben war es der französische Geheimdienst, an den Ney sich wandte, um die alten Kameraden aus seiner „Kampfgruppe" wiederzufinden und genug Geld zu beschaffen, um sie als antikommunistische Partisanen zu aktivieren.[384] Ney schied bald von „Montgomery" aus, da er dort ein operatives Chaos hinterlassen hatte,[385] und wurde von Höttl durch Kernmayer ersetzt. Die Details dazu erfahren wir später, nur sei vorweg berichtet, dass die Ney-Story damit noch lange nicht zu Ende ist!

Die folgenden Stationen seiner Karriere müssen Sie sich auf der Zunge zergehen lassen: Anfang der 1950er-Jahre versorgte die Bezirkshauptmannschaft Steyr Károly Ney vermutlich auf Geheiß der US-Militärbehörden mit falschen Dokumenten und ermöglichte ihm so die Ausreise nach Westdeutschland, wo er unter dem Deckmantel Dr. Karl Kirchhofer eine Firma gründete, die Kunstharze für die Baustoffindustrie entwickelte.[386]

1952 wurde die Österreichische Staatspolizei informiert, dass „angeblich in Rumänien eine starke Partisanentätigkeit" bemerkbar sei, die „unter dem Namen ‚Freiheitsbewegung' arbeitete. Es kommen bereits Sprengstoffanschläge und Überfälle auf Militärtransporte vor."[387]

Ein verdeckter Partisanenkrieg, der in der westlichen Öffentlichkeit völlig unbeachtet und wohl auch unbekannt blieb! Die Sowjetrussen, so meinte die Stapo, hätten schon seit 1950 versucht, gemeinsam mit den rumänischen Truppen der antikommunistischen Partisanentätigkeit Einhalt zu gebieten, was aber bislang misslungen sei.[388] Eine Quelle nannte sogar 72.000 Soldaten der Roten Armee, die dabei zum Einsatz gekommen sein sollen.[389]

Noch Ende der 1950er-Jahre vermutete die Staatspolizei Ney alias „Neff" alias „Peff" im Haus Wollzeile 19 in Wien, wo sich damals die „Hungarian Handicraft" befand, ein von der amerikanischen Besatzungsmacht gegründetes textilverarbeitendes Unternehmen, in dem zirka 20 ungarische Flüchtlinge Trachtenmode für die USA herstellten.[390] Dort solle ein „Dr. Neff" oder „Dr. Peff" verkehren, vielleicht sogar den Emigranten in seiner Wohnung „Unterschlupf gewähren"[391]. Am 30. September 1959 registrierte die Staatspolizei, dass dort „ein mittelgroßer, bebrillter Ausländer, im mittleren Alter"[392] aus- und eingegangen sei und sich mit den Emigranten „abgab". Seit zwei bis drei Monaten sei er aber nicht mehr gesehen worden. Danach verlor sich vorerst seine Spur. 1972 kehrte Károly Ney nach Österreich zurück. Er siedelte sich in Wolfsthal 3 (Bezirk Bruck an der Leitha) an und errichtete eine Scheinfirma für chemische Materialien. In unmittelbarer Nachbarschaft, in Wolfsthal 5, befand sich das Verwaltungsbüro der Abhörstation Königswarte des Heeresnachrichtenamtes, des österreichischen Horchpostens in den Osten. Die Umgebung war in Geheimdienstkreisen für ihre hohe Agentendichte bekannt, und die Präsenz des westdeutschen Bundesnachrichtendienstes BND, der sich aus der „Org" entwickelt hatte, ist nicht ganz ausgeschlossen …

Ney erlebte das Ende des Kalten Kriegs nicht mehr und starb im Herbst 1989 einen Monat vor dem Fall der Berliner Mauer.[393] Zeugen wollten regelmäßig den ehemaligen Wiener Polizeipräsidenten Josef Holaubek auf Besuch bei Ney und dessen Ehefrau, der Tochter des vormaligen Wiener Kulturstadtrats Hans Mandl (SPÖ), gesehen haben. Als man den so prominenten wie populären „Joschi" Holaubek („I bin's, dein Präsident!") einmal nach Ney fragte, antwortete er nur: „Ach geh'n Sie, wissen Sie, wie viele Ungarn ich im Lauf der Zeit gekannt hab' – glauben Sie, ein alter Mann wie ich kann sich an *alles* erinnern?"[394]

Was sich in den 1940er- und 1950er-Jahren in der US-amerikanischen Intelligence abgespielt hat, können Forscher und andere Interessierte seit 2007 besser recherchieren als je zuvor, da die CIA weitere Teile ihrer Archivbestände geöffnet hat. So brachte der findige österreichische Historiker Thomas Riegler weitere Details über Willis Gmundener Bande ans Licht.[395]

Neys „Soldatenspielereien" im Toten Gebirge, die zusätzlich zur „Montgomery"-Aufklärung unter dem Kürzel „AMA" liefen, wurden von einem Gebäude des CIC in Lambach aus gesteuert, etwa 25 Kilometer von Gmunden entfernt. Das CIC ließ sich diese aktive Guerillaausbildung 60.000 Schilling im Monat kosten. Höttl allein verwaltete die Gelder für all diese Aktivitäten. Parallel dazu entwarf er für die US-Armee einen Plan für eine „Alpenfestung" nach Schweizer Vorbild, „die über den ganzen Krieg gehalten werden soll, womöglich in Verbindung mit Oberitalien und der Schweiz"[396]. Denn dass ein neuer Krieg ausbrechen würde, davon zeigte sich Wilhelm Höttl überzeugt – zumindest in seiner Konzeption als Geschäftsmodell. Doch sein Schweizer Gesprächspartner, ein Generalstabsoberst, brach nach US-Präsident Trumans Wiederwahl am 2. November 1948 die Unterredungen darüber ab, „da weder Truman noch die Russen militärisch vorgehen würden". „Höttl dagegen hatte fix mit einem Sieg der republikanischen Hardliner gerechnet und befürchtete nun eine Beschwichtigungspolitik, die den Ausbruch des ‚doch unvermeidlichen Krieges' hinauszögern würde."[397]

Willis Truppe ging immer mehr die Luft aus. Als herauskam, dass Ney in Grünau weniger operative, sondern vor allem ideologische antimarxistische Seminare betrieb und alle Agenten die Schulbank drückten und so miteinander bekannt wurden, war Schluss! Denn durch diesen Verstoß gegen die konspirativen Grundregeln konnte sich ein gegnerischer Spion einschleichen und einige Agenten in Ungarn flogen auf. Fazit: Ney hatte keine verwertbaren Ergebnisse geliefert und viel Geld verpulvert. Er wurde gefeuert und das Partisanencamp in Grünau Mitte November 1948 aufgelöst.

Apropos Geld: Auf der fortgesetzten Suche nach dem Verbleib von Ernst Kaltenbrunners verschwundener Millionenbeute waren österreichische Ermittler auf den Namen Höttls gestoßen. Denn Iris Scheidler hatte 1947 gegenüber den Amerikanern nebenbei erwähnt, dass Höttl über „scheinbar unbegrenzte Geldmittel" verfügte; und Kaltenbrunners Witwe erzählte, dass ihr Mann ihr vor seiner Hinrichtung versichert hätte, Höttl werde für sie sorgen! Sie ging davon aus, dass Höttl eine Art Vermögensverwalter ihres Mannes war. Tatsächlich sah sie keine müde Mark.

Im Herbst 1949 befragten sowohl die österreichische Polizei als auch der französische Militärgeheimdienst Willi danach – ohne Erfolg. Wohlhabend war er ja, aber die „unbegrenzten Mittel", über die er derzeit verfügte, stammten wohl aus dem Geld des CIC, das er gegenüber seinen eigenen Agenten unterschlug![398]

Deren Führer „Spinne" Kernmayer und „Ko" Kowarik wurden immer politischer, wollten aus dem Gmundener Laden eine Propagandastelle gegen den Bolschewismus machen. Parallel dazu war ihnen daran gelegen, die österreichischen Nazis zu rehabilitieren, von den drückenden Repressionsmaßnahmen der Entnazifizierung zu befreien und wieder in ihre vollen politischen Rechte einzusetzen. Kernmayer und Kowarik waren selbst im „Lager Glasenbach" in Salzburg eingesessen, einem Anhaltelager der Amerikaner für belastete Nationalsozialisten.

1948 amnestierte das österreichische Parlament, der Nationalrat, die „minderbelasteten" NS-Mitglieder und die beiden großen Parteien, ÖVP und SPÖ, begannen um sie und ihre Angehörigen zu rittern – zusammengerechnet ein großes Wählerpotenzial von rund einer Million Menschen. Vor der anstehenden Nationalratswahl am 9. Oktober 1949 wandte sich beispielsweise die Sozialistische Partei (SPÖ) in einem Flugblatt mit einer „Gewissensfrage an jeden ehemaligen Nationalsozialisten":

„Wenn Du jemals wirklich und aus ehrlicher Überzeugung Nationalsozialist warst, so erinnere Dich: *Wer* ist 1934 und in den Jahren 1933–1938 an Deiner Seite gestanden und *wer* hat Dich schon damals in die Gefängnisse geworfen und Dich mit Deiner Familie aus reinem Konkurrenz- und Stellenneid und persönlichem Haß ums Brot gebracht? *Warum* sind wir seinerzeit Nationalsozialisten geworden? Vor allem deshalb, weil wir den Volksverrat des Dollfußsystems abgelehnt haben. […] Wer vergessen hat, daß wir national *und sozialistisch* waren, wird heute zur ÖVP gehen. Er beweist damit nur, daß er es *niemals* mit seinem Sozialismus ernst genommen hat. Wer aber im Sozialismus die Idee der Verpflichtung für die Volksgemeinschaft und zur sozialen Gerechtigkeit gegenüber jedem Volksgenossen sieht, weiß, daß sein natürlicher Weg zu den Sozialisten, zur SPÖ ist!"[399]

Verschärft wurde der Wettlauf noch durch einen weiteren Konkurrenten, eine im März 1949 neu gegründete Partei, den „Verband der Unabhängigen" unter der Ägide der Journalisten Viktor Reimann und Herbert Kraus. Der VdU sollte das Angebot einer liberalen Partei an läuterungswillige Ex-Nazis sein.

Der Historiker Thomas Riegler fasst zusammen: „Am 9. Jänner 1949 traf sich Höttl mit Kraus in Gmunden. Man einigte sich darauf, die VdU-Parteigründung durch den ‚Österreich-Apparat (Kowarik-Kernmayer)' zu unterstützen – so etwa durch ‚Flüsterpropaganda'. Oder indem der VdU-Parteizeitung ‚Neue Front' Belastungsmaterial gegen ÖVP-Funktionäre in Oberösterreich zugespielt wurde. Kraus erhielt jedenfalls das Versprechen, dass Höttls Spionagetruppe dem VdU ‚zur Verfügung stehen würde' – was dann passierte, malt ein Dokument von 1953 bildhaft aus: ‚Die Organisation Dr. Höttl streckte dann wie eine Spinne ihre Fühler über ganz Österreich aus, um alle ehemaligen führenden Nazis für den VdU zu erfassen.' Es sei ‚sogleich' Verbindung zu früheren Angehörigen des SS-Sicherheitsdiensts und SS-Funktionären aufgenommen worden, ‚um von ihnen Nachrichtenmaterial zu erhalten'. Ein Vertrauter Kernmayers, der frühere Gauinspektor in Oberdonau Stefan Schachermeyer klapperte Industrielle ab, ‚die er im Auftrag des VdU zu Geldspenden veranlasste'.

Der so vorangetriebene Aufbau der VdU löste vor allem bei der ÖVP Sorgen vor einer Spaltung des bürgerlichen Lagers aus: Am 28. Mai 1949 setzte sich deshalb in Oberweis eine ÖVP-Delegation unter Führung des späteren Bundeskanzlers Julius Raab mit elf ‚Ehemaligen' – darunter Höttl, ein früherer Adjutant Kaltenbrunners und der spätere Universitätsprofessor Taras Borodajkewycz – zusammen. Man diskutierte unter anderem die Abschlaffung des Verbotsgesetzes, die Wiedereinführung des passiven Wahlrechts für Ex-Nazis und die Aufstellung eines ‚nationalen' Bundespräsidentschaftskandidaten. Eine Einigung kam nicht zustande. Während die Oberweiser Konferenz große Wellen schlug, traf sich Kernmayer diskret auch mit SPÖ-Vertretern. Bei den anschließenden Nationalratswahlen am 9. Oktober 1949 gewann der VdU aus dem Stand 11,7 Prozent der Stimmen. Allerdings führten Verluste bei darauffolgenden Wahlen und interne Machtkämpfe dazu, dass die Partei in der 1955 gegründeten FPÖ aufging."[400]

Damit war der Ofen aus! Willi hatte seinen Vorgesetzten beim CIC nicht nur dieses Treffen mit der bürgerlich-konservativen Volkspartei (ÖVP) in Oberweis bei Gmunden verschwiegen und sich damit verbotenerweise in die österreichische Innenpolitik eingemischt (als „nationaler" Präsidentschaftskandidat wäre übrigens Höttls alter Universitätslehrer Heinrich von Srbik vorgesehen gewesen), sondern auch das CIC damit insgesamt diskreditiert.

Denn, peinlich, peinlich: Oswald Peterlungers Stapo verhaftete mehrere bekannte und verdächtige Ex-Nazis, die gerade aus Oberweis zurückkehrten. Als Peterlunger jedoch erfuhr, dass es sich bei der Tagung um eine Verhandlung mit ÖVP-Politikern wie Julius Raab und Karl Brunner gehandelt hatte, ließ er die „Ehemaligen" wieder auf freien Fuß setzen.[401] Unter den Festgenommenen war neben Kaltenbrunner-Adjutant Theo Wührer und dem Wiener HJ-Führer Walter Pollak – erraten: Dr. Wilhelm Höttl, alias „Willi", alias „Goldberg".[402]

Genug war genug! Willis Reputation bei den Amerikanern sank in den Keller. Seine Vorstellung auf der Gmundener Bühne war auf allen Linien durchgefallen und dementsprechend mies waren auch die Kritiken!

Sollte Höttl womöglich selbst in die Politik gehen, wäre das Anlass zu großer Sorge, meinte ein CIA-Offizier, der ihn sehr gut kannte, denn er ist ein „geborener Intrigant und in der Wolle gefärbter österreichischer Nazi mit einer Tünche ‚Wienerischer Graziösität', er zieht Desperados jenes Typs an, die Kaltenbrunner umgaben. Ihr politisches Programm ist die Wiederherstellung österreichischer Vormacht auf dem Balkan. Ich würde nicht mehr ausschließen, dass sich Dr. Höttl aus purem Opportunismus entschließen könnte, ab jetzt mit den Russen Ball zu spielen."[403]

Ein anderer US-Nachrichtendienstler betonte, dass Willi keiner von den „Anständigen" des SD gewesen sei: „Wenn es ruchbar wird, dass Höttl von den Amerikanern verwendet wird, wäre das für alle anständigen Deutschen und Österreicher unverständlich."[404]

Noch dazu bestand Höttl bis zuletzt drauf, dass seine dubiosen Mitarbeiter vor der Justiz beschützt wurden, was den CIC-Residenten zusehends schwerer fiel.[405] Hubert Hueber etwa, vormals führend in der Gestapo Salzburg tätig und laut Höttl Kommunismusexperte für Westösterreich, sollte vor ein Volksgericht kommen, doch Thomas Lucid verhängte über ihn und seine Mutter einen schützenden Hausarrest. Weniger Glück hatte Helmuth Hecke, ein anderer Nationalsozialist, der in „Mount Vernon" arbeitete und ebenfalls vor ein Volksgericht sollte. Höttl trieb Lucid an, Hecke herauszuholen, was allerdings misslang. Heckes Eigentum wurde konfisziert und er wurde zu einem Jahr Gefängnis verurteilt.[406]

Am 1. September 1949 ließ das 430. CIC-Detachment Höttls Netze fallen. CIC Operations Chief Major James. V. Milano schrieb die Begründung in sein Merkheft: „Höttl ist ein exzellenter Geheimdienstler, aber extrem gefährlich." Alle Abwehrdienste fürchten ihn, „und tatsächlich war er ein Kriegsverbrecher, der in Nürnberg nur deshalb freikam, da er ein Staatszeuge wurde".[407]

Na endlich sprach es mal einer aus! Sollten die Amis plötzlich höhere Moral oder ein schlechtes Gewissen entwickelt haben?

Nicht unbedingt, denn vor allem, beteuerte Milano, waren es die ausgesprochen miesen Berichte von Willis Netzen, welche die Situation verschärft hätten. Die nachrichtendienstliche Bearbeitung Österreichs und Ungarns würde unter dem Verlust Höttls nicht zu leiden haben. Dass er zu den Sowjets überlaufen würde, glaube Milano zwar nicht. Allerdings würde man Höttl „genau im Auge behalten".[408]

Wie üblich bei Willi, blieb verbrannte Erde zurück. Er riss neun führende CIC-Beamte mit sich in die Tiefe, die versetzt oder entlassen wurden, darunter Thomas Lucid, der den Dienst quittieren musste, später aber immerhin zur CIA ging. Von den „neuen Männern" des CIC-Linz wurde Höttl nicht einmal empfangen.[409] An Milano schrieb er noch in einem Abschiedsbrief, dass er seine Einstellung zu den USA nicht geändert habe und er die Anstrengungen zur Mobilisierung gegen den „bolschewistischen Weltfeind" fortsetzen würde.[410]

Damit waren seine US-Kontakte gekappt. Weil er und seine Alt-Nazis aber genauso der Österreichischen Staatspolizei schon länger ein Dorn im Auge waren, wenn auch bisher als CICer sakrosankt, schien Österreich insgesamt für Höttl als Betätigungsfeld kontaminiert zu sein. Bereits 1946 hatte die Stapo festgehalten: „Die ehemalige deutsche Abwehr und das Amt 6 des RSHA haben sich mit amerikanischer Hilfe reorganisiert. Der neue Apparat umfasst circa 1000 Mann und erhält von den Amerikanern eine jährliche Summe von ein bis zwei Millionen Dollars zur Verfügung gestellt. Der Leiter in Österreich ist Dr. Wilhelm Höttl."[411]

Drei Jahre danach zogen die Staatspolizisten weitere Schlüsse: Höttl sei nebst Kernmayer, Kowarik und anderen Angehöriger einer untergründigen NS-Organisation namens „Die Spinne" (also Kernmayers Spitzname). Die Organisation sei ebenso eine „Sondergruppe" des VdU wie eine Organisation namens „KO" (also Kowariks Kürzel). Im gleichen Dokument wird Höttl auch bereits dezidiert als russischer Spion bezeichnet.[412]

Unmöglicher konnte man fast nicht mehr werden. Höttl war out. Oder doch nicht? Wie sollte er sich aus dieser Situation befreien?

Willi schaffte das!

Es mag überraschen, doch die Staatspolizei hielt Höttl für souveräner, als er war. Sie stellte die Vermutung an, dass er aus freien Stücken den CIC verlassen habe, weil er sich von den Amerikanern unterbezahlt gefühlt hätte.

In der Tat führte er einen recht aufwendigen Lebensstil. Laut CIC-Schätzungen überstiegen seine Lebenshaltungskosten Ende der 1940er-Jahre die 1000-Dollar-Marke – eine hohe Summe für diese Zeit! Er kaufte seiner Mutter ein Haus und unterstützte sie und seine Schwiegereltern finanziell, hielt sich im Familienhaushalt ein Hausmädchen, ein Kindermädchen und eine Privatsekretärin.[413] Zu den beiden Söhnen war 1945 noch eine Tochter dazugekommen. Wie sollte er das alles weiter finanzieren?

Die Österreichische Staatspolizei bemerkte sofort, dass er seinem alten Gewerbe treu blieb: „Er ist als Mensch zu betrachten der sich dem Nachrichtendienst jeder Macht wahllos zur Verfügung stellt wenn ihm dafür Geld geboten wird [...] Er suchte zu arabischen sowie zu jüdischen Kreisen Verbindung und wurde angeblich im Herbst 1949 mit einem russischen Vertrauensmann gesehen."[414]

Der Hausierer war wieder unterwegs und der Bauchladen offener denn je. In der Tat gab Höttl nicht auf und diente sein Agentennetz jedem an, der genug bezahlte. Man konnte ihn also mieten: Rent a Willi!

Bitte machen Sie sich auf etwas gefasst, liebe Leserinnen und Leser, denn die Höttl-Story nimmt jetzt gehörig an Fahrt auf und wird noch wilder als bisher!

1950 fand er über ehemalige SD-Kollegen, die für die Franzosen arbeiteten, Kontakt zum französischen Nachrichtendienst in Österreich, dem der schlaue Willi alte CIC-Informationen verkaufte. Es waren Kopien derselben schwachen Berichte, derentwegen er vom CIC fallengelassen worden war.[415] Die Franzosen ließen sich davon beeindrucken und schützten ihn im gleichen Jahr vor einem Anschlag sowjetischer Agenten.[416] Auf Bestellung wurden nun von Höttls SD-Männern Nachrichten aus Österreich und dem Balkan beschafft. „Bezahlt wurde gut."[417] Als Verbindungsmann fungierte der Sureté-Capitaine Maurice Blondell in Bregenz.

Um seinem offiziellen Beruf als Schriftsteller Glaubwürdigkeit zu verleihen und außerdem nach außen hin über eine bürgerliche Existenz zu verfügen, gründete Höttl zu Beginn des Jahres 1950 den „Nibelungen"-Verlag, in dem er sein erstes Buch „Die geheime Front" herausbrachte. In seiner Art war das Werk ein Vorreiter, beschrieb es doch als Erster intime Details des deutschen Geheimdienstes während der

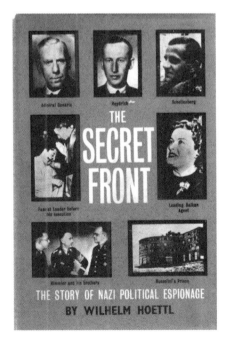

Ein internationaler Bestseller: „Die Geheime Front"

Nazi-Zeit. Tatsächlich wurde es ein Bestseller und in mehrere Sprachen übersetzt. Selbst Winston Churchill soll es gelobt haben. Auch hier ging Willi auf Nummer sicher: Als Autor führte er das Pseudonym „Walter Hagen" (Hagen war der Vorname seines älteren Sohns), besorgte sich seinen alten Kumpel aus „Neuland"-Zeiten, Anton „Toni" Böhm, als Ghostwriter und registrierte den Verlag auf den Mädchennamen seiner Frau: Elfriede Zelinger. Die „Geheime Front" wurde unter Wissenden darüber hinaus so etwas wie eine Werbebroschüre für Höttls überragende Kenntnisse der Nachrichtendienste seiner Zeit![418] Nach und nach mutierte er vom zwielichtigen SD-Schergen zum Mastermind der Geheimdienstszene.

Im Nibelungen-Verlag stellte er einen gewissen Heinrich Mast an. Dieser noble ältere Herr war ein Mitarbeiter der deutschen „Abwehr" gewesen und hatte große Teile des sagenumwobenen Archivs von Wilhelm Canaris in Sicherheit gebracht.[419] Baron Harry Mast wurde in Fachkreisen auch „Graf Bobby" genannt[420] und residierte in Linz. Bobby dockte nun zunächst bei der „Org" Reinhard Gehlens an, die ständig nach Mitarbeitern in Österreich suchte. Es ist allerdings zu vermuten, dass Höttls Ruf längst bis zu Reinhard Gehlen vorgedrungen war und der wohl wenig Lust verspürte, den von den Amerikanern geschassten Willi auf Dauer zu übernehmen.

Nun gut, dann eben auf zur Konkurrenz!

Höttl wurde ein Mitspieler in dem Rennen zwischen Gehlens „Org" und dem sogenannten „Friedrich-Wilhelm-Heinz-Amt"[421], und Harry Mast folgte ihm dorthin. Heinz war Oberst bei der „Abwehr" gewesen und kämpfte um die Anerkennung als offizieller Geheimdienst der Bundesrepublik Deutschland. Heinz' Organisation wurde von Konrad Adenauer (CDU) gefördert und war Teil des „Amtes [Theodor] Blank", das 1955 zum westdeutschen Verteidigungsministerium wurde. Der Hintergrund: Bundeskanzler Adenauer wollte unabhängig von der CIA-geführten „Org" an gute Informationen aus der kommunistischen Welt kommen.

1951 finden wir Willi Höttl und Bobby Mast in Linz in den Diensten von Heinz. Höttls Spur lässt sich deshalb so genau verfolgen, da das Heinz-Amt sowohl von Gehlen als auch von der CIA infiltriert wurde und wir über jede Menge Berichte verfügen. Konkret war es der Gehlen-Mitarbeiter Gerhard Schacht, der zum Schein zu Heinz' Gruppe übergetreten war. So erfuhren Gehlen und die CIA bereits Anfang Jänner 1952, dass Höttl seit 1951 als Chef der Sektion Südost des Heinz-Amtes tätig war.[422]

Höttl nutzte dabei wiederum seine von den meisten anderen Diensten so übel vermerkten Kontakte zu Leuten wie Eichmann-Adjutanten Otto von Bolschwing, der im Jänner 1944 geholfen hatte, den missglückten Putsch der extremistischen „Eisernen Garde" zugunsten der Nazis in Rumänien zu arrangieren.[423]

Das Heinz-Amt beschaffte Höttl die westdeutsche Staatsbürgerschaft.[424] Doch die Rechnung ging weder für Höttl noch für Heinz auf: In den Augen der Amerikaner, und auf die kam es selbst dort letztlich an, diskreditierte sich das Heinz-Amt durch die Präsenz Höttls. Dieser hatte noch im August 1951 versucht, mit der CIA direkt Kontakt aufzunehmen und angebliche neue Informationen über Kroatien und Russland angeboten, was die CIA ablehnte.[425] Nicht ohne Zynismus beließen die CIA-Oberen Höttl dennoch vorerst an seinem Platz im „Amt Blank". Der inakzeptable Höttl sei ein probates Mittel, um Heinz als Konkurrenz ihrer „Org" auszuhebeln.[426] Irgendwie war die Rivalität der beiden neuen deutschen Dienste eine Fortsetzung der Konkurrenz von Canaris' Abwehr und Gehlens Wehrmachtsdienst auf der einen und Kaltenbrunners SD der SS auf der anderen Seite. Dementsprechend, so posaunte Höttl mehrmals, könnten Gehlens alte Generalstäbler nur in militärischen Kategorien denken und beherrschten die politische Dimension des Geschäfts nicht.[427]

Da Höttl aber mit seinen Lügen mittlerweile ein nationales Sicherheitsrisiko darstellte, kontaktierte die CIA Oberst Heinz im April 1952. Der versicherte dem CIA-Chef in Frankfurt, dass Höttl zwar „ungehobelt und charakterlos" war und viel wertloses Material lieferte, aber dennoch über einen Regierungskontakt nach Wien wertvolle politische Berichte über Österreich brächte, die nicht nur an Verteidigungsminister Theodor Blank gesendet wurden, sondern sogar Grundlage einer

Belobigung Heinz' durch Kanzler Adenauer geworden seien.[428] Doch die CIA blieb bei ihrer Meinung, dass Willis Berichte von geringer Qualität waren und dass „die Entfernung Höttls zum Besten der Geheimdienste in Österreich wäre."[429]

Oberst Heinz weigerte sich jedoch, Höttl zu feuern, da wahrscheinlich jeder, der imstande war, ihm ein handschriftliches Belobigungsschreiben von Adenauer zu beschaffen, seine Position gegenüber Gehlen stärkte.[430] So wusste der Frankfurter CIA-Chef auch zu berichten, dass Heinz „sich Höttls Ruf voll bewusst ist, ihn aber für nützlich findet."[431] Und er setzte hinzu: „Am Ende wird Höttl die gesamten westdeutschen Geheimdienste diskreditieren."[432]

Selbst als 1952 Heinz' Organisation von der „Org" Gehlen mit Heinz als Chef einer Sektion übernommen wurde, verblieb Willi vorerst in seiner Funktion. Gehlen wusste der CIA zu berichten, dass jene 50.000 DM, die Heinz' Truppe aus Bonn bekam, von der britischen Regierung wegen der Kosten von Höttls Operationen in Italien, Nordafrika und Südosteuropa noch aufgestockt werden mussten.[433] Willi hatte hochgestapelt und angegeben, für die Ausspähung Nordafrikas in Francos Spanien eine Geheimdienstbasis aufzubauen.[434]

Kennen Sie sich noch aus? Lassen Sie sich nicht verwirren! Entscheidend ist im Endeffekt nur eines: Am 2. Oktober 1952 gab Heinz endlich nach und ließ Höttl wegen der Lieferung erfundener Berichte fallen![435] Zu diesem Zeitpunkt ist Dr. Wilhelm Höttl 37 Jahre alt, verheiratet und Vater dreier Kinder. Er ist in Altaussee ansässig und von Beruf Schriftsteller im Verlag seiner Frau. Eine bürgerliche Fassade für einen notorischen Intriganten und meisterhaften Lügner im Nachrichtengeschäft – für ein Reptil.

Und dann kommt der Jänner 1953.

In einem Akt mit dem internen Vermerk hält die österreichische Stapo fest, dass der Nachrichtendienstring des 66. CIC-Korps in Salzburg durch die Sowjets angezapft ist.[436] Und wirklich wurden die beiden österreichischstämmigen CIC-Mitarbeiter Curt Ponger und Otto Verber (vormals: Färber), beides vor den Nationalsozialisten geflüchtete Wiener Juden, der Agententätigkeit für die Sowjets überführt.[437]

Bereits in den USA hatten Ponger und Verber heimlich der Kommunistischen Partei der Vereinigten Staaten angehört.[438] Im Jänner 1953 werden sie vom CIC nach vierjähriger Beobachtung festgenommen.[439]

Im Adressbuch von Ponger und Verber fand sich auch der Name Höttls – ja mehr noch: Im Büchlein von Pongers Schwager Walter Lauber entdeckte die CIA eine Kopie des Höttlschen Adressbuches mit zahlreichen Namen von CIA- und Gehlen-Agenten![440] Stapo-Chef Oswald Peterlunger fiel auf, dass Höttl Studienkollege des nachmals bekannten Historikers Ludwig Jedlicka war. Jedlicka wurde nach dem Krieg Halbtagsassistent bei einem russischen Oberst namens Leo Michael Stern, der Beauftragter der sowjetischen Besatzungsmacht für das Studium UdSSR-relevanter Akten in österreichischen Archiven war und an der Wiener Universität marxistische Philosophie lehrte. Obwohl man sich später auch von Jedlicka erzählen würde, er habe einem US-Dienst gedient, eine für Amerikaner wie Österreicher höchst verdächtige Verbindung.

Und noch eine bekannte Figur tritt in dieser Schmierenkomödie auf: der alte „Boro"! Ebenfalls bei Stern beschäftigt war nämlich ausgerechnet der schwer NS-belastete Taras Borodajkewycz, der so gleichfalls in Kommunismus-Verdacht geriet![441]

Schon wieder wurde er Höttl zum Verhängnis! Unter den Nazis als Katholik, bei den Amerikanern als vermeintlicher Kommunist … Und auch Höttls Ex-Mitarbeiter Kernmayer war noch in seiner Jugend selbst aktiver Kommunist gewesen, wovon Höttl aber angeblich nichts wusste.[442] Immer tiefer geriet Willi nun in diesen Fall von Doppelspionage zwischen Russen und Amerikanern.

Ursprünglich erfahren hatte die CIA von Verbindungen zwischen Ponger und Höttl, als ein Gehlen-Mitarbeiter meldete, er habe Höttl und Ponger zusammen gesehen, als sie gemeinsam eine Reise durch Westdeutschland unternahmen. Bei dieser Gelegenheit traf sich Höttl auch mit Wilhelm Krichbaum, vormals Chef der deutschen „Geheimen Feldpolizei" und nunmehr ein höherer Gehlen-Beamter. Krichbaum behauptete später, dass ihn Höttl wegen eines Jobs bei Gehlens „Org" angesprochen habe.[443]

Schließlich platzt die Bombe: Am 14. April 1953 sagt Curt Ponger aus, er hätte Höttl und Krichbaum zu sowjetischen Doppelagenten gegen die „Org" Gehlen ausgebildet![444] Nebenbei wird zehn Jahre danach, 1963, die CIA dank einer westdeutschen Recherche noch herausfinden, dass Krichbaum ohnehin bereits 1950 für die Sowjets gearbeitet hatte.[445]

Nun war wohl die große Frage, ob Höttl wusste, dass er als Doppelagent fungierte und welcher Art seine Kontakte zur „Org" Gehlen gewesen waren. In der „Org" war Feuer am Dach: Hohe Gehlen-Beamte leugneten jeden Kontakt mit Höttl, und etliche CIA-Verbindungen glaubten ihnen das auch.[446]

Andere CIA-Beamte waren hier weniger sicher. Am 4. März 1953 traf sich ein CIA-Mitarbeiter mit Gehlen persönlich und bezichtigte die „Org", bewusst wichtige Informationen über seine Aktivitäten in Österreich vorzuenthalten.[447] Es schien nichts anderes übrigzubleiben, als Höttl von einem CIC-Agenten befragen zu lassen, vorzugsweise von jemandem, der zwar mit den österreichischen Verhältnissen wohlvertraut, aber nicht durch „Montgomery" oder „Mount Vernon" kompromittiert war. Daraufhin wurde Höttl siebenmal befragt, das erste Mal, im Februar 1953, noch in freundlichem Ton; das zweite Verhör im März und April 1953, das sieben Tonbandspulen füllte, lief schon erheblich rüder ab. Doch er gestand rein gar nichts!

Seine Kontakte zu Ponger, Verber und Lauber seien journalistischer Natur gewesen und hätten nichts mit Sowjetspionage zu tun gehabt. Gekannt habe er sie aus der Zeit des Nürnberger Prozesses, da sie dort in administrativer Funktion tätig gewesen seien.

Der vorläufige Verhörbericht wird recht deutlich und schmeichelt Höttl lediglich mit Einschränkungen: „Wenn man ihm nur die zwei Alternativen lässt, ob er ein bewusstes Mitglied der sowjetischen Ponger-Gruppe gewesen ist oder aber ein vollkommener Narr, weist er beides zurück."[448] Stattdessen versuchte Höttl, einen Verdacht auf Krichbaum zu lenken, indem er erklärte, dass Ponger Krichbaum dazu benützt hätte, um Höttl einen Job bei Gehlen zu verschaffen, dass aber Ponger niemals versucht habe, Höttl selbst zu rekrutieren. Höttl sagte aus, er persönlich meine nicht, dass Krichbaum ein Sowjetagent sei, räumte aber ein, dass die Möglichkeit immerhin bestünde; seine typische Strategie, alte Kollegen indirekt zu belasten, um sich selbst herauszuwinden.[449] Nachdem auch der Lügendetektor versagt hatte, war es am Ende unmöglich festzustellen, ob Höttl nun ein sowjetischer Agent war oder nicht.

Die Schlusspointe unter die ganze Untersuchung setzte Höttl selbst: Er bot seinerseits an, als Doppelagent für die USA Pongers und Verbers Kontakte auszuforschen! „Alle Leser dieses Berichts werden von der Erleichterung überwältigt sein", heißt es im Abschlussbericht, „dass der Verhöroffizier auf Höttls Angebot verzichtet hat."[450]

Ehe Willi allerdings vom CIC entlassen wurde, spielte die CIA den Medien gezielt Informationen über seine Verwicklung in die Ponger-Verber-Affäre zu,[451] was seinen Niederschlag unter anderem im deutschen Nachrichtenmagazin „Der Spiegel" fand.[452] Das diente dazu, Höttl für die Zukunft auch öffentlich zu desavouieren „und sicherzustellen, dass unsere Version der Geschichte zuerst erscheint, während Höttl bei Gehlen oder auch den Sowjets völlig unmöglich gemacht wird."[453] Eine kundige Geschichte über Höttl verfassen zu lassen fiel dem „Spiegel" nicht schwer, arbeitete doch seit einiger Zeit der mit Willi mittlerweile zerstrittene Kernmayer für dieses Blatt ...[454]

Man glaubt es kaum, aber Höttls angebliche Kenntnisse und Fähigkeiten lockten danach noch immer verschiedene Nachrichtendienste an!

Der kommunistische jugoslawische Geheimdienst wollte im Spätsommer/Frühherbst 1953 Höttl für einen Einsatz in Triest rekrutieren, der sich wahrscheinlich gegen Fluchthelfer für Ustascha-Faschisten und belastete Nazis richten sollte,[455] und Willi versuchte auch, die Unterstützung der „Org" für dieses Projekt zu bekommen. Gehlen lehnte ab, doch einige Agenten der „Org" hielten noch bis 1954 Kontakt mit Höttl,[456] obwohl die Amerikaner seufzten: „Wir haben der ‚Org' doch die Nachteile eines zu engen Kontakts mit dem ‚ewigen Willi' klargemacht – aber offenbar ohne Erfolg!"[457] Spätestens an dieser Stelle der Höttl-Story mag es verwundern, dass der Mann überhaupt noch am Leben war ...

Sie glauben, dass das Spiel hier zu Ende ist? Weit gefehlt! Denn für die wirkliche Überraschung sorgte der „ewige Willi" dann in den 1960er-Jahren.

Anatoly Golitsin, ein ehemaliger KGB-Stabsoffizier, der 1961 überlief, sagte während einer Befragung 1963, Höttl sei „langjähriger Sowjetspion" gewesen, der als KGB-Abwehragent in Wien gearbeitet hätte. Ein anderer, bereits in den 1950er-Jahren in den Westen geflohener Überläufer, Peter Deriabin, bekräftigte, dass Höttl unter dem sowjetischen Codenamen „Cheka" gearbeitet habe und der bestbezahlte russische Geheimagent gewesen sei, von dem Deriabin wusste.[458] Willis angeblich nie versiegende Geldquellen würden sich damit erklären lassen. Sollte Höttl sich dumm gestellt, seine erfundenen Geschichten nur dem Westen als Spielmaterial geliefert und dafür den Russen valide Informationen besorgt haben? Erstklassige Einblicke in die US-Intelligence, deren westdeutsche Ableger samt ihrer Aufklärung hinter dem Eisernen Vorhang, in die Szene der Ex-Nazis und in bürgerliche österreichische Kreise samt deren Parteien ÖVP und VdU/FPÖ hätte er ja gehabt. Zugegeben, reine Spekulation …

Deriabin galt zum Zeitpunkt seiner Aussagen als bis dahin wichtigster in den Westen geflohener Ostagent, der die Stärke der sowjetischen Staatssicherheit mit 18.000 Mitarbeitern bezifferte, von denen nur 3000 in der Sowjetunion und der Rest im Ausland tätig seien.[459] Andererseits blieben dennoch starke Zweifel an der Glaubwürdigkeit seiner Angaben.

Die CIA nahm's gelassen: „Wenn Höttl je ein gut bezahlter Sowjetagent gewesen sein sollte, dann hat er es geschafft, die Sowjets ebenso zu betrügen wie seine anderen Arbeitgeber."[460]

10. Die Sphinx

Ich war zwölf Jahre alt. Mein Mitschüler Volker war der jüngere Sohn vom Schuldirektor Höttl. Eines Tages lud mich Volker zum Spielen zu sich nach Hause ein. Na, ich stapfe hinauf, vorbei am Schneiderwirt, auf den Lichtersberg zum Höttl-Haus und klopfe an. Es rührt sich nichts. Ich mache die Türe auf … Auf einmal springen mich zwei große Wolfshunde an und reißen mich nieder! Ich liege da am Boden – ein Wolfshund über mir, der andere hat gebellt. Ich hatte Todesangst. Da höre ich Dr. Höttls Stimme: „Die tun nichts!" Plötzlich waren die Hunde freundlich wie die Lämmer. „Ach, die Hunde kannten dich nicht. Wenn du das nächste Mal kommst, werden sie dich dann schon wiedererkennen!" Aber ich hab' mich nicht mehr so oft hinauf getraut auf den Lichtersberg zum Höttl …

„Schau, der Höttl geht scho' wieder spazieren!"
„Ja, da wird er wahrscheinlich wieder Gold suchen!"
Die Gäste im Wirtshaus Schneiderwirt in Altaussee steckten die Köpfe zusammen und begannen zu tuscheln.
Man konnte eine Wette darauf abschließen, dass er zwischen sieben und halb acht Uhr abends mit seinen Hunden einige Runden drehte, bei jedem Wetter. Der Wiener als Ausseer verkleidet, mit Lederhosen und einem Erzherzog-Johann-Hut auf dem Kopf, bei Regen einen älplerischen „Wetterfleck" übergestülpt. So schlenderte er am Schneiderwirt vorbei.
Und die Leute drinnen tratschten …
„Er hat doch Gold vergraben, irgendwo beim Altausseer See, da überall … Freund vom Eichmann … und vom Skorzeny! … einen persischen Financier hat er … kein Wunder, wie hat er sonst seine Schule finanziert? … Konten in der Schweiz … er geht doch in Konkurs und kauft trotzdem eine Villa nach der anderen …"

Erinnerung von Hans Pusch (*1943 in Judenburg, Steiermark)

*

Kein „Erzherzog"! Ein ganz einfacher Mann mit Trachtenjanker – burschikos, würde ich sagen; wie ein Bauer eigentlich, aber kein kleiner, schon ein größerer ... Und er wurde von den jungen Herrschaften freundlich gegrüßt – unzweifelhaft ehemalige Schüler. Ich fand das großartig, dass besonders begabte Kinder, ohne etwas bezahlen zu müssen, in diese Mittelschule gehen konnten. Am Sonntag saß er beim Schneiderwirt am Stammtisch mit den jungen Leuten, die so Anfang zwanzig waren, und man hatte den Eindruck, da erkundigt sich jemand über seine ehemaligen Schüler und was aus ihnen geworden ist. Ich kann also von jemandem sprechen, der am Tisch wahnsinnig angenehm war! Und wenn man etwas aus der Geschichte wissen wollte, meistens aus der Kaiserzeit oder dem Mittelalter, war der Herr Doktor Höttl ein guter Ansprechpartner. Er war sehr gern unter den jungen Menschen.

Ein Altausseer Bürger, der anonym bleiben will

*

In der Schule unterrichtet hat er nicht, trotzdem ist man dem Höttl ständig begegnet, er hat ja im Ort gelebt und war viel unterwegs. Nur wenn ein Lehrer ausgefallen ist, kam er in die Klasse, hat eine Europakarte aufgehängt und vom Krieg erzählt. Das war so furchtbar langweilig! Selbst unter Folter könnte ich nicht mehr sagen, was er da gesagt hat. Aber seine Frau war beliebt, sie war meine Deutschlehrerin und hat neue deutsche Literatur unterrichtet.

Eigentlich war es keine richtige Schule – jede Woche kamen Schüler dazu, ein Witz! Kein Vergleich mit der Klosterschule, aus der ich kam. Höttl selbst war ein unauffälliger Beamtentyp, ein Nobody.

Erinnerung von Barbara Frischmuth (*1941 in Altaussee, Steiermark)

*

Mich hat der Höttl politisiert! Seine Schule war ein Nazi-Reservat!

Erinnerung von André Heller (*1947 in Wien)

*

Vier Menschen, vier Erinnerungen, viermal Wilhelm Höttl: der distanzierte, geheimnisvolle Pseudoaristokrat; der joviale, gebildete, bodenständige Freund und Wohltäter der Jugend; der langweilige Beamtentyp und Nobody; der dämonische Nazi als Hassobjekt. Welcher davon ist denn nun der wahre Willi? Oder ist an all diesen Bildern etwas dran? Vielleicht liegt die Differenz in der Wahrnehmung auch an der spezifischen Weltsicht der Zeitzeugen.

Hans Pusch besuchte ein paar Jahre die „Höttl-Schule", wurde später Politikberater und wechselte nach Anfängen in der bürgerlichen ÖVP zur SPÖ Bruno Kreiskys. Bekannt wurde er als Kabinettschef des Bundeskanzlers Fred Sinowatz (1983–86) und aufgrund seiner nicht ganz durchsichtigen Funktion bei der Kampagne der SPÖ gegen den ÖVP- Bundespräsidentschaftskandidaten Kurt Waldheim 1986. Wilhelm Höttl fiel dabei eine stumme Nebenrolle zu, aber darauf kommen wir noch zurück …

Barbara Frischmuth ist eine erfolgreiche österreichische Schriftstellerin, hat viele Romane wie „Über die Verhältnisse", Gartengeschichten wie „Löwenmaul und Irisschwert", Kinder- und Jugendbücher, Theaterstücke und Hörspiele verfasst und zahlreiche Filme gemacht. Sie hat von 1955 bis 1957 Höttls Gymnasium besucht und lebt auch heute noch in Altaussee. „Mich hat das sowas von nicht interessiert, was der Höttl damals erzählt hat. Erst später bin ich dann politischer geworden, auf der linken Seite."

André Heller vorzustellen ist in aller gebotenen Kürze kaum möglich. Die Internet-Enzyklopädie „Wikipedia" bezeichnet ihn mit den Schlagworten „Multimediakünstler, Aktionskünstler, Kulturmanager, Autor, Dichter, Poet, Chansonnier und Schauspieler". Der international berühmte Ideenfabrikant, der mit Kunstaktionen wie „Luna Luna",

„Begnadete Körper" oder dem „Theater des Feuers" Furore machte, ist ein ausgesprochen politischer öffentlicher Mensch. Als unruhiges Kind wurde Franz Heller von seinen Eltern aus einer Schule in die nächste verschoben, darunter auch kurzfristig in Höttls Institut. Heller erzählt immer wieder eine Jugenderinnerung: Als er 1958 „zum ersten Mal das Klassenzimmer in Bad Aussee betrat, sagte Wilhelm Höttl zu den Mitschülern: ‚Das ist der Heller, setzt euch nicht neben ihn, der hat böses Blut.' Er meinte wohl meinen jüdischen Anteil an meinen Chromosomen", beschreibt Heller ein Erlebnis, das ihn besonders traumatisiert hat.[461] Um dieses Diktum entstanden mehrere Auseinandersetzungen, aber darauf kommen wir noch zu sprechen.

Ehe wir Dr. Höttl als Schulgründer und -direktor auftreten lassen, bin ich Ihnen noch einige andere Geschichten schuldig, denn wer denkt, dass Willis Karriere als Darsteller auf dem nachrichtendienstlichen Parkett mit seiner öffentlichen „Verbrennung" durch die Amerikaner in den Medien zu Ende war, irrt.

Zunächst wurden die Gerüchte über Höttls märchenhaftes Vermögen durch den „Spiegel"-Artikel vom Februar 1953 noch einmal kräftig angeheizt. Das CIC habe herausgebracht, dass Willi einem gewissen Fritz Fischer, dem Sohn des Verwalters der Salzsalinen in Altaussee, der Tag und Nacht Zutritt zu den Bergwerken habe, für nicht durchschaubare Dienste regelmäßig ein Gehalt zahle.[462] Der Schrankenwärter zum Versteck der Beute aus dem „Goldzug"?

„So ein Unsinn! Wenn da ein großes Vermögen gewesen wäre, hätten wir das als Kinder doch merken müssen – und das haben wir nicht!", erzählte mir einmal Höttls Tochter, und ich glaube ihr.

Aber außer Gerüchten war da noch etwas ganz anderes – eine offene Rechnung zwischen zwei ehemaligen Freunden. Und diese hatte nichts mit Geld zu tun.

Im März 1953 trafen einander in Innsbruck zwei Briefmarkensammler. Der eine, ein honorig wirkender Aristokrat mit altösterreichischen Manieren, wollte dem anderen, einem gestressten Architekten, dem sein Arzt das Sammeln von Briefmarken als ruhiges Hobby verschrieben hatte, besonders schöne Stücke aus einer Sammlung verkaufen, die ihm ein Freund geliehen hatte. Darunter war eine Marke auf einem Brief aus Argentinien, der ein bemerkenswertes Postskriptum aufwies: „Stell dir vor, wen ich hier gesehen habe … ich sah dieses elende Schwein Eichmann, das die Juden kommandierte. Er lebt in der Nähe von Buenos Aires und arbeitet für ein Wasserwerk."

Der Architekt war wie elektrisiert und wollte den Brief erwerben. Leider, lehnte der andere ab, das Poststück gehörte ja seinem Freund und war unverkäuflich. Der Ingenieur eilte nach Hause und schrieb am 24. März 1953 einen Brief an den israelischen Konsul Arie Eshel in Wien: Eichmann ist in Argentinien!

Seit Jahren war der Architekt Ingenieur Simon Wiesenthal, der Leiter der „Jüdischen Historischen Dokumentation" in Linz, dem Judenverfolger Eichmann auf den Fersen, und hier war endlich eine heiße Spur![463] Die Israelis würden erst viel später reagieren und Adolf Eichmann dann im Mai 1960 aus Argentinien entführen.

Der Briefmarkensammler aus Innsbruck war indes niemand anderer als Baron Heinrich „Harry" Mast alias „Graf Bobby", Mitarbeiter des westdeutschen Friedrich-Wilhelm-Heinz-Nachrichtendienstes und für die Außenwelt Angestellter des Nibelungen-Verlags der Elfriede Zelinger/Höttl. Es war also keine Sammlerkonferenz, sondern ein Agententreffen, denn Simon Wiesenthal war Agent des israelischen Auslandsgeheimdienstes Mossad![464] Beide Herren wussten natürlich genau voneinander Bescheid.

Just in diesen Tagen des Frühjahrs 1953 wurde Wilhelm Höttl gerade vom CIC in der Spionagesache „Ponger/Verber" verhört. Im Plauderton gab er dort unter anderem zu Protokoll, dass ihm Curt Ponger im Auftrag „irgendeiner [...] jüdischen Organisation"[465] 100.000 Dollar für die Ergreifung Eichmanns geboten habe. Höttl hätte aber abgelehnt, da er nicht mit einem israelischen Geheimagenten hätte zusammenarbeiten wollen. Die CIA, die die Verhöre auswertete, zählte nun eins und eins zusammen, denn der jüdische Remigrant Curt Ponger war mit Wiesenthal befreundet und sowohl Höttl als auch Mast hatten zu Ponger bekanntermaßen engen Kontakt. Alle fanden sie sich im Pongerschen Adressbuch.

Hatte Wiesenthal die 100.000 Dollar geboten? Er habe Höttl gar nicht gekannt, empörte sich Wiesenthal und klagte in den 1960er-Jahren erfolgreich gegen die Zeitschrift „Stern", die in einem Artikel behauptet hatte, Höttl hätte für Wiesenthal gearbeitet. Erst seiner Biografin Hella Pick gestand Wiesenthal viele Jahre später, dass er Höttl sehr wohl gekannt hatte.[466]

Hatte er Höttl für den Mossad anwerben wollen? Nach der medialen „Verbrennung" im „Spiegel" im Februar 1953 war Willy als Mehrfachagent geoutet worden und für die Dienste des freien Westens, damit wohl auch für den Mossad, nicht mehr tragbar.

Kam die Information über Eichmanns Aufenthaltsort an Wiesenthal via Harry Mast von Wilhelm Höttl? Der entscheidende Brief, den Mast Wiesenthal zeigte, ist bis heute nicht wieder aufgetaucht. War er eine Fälschung? Fabriziert als Mittel zum Zweck? Oder wollten Höttl und Mast den Absender und den restlichen Inhalt, inklusive anderer Namen aus Argentinien, nicht preisgeben? Eichmann-Biografin und Lügenforscherin Barbara Stangneth analysiert: „Wer auch immer 1953 den Brief an Höttl schrieb, er wusste in jedem Fall, wem er diese brisante Information schickte, nämlich einem Mann, der mit genau solchen Informationen sein Geld verdiente und sie deshalb auch nicht für sich behalten würde."[467]

Die quasi-offizielle Version des Verrats an Eichmann ist eine andere; verpfiffen hätte ihn Herbert Kuhlmann, der mit ihm die Überfahrt nach Argentinien machte, oder war es doch die Mitteilung des KZ-Überlebenden Lothar Hermann an den deutschen Staatsanwalt Fritz Bauer? Letztlich ist das unerheblich, denn Adolf Eichmann war im Exil längst unvorsichtig geworden und prahlte mit seinen Verbrechen. Viele konnten wissen, wo er sich aufhielt, und der „Org" Gehlen soll es sogar schon 1952 bekannt gewesen sein. Von 1956 bis 1960 nahm der niederländische Nazi und Journalist Willem Sassen in Argentinien obendrein 73 Tonbänder mit Eichmann über dessen Tätigkeit für das RSHA auf! Dabei wurde in allen Facetten Klartext gesprochen. Eichmann meinte, er hätte lieber zehn Millionen „erledigt" ... Wiesenthal hatte 1953 jedenfalls seine heiße Spur von Harry Mast und wahrscheinlich von Höttl erhalten. Aber wenn das so war, wieso? Willi und Eichmann waren doch Freunde gewesen. Oder etwa nicht?

Nun, in österreichischen Altnazi-Kreisen kursierte das Gerücht, Eichmann habe geschworen, Wilhelm Höttl für seine Aussagen über die sechs Millionen ermordeter Juden in Nürnberg zu töten![468] Seine Familie war aus Europa angereist und hatte ihm Zeitungsausschnitte mitgebracht, in denen er als Massenmörder gebrandmarkt wurde. Das verdankte er Höttls Aussage! Erst durch Höttls Erzählungen hatte sich die Monstrosität Eichmanns weithin verbreitet. Der Hass steigerte sich noch, als er Hagens alias Höttls Buch „Die geheime Front" in die Hände bekam. Willi verdiente also massig Geld mit seinen Angebereien, während er, Eichmann, sich als „Ricardo Klement" in Südamerika verstecken musste! Schon im Mai 1945 hatte es gerade im Wiener Raum zahlreiche Morddrohungen gegen Höttl wegen seiner Zeugenaussage gegeben.[469]

Hatte Höttl schon aus diesem Grund ein Interesse am Tod Eichmanns? Willi wäre den Mann losgeworden, der ihm ultimative Rache geschworen hatte, und hätte noch dazu davon profitiert, dass er dann der Einzige gewesen wäre, der geldbringende Informationen über Eichmann aus erster Hand hätte bieten können. In den 1950er-Jahren war über die NS-Verbrechen in Deutschland und Österreich wenig bekannt, weil man auch nichts darüber wissen *wollte*. Willis Wissen war eine Datenbank für seine Zukunft als Enthüller, Aufdecker und Berufszeitzeuge; genauso ist es dann ja auch gekommen …

Die Archive der deutschen Sicherheitsorgane sind bis heute fest verschlossen. Wir wissen (noch) nicht, ob Gehlen, Heinz oder sonst jemand aus den deutschen Diensten in die Weitergabe der Information an Wiesenthal involviert war.

Insgeheim mag Höttl gehofft haben, dass die Israelis ein Killerkommando nach Argentinien schicken und Eichmann in aller Stille an Ort und Stelle „erledigen" würden. Doch das Gegenteil geschah: Der Mossad entführte ihn 1960 aus Argentinien und machte ihm in Israel vor der weltweiten Medienöffentlichkeit den Prozess!

Wilhelm Höttl stand – ob er wollte oder nicht – im Rampenlicht. Er trat in diesem Gerichtsverfahren, das am 11. April 1961 in Jerusalem begann, als Zeuge auf; gleich zu Beginn mit einer Überraschung: Zunächst als Entlastungszeuge vorgesehen, bediente sich dann plötzlich die Anklage des Höttlschen Affidavits![470]

Es wurde offenbar – zumindest von den Exponenten der österreichischen Journalistik – nichts anderes erwartet, da Höttl bereits als „Zeuge der Anklage" des Nürnberger Prozesses in die zeitgenössische Mediengeschichte eingegangen war, wie die Austria Presseagentur schrieb.[471] Höttl erklärte in einem Interview denn auch: „Ich erwarte nichts Neues bei diesem Prozeß, der ganze Fragenkomplex ist bereits ausführlich in Nürnberg aufgerollt worden, und es ist meiner Ansicht nach nichts mehr herauszuholen."[472] Tatsächlich waren Höttls Aussagen auch nicht neu, es wurde in Jerusalem zunächst ein Teil seiner Nürnberger Erklärung vom 26. November 1946 verlesen.[473]

Dann aber begannen die Probleme rund um die Vorladung Willis vor das Gericht, die sich schließlich in ein kleineres Tauziehen auswachsen sollten: Generalstaatsanwalt Gideon Hausner[474] erklärte, dass Höttl „seiner eigenen Erklärung zufolge Mitglied einer Organisation gewesen sei, die als verbrecherisch entlarvt worden ist."[475] Gemeint waren SS und SD.

Na, das konnte ja brenzlig werden!

Eichmanns Verteidiger Robert Servatius stellte fest, „daß auf Grund zwischen Israel und der Bundesrepublik Westdeutschland bestehenden Abkommens Zeugen freies Geleit und Immunität bis zu acht Tagen nach dem Erscheinen vor Gericht zugesichert werden könne."[476]

Bald darauf schaltete sich Höttl selbst ein. Er erklärte, er sei bereit, „über Eichmann die Wahrheit auszusagen"[477], aber weder als Zeuge der Anklage noch der Verteidigung und vor einem österreichischen Gerichtshof, nicht in Israel.

Als am 19. Verhandlungstag eine eidesstattliche Erklärung Höttls verlesen wurde, protestierte Eichmanns Verteidiger Servatius dagegen, „daß sich das Gericht mit eidesstattlichen Erklärungen von Zeugen begnüge, die noch am Leben seien und die ihre Aussagen in der Nachkriegszeit unter dem Gesichtspunkt gemacht hätten, sich selbst zu retten und die daher versuchten, die Schuld auf andere abzuwälzen."[478]

Generalstaatsanwalt Hausner entgegnete, dass es nicht in der Kompetenz des Gerichtshofes liege, Weisungen über Einreise nach Israel und freies Geleit an die israelischen Behörden zu geben, wenn es sich um Personen handle, die Kriegsverbrechen verdächtig seien, deutete jedoch an, er werde sich im Fall Höttls für Einreiseerlaubnis und freies Geleit einsetzen. Höttl hätte überdies bereits erklärt, er würde auch in Israel aussagen, wenn man ihm freies Geleit zusichere. Beides wurde schließlich gewährt und Hausner erklärte: „Wir wissen von keinem Verbrechen, das Höttl [...] gegen das jüdische Volk begangen [hat]."[479] Es sei vorzuziehen, dass Höttl und ein weiterer Zeuge nach Jerusalem kämen, da ihre Aussagen sehr wichtig seien. Die acht anderen von der Verteidigung genannten Zeugen würden jedoch unter dem Verdacht, Kriegsverbrechen begangen zu haben, verhaftet werden, wenn sie nach Israel kämen.[480] Noch Tage zuvor hatte Hausner über Höttl Gleiches erklärt, er hatte seine Meinung seitdem also offenbar geändert …

Im Mai erschien dann in der israelischen Zeitung „Maariv" ein Interview mit Höttl, in dem er erklärte, er werde nach Jerusalem kommen. Eichmanns zweiter Verteidiger Dieter Wechtenbruch hätte mit Höttl diesbezüglich telefoniert.[481] Eine Meldung, die Willi der „Agence France Presse" gegenüber umgehend dementierte. Er sei wegen seiner beruflichen Pflichten als Schulleiter in Bad Aussee nicht vor Beginn der Ferien Anfang Juli abkömmlich.[482] Pfiffigerweise fand die Austria Presseagentur jedoch heraus, dass der Herr Direktor lediglich eine administrative und keine erzieherische Funktion am Privatrealgymnasium Bad Aussee ausübte.[483] Dennoch, Höttl blieb in Österreich.

Am 1. Juni begann seine Vernehmung beim Bezirksgericht Bad Aussee. Bezirksrichter Egon Kittel vernahm Höttl, „wie es im österreichischen Verfahren vorgesehen ist", allein, ohne ausländische Untersuchungsrichter oder Erhebungsbeamte.[484] Drei Tage dauerte die Vernehmung, in der Höttl 86 Fragen zu beantworten hatte. 11 Fragen befassten sich mit Aussagen Eichmanns, 45 stellte Verteidiger Servatius, 30 Ankläger Hausner.[485]

Die „Austria Presseagentur" berichtete: „Dr. Kittel hat in einem sehr ausführlichen Expose jene Schwierigkeiten festgehalten, die dieser Zeugeneinvernahme nicht nur vorausgegangen waren, sondern ihr darüber hinaus bis zur Beendigung anhafteten. Die Hinzuziehung der Prozessvertreter für dieses Rechtshilfeverfahren stehe in Widerspruch zu den österreichischen Gesetzen. Der Richter bedauerte, dass hiedurch möglicherweise nicht alle Wege gangbar gemacht worden seien, die der restlosen Wahrheitsfindung dienlich gewesen wären.

Der Richter betonte dass es nicht seine Aufgabe gewesen sei, aus dem sehr eng begrenzten Raum der juridischen Bezeichnung ‚enger Beziehung zu den Verbrechen' auszubrechen, wie er auch nicht zu untersuchen gehabt habe, wie Dr. Höttl die seinerzeitige Stellung erwarb und welcher Art seine Tätigkeit gewesen sei. Die insgesamt 73 Seiten umfassende Niederschrift der Einvernahme Höttls wird morgen an das Bundesministerium für Justiz weiter geleitet werden und von hier aus dem Jerusalemer Distriktsgericht weitergegeben.

Verschiedenen Bemerkungen informierter Kreise im Bereich des Bezirksgerichtes Bad Aussee war zu entnehmen, dass Dr. Höttl sich in der Beantwortung der an ihn gerichteten Fragen im Wesentlichen an jene Aussagen gehalten habe, die er seinerzeit in Nürnberg machte. Das heisst also, dass Dr. Höttl Adolf Eichmann auch jetzt wieder belastet hat."[486]

Es war also genau so gekommen, wie alle Beteiligten erwarteten und Höttl selbst es auch angekündigt hatte. Seine Aussagen über Eichmann kulminierten wohl in jenem Satz, den Hanna Arendt festhielt: „Nun hat sich Eichmann bei seinen Handlungen gewiß nicht nur von der Überzeugung leiten lassen, daß Himmler neuerdings ‚verbrecherische' Befehle gab. Dennoch war sein persönliches Motiv, das zweifellos eine Rolle gespielt hat, nicht Fanatismus, sondern ein echte, ‚maßlose Hitlerverehrung' (wie es Dr. Wilhelm Höttl, ein Zeuge der Verteidigung, nannte)".[487]

Willi Höttl sträubte sich so vehement wie erfolgreich dagegen, nach Israel zu reisen. Abgesehen davon, dass ihn Schlagzeilen und Bilder des Inhalts „Höttl in Jerusalem" vielleicht noch bei den allerletzten „alten Kameraden" unmöglich gemacht hätten: War es vor allem das Misstrauen gegen das vielleicht trügerische „freie Geleit" der Israelis? Oder ahnte er den doppelten Boden von Hausners Behauptung, Höttl hätte „seines Wissens nach" keine Verbrechen am jüdischen Volk begangen? Was, wenn während seines Aufenthalts im Nahen Osten urplötzlich neue Erkenntnisse auftauchen sollten und man ihn dann doch gleich dabehalten würde?

Seine Taten als SD-Resident 1944/45 in Budapest kochten nämlich ausgerechnet im gleichen Jahr 1961 hoch: Die Volksrepublik Ungarn verlangte von Österreich seine Auslieferung! Kein Wunder, meinte Willi, sei er doch als genialer Stratege bei den ungarischen Kommunisten besonders verhasst! Immerhin hätte er, der einflussreiche Dr. Höttl, damals persönlich die untereinander zerstrittenen ungarischen Politiker dazu gebracht, im Sinne des notwendigen Kampfes gegen die Sowjetunion zusammenzustehen und weiter an Deutschlands Seite zu kämpfen.[488] Schließlich hätte Höttl selbst den Plan zur Erpressung Horthys ausgearbeitet, der diesen zwingen sollte, einen von Deutschland nominierten General als geschäftsführendes Staatsoberhaupt einzusetzen.[489] Und dieser Plan sei es auch gewesen, der die Ungarn veranlasst hätte, von Österreich die Auslieferung Höttls zu beantragen: „Der allmächtige russische Geheimdienst arbeitete nicht allzu schnell, erst 1961 scheint man meine Rolle erkannt zu haben, worauf die ungarische Regierung an die österreichische ein Auslieferungsbegehren nach mir stellte – zum Glück war der russische Einfluß in Wien damals nicht mehr so groß, sodaß die Regierung das Auslieferungsbegehren glatt abschlagen konnte."[490]

In Wahrheit war in den ungarischen Eingaben kein Wort von Horthy oder ähnlich großformatigen politischen Delikten zu lesen, sondern laut einem Schreiben der Staatsanwaltschaft Leoben betrafen die ungarischen Vorwürfe drei ganz andere Tatbestände: 1. Die Erstellung von Listen linksgerichteter Politiker in seiner Eigenschaft als SD-Chef in Budapest; 2. Höttls Mitarbeit an der „Endlösung der Judenfrage"; 3. Die zumindest versteckt angelastete Mitnahme von Wertgegenständen zum Nachteil eines gewissen Ludwig Schulhof.[491]

Was hatte Glaise-Horstenau 1944 nochmal über seinen Besuch bei Höttl notiert? „Er hat auf dem Disz-tér eine entzückende kleine Villa bezogen, die einige Jahre dem Juden Schulhof gehörte, vorher aber, wie jedes Stück der Einrichtung bewies, einer aristokratischen Familie gehört hatte" … Es ging also um Beihilfe zum Massenmord, um Raub und Diebstahl!

Doch wieder kam Willi der Kalte Krieg zu Hilfe. Kein demokratischer Staat dieser Zeit hätte einen Landsmann einer stalinistischen Diktatur wie dem kommunistischen Ungarn ausgeliefert, mochten die ihm zur Last gelegten Delikte auch noch so schwerwiegend sein.

In einer ersten Stellungnahme vom 23. Februar 1961 hob die Staatsanwaltschaft Linz hervor, dass die ungarische Anklage gegen Höttl auf einem Ausnahmegesetz aus dem Jahr 1945 beruhe und es sich um eine rein politische Strafsache handelte.[492] Dann wurde von der österreichischen Gesandtschaft in Budapest mitgeteilt, dass die von Ungarn übermittelten Beweismaterialien nicht ausreichten, um ein Strafverfahren gegen Dr. Höttl einzuleiten. Das Kreisgericht Leoben hatte zuvor ein entsprechendes Strafverfahren auf Grundlage von ungarischem Material eingeleitet, mangels der erforderlichen Beweise allerdings wieder einstellen müssen.[493] In einem Schreiben vom 20. September 1963 lässt die Staatsanwaltschaft Leoben durchblicken, dass sie die Aussagen im Zuge der „politischen Prozesse" in Ungarn im Jahr 1945 für nicht glaubwürdig hält und außerdem die Vorwürfe zu unbestimmt und wenig konkret seien.[494]

In Österreich wurde die Verfolgung von Höttl wegen NS-Gewaltverbrechen in Ungarn 1963/64 eingestellt. Daraufhin protestierte die Volksrepublik mit einer Verbalnote am 25. Februar 1963 und polemisierte heftig gegen Österreich. Die Sache sei damit keineswegs erledigt, drohte Budapest.

Die diplomatische Wirklichkeit sah anders aus. Anlässlich einer Dienstreise des Polizeirates Dr. Wiesinger vom österreichischen Innenministerium zur Überprüfung von Vorwürfen gegen Nazi-Kriegsverbrecher Anfang 1966 brachten die ungarischen Behörden in Budapest zum Ausdruck, „daß sie den Fall Höttl als abgeschlossen betrachten. Die ungarischen Stellen fügten hinzu, sämtliches über diesen Fall verfügbares Beweismaterial den österreichischen Stellen bereits im Jahre 1963 zur Verfügung gestellt zu haben und darüber hinaus keine weiteren Unterlagen mehr zu besitzen."[495]

Auch hierin hatte Höttl also Glück. Er konnte doppelt aufatmen! Willi war jetzt offiziell rehabilitiert, seine Zeit in Ungarn mehr oder weniger „getilgt", und zum anderen sein früherer Freund und späterer Todfeind Eichmann am 1. Juni 1962 in Israel hingerichtet worden. Mit seinen Eichmann-Anekdoten ging Höttl nun erst recht auf Tournee durch die internationalen Medien. So wie ihm der kommunistische Unrechtsstaat Ungarn indirekt und die Republik Österreich unmittelbar dabei geholfen hatten, sich keinem fairen Prozess stellen zu müssen, verliehen ihm wiederum neonazistische Angriffe eine Aura der Unangreifbarkeit in Österreich und Deutschland.

Jahrzehntelang beklagte er, dass ihn „gewisse Kreise" zum Erfinder des Mordes an sechs Millionen Juden machten, es hagelte Vorwürfe und Drohungen, auch seine Freundschaft mit Borodajkewycz sei daran zerbrochen, den Höttl übrigens als „bis 1945 argen Gegner des NS-Regimes"[496] bezeichnete. Und tatsächlich versuchten österreichische Neonazis beziehungsweise Rechtsradikale wie Walter Ochensberger und Gerd Honsik (für sein Buch „Freispruch für Hitler?") noch bis in die 1980er-Jahre hinein, Willi zum „Widerruf" zu bewegen.

„Ich konnte machen, was ich wollte, immer wieder attackierten mich diese Kreise. Dagegen blieb der ehemalige Gesandtschaftsrat an der deutschen Gesandtschaft in Budapest, Theodor Grell, dem Eichmann wenige Tage nach seinem Besuch im August 1944 bei mir von sich aus die Geschichte mit den 6 Millionen Juden auch erzählte, unbehelligt, obwohl dieser vor dem Amtsgericht Berchtesgaden eine entsprechende Aussage machte"[497], jammerte Willi in seiner Autobiografie.

Dabei lebte er gerade von den Geschichten rund um Eichmann und die grauenvolle Zahl sehr gut! Es ist sogar nicht einmal so unwahrscheinlich, dass er von den sechs Millionen überhaupt erst 1945 von ebendiesem Theodor Grell oder von Eichmanns direktem Untergebenen im „Judenreferat" Dieter Wisliceny gehört hat. Zu beiden hatte er engen Kontakt, und Wisliceny befand sich 1945 so wie Höttl in Aussee. Wisliceny hatte Eichmann mit den Worten zitiert: „Er würde lachend in die Grube springen, denn das Gefühl, dass er fünf Millionen Menschen auf dem Gewissen hätte, wäre für ihn außerordentlich befriedigend."[498] Die Unschärfen der diversen Erzählungen machen die Zahl nicht weniger wahr, aber Höttls konkrete Geschichte mit Eichmanns Besuch bei ihm daheim in Budapest ist nun einmal durch nichts anderes belegbar als seine eigene Aussage. Eichmann selbst sagte Sassen im Interview 1957 in Argentinien immerhin: „Dass ich mit Höttl sehr oft gesprochen habe, das stimmt, und wohl auch über die Judenvernichtungen, was wird man sonst schon gesprochen haben."[499]

Lange vor dem Eichmann-Prozess, in den 1950er-Jahren musste Willi nun, da die Geschäfte mit den Nachrichtendiensten nicht mehr so gut liefen und vor allem nicht genug an regelmäßigem Einkommen abwarfen, nach zuverlässigeren Einnahmequellen suchen; wenn sich auch die „Geheime Front" mit 20.000 Exemplaren in Österreich sensationell gut verkauft hatte[500] und zusammen mit den internationalen Lizenzausgaben „The Secret Front" einen schönen Batzen Geld einbrachte.

Nach den erfolglosen Verhöraktionen des CIC im Zuge der „Ponger/Verber"-Affäre kam Höttl laut eigener Legende in einer Art Triumphzug nach Hause. Hier soll die definitiv lustigste Stelle seiner Autobiografie zitiert sein: „Da nun die Verhandlung gegen Ponger und Verber auch ergab, daß ich völlig zu Unrecht verdächtigt worden war, brachte man mich mit einem Riesen-Amischlitten nach Aussee zurück, nicht etwa mit einem Jeep, der gewöhnlich verwendet wurde. Das Ansinnen, wieder meinen Apparat zu übernehmen, lehnte ich selbstverständlich kategorisch ab. Ich wollte nun das machen, wozu ich mich berufen fühlte, nämlich ein Buch über den deutschen Geheimdienst aus meiner Sicht und meinen Erlebnissen zu schreiben, das eine große Verbreitung haben sollte."[501]

Die Amis lagen ihm also zu Füßen und baten ihn auf Knien, seinen „Apparat" für sie in Gang zu halten. „Selbstverständlich" wies er, der große Historiker, das weit von sich und zog es vor, der Welt die Wahrheit zu erzählen.

Das einzig Wahre an dieser lachhaften Sentenz ist, dass er mit seinem zweiten Buch „Unternehmen Bernhard" 1955 erneut gut verdiente, indem er als „Walter Hagen" Geschichten zum Besten gab, die ihm Naujocks und andere Kameraden erzählt hatten, die mittlerweile tot, inhaftiert oder in allen möglichen Weltgegenden untergetaucht waren. Das reichte aber nicht, es musste ein beständiges Einkommen her. Und so beschloss Wilhelm Höttl, Schuldirektor zu werden.

Die Gegend rund um Bad Aussee hatte keine höhere Schule, kein Gymnasium, und talentierte Kinder mussten traditionell in weit entfernten Internatsschulen unterkommen, so auch Höttls ältester Sohn Hagen, der 1949 nach Wien ins Realgymnasium geschickt wurde.[502] Zum Zweiten waren neben Willi noch weitere studierte oder zumindest gebildete Ex-Nazis in der Gegend ansässig, die als politisch Belastete teils noch von Berufsverboten im Schuldienst betroffen oder zumindest so verpönt waren, dass sie nirgendwo eine adäquate Arbeit fanden. Und zum Dritten gab es in ganz Österreich und Deutschland auch in dieser Zeit wohlhabende Eltern, die um teures Geld ihre intellektuell unterbelichteten Kinder irgendwie zur Reifeprüfung, zur Matura bringen wollten.

Fazit: Ab 1952 errichtete Wilhelm Höttl in Bad Aussee mehrere Höhere Schulen für Buben und Mädchen, eine Mittelschule, eine Handelsakademie und zusätzlich noch eine Handelsschule. Es begann im Herbst 1952 mit einer Mittelschule, wie in Österreich bis ins 21. Jahrhundert hinein die allgemeinbildenden Höheren Schulen bezeichnet wurden, und elf Schülern im Dachgeschoß der bekannten Konditorei Lewandofsky in Bad Aussee. Zunächst wurde das Ganze von einem privaten Mittelschulverein mit dem Obmann Wilhelm Höttl betrieben, 1956 kam es zur Gründung der „Ausseer Privatmittelschulen GesmbH". In den Jahren 1955 und 1956 eröffneten zwei Wohnhäuser für Internatsschüler.

Die Nachfrage war so groß, dass im gleichen Jahr die Villa Margit als Schulhaus für sieben Klassen eröffnet wurde. Ihr Öffentlichkeitsrecht bekam die Schule am 6. Juni 1956. 1960 bezog man ein neu errichtetes Schulhaus in Obertressen. 400 Schüler, davon 320 Internatsschüler, waren in neun verschiedenen Häusern untergebracht.[503] Zu ihnen gehörten unter anderem die späteren Formel-1-Rennfahrer Jochen Rindt,

Niki Lauda, Helmut Marko und Harald Ertl, die Industriellen Peter Mitterbauer (Miba AG) und Thomas Prinzhorn, die Filmregisseurin Karin Brandauer und der spätere sozialdemokratische Landeshauptmannstellvertreter der Steiermark, Peter Schachner-Blazizek, aber auch junge Aristokraten mit klingenden Namen wie Hohenlohe, Thurn, Henckel-Donnersmarck und Windischgraetz.[504] Nicht alle von ihnen hatten Schulprobleme und es waren vor allem Ausseer Kinder, die als Begabte kein Schulgeld zahlen mussten. Freilich bestätigt Höttl im Gespräch mit mir 1999 auch ganz offen: „Die meisten Schüler kamen aus Deutschland, weil sie das Abitur nicht geschafft hatten. Da aus der Gegend waren nur wenige. Die Leute haben gesagt: Die Lehrer sind alles ehemalige Nazis, und das hat auch gestimmt, denn die haben ja auch eine Stellung gesucht."[505]

Kreise der Österreichischen Staatspolizei vermuteten noch 1963 geheimdienstliche Aktivitäten in Willis Institut. Höttls Pädagogen hätten keinerlei Befähigungsnachweis als Lehrer, würden sich aber „von Zeit zu Zeit auf geheimnisvolle Wege machen", heißt es kryptisch in einem Akt.[506] Außerdem würden sie viel besser bezahlt als gewöhnliche Pädagogen. Vielleicht, so vermutete ein Stapo-Sachbearbeiter, halte sich sogar ein „ungarischer faschistischer Mörder" in der Schule Höttls verborgen.[507]

An NS-belasteten Lehrern erwähnt Höttl selbst namentlich lediglich Dr. Günter Legat, der „in der Nazizeit laufend angebliche Regimegegner denunziert hatte."[508] Legat sei dafür verantwortlich gewesen, dass es unter dessen Direktorat mit dem Gymnasium bergab gegangen und das Öffentlichkeitsrecht für die achte Klasse verloren gegangen sei. Parallel dazu hätte sich der wirtschaftliche Abstieg vollzogen – auch der angeschlossenen Landwirtschaft: „Als man uns aber die letzte Kuh aus dem Stall trieb, kamen mir, der ich in meinem Leben schon so viel mitgemacht hatte, zum ersten Mal die Tränen."[509]

Weil es dabei immerhin um 400 Schüler, 60 Angestellte und eine lebendige Institution der Region ging, wurde damit auch der Gemeinderat von Bad Aussee befasst, und zwar im Jahr 1961, als das Unterrichtsministerium bekanntgegeben hatte, Höttls Privatmittelschule das

Öffentlichkeitsrecht für das Schuljahr 1962/63 und die Maturaprüfungen zu entziehen.

Höttl allein trage an dieser Entwicklung die Schuld, sagte der Gemeinderat in einer Resolution, und forderte eine Trennung von wirtschaftlichen und pädagogischen Belangen. „Die Erfahrung, so heißt es in der Resolution weiter, habe deutlich gezeigt, dass Dr. Höttl für den Schulbetrieb selbst nicht tragbar ist",[510] zitiert ein Agenturbericht. Was genau damit gemeint war, wurde im Gemeinderat nicht erläutert, dafür wurde der Vorwurf von ÖVP-Fraktionsführer, Vizebürgermeister Lewandofsky noch erweitert, der „heftige Worte gegen Dr. Wilhelm Höttl [fand], den er als alten Despoten bezeichnete, der seinerzeit eben im Dritten Reich jene Position eingenommen hat, die ihn so hart formte, dass er selbst über Leichen geht. Es habe keinen Sinn, […] sich mit Dr. Höttl an einen Tisch zu setzen und mit ihm zu sprechen. Er tut was er will, verspricht alles um seines Vorteiles willen, lehnt sich bei Rot ebenso an wie bei Schwarz, wenn es sein Vorteil ist."[511] Selbst im steiermärkischen Landtag polemisierten vor allem SPÖ und FPÖ gegen den windigen Schulbetreiber, der dort nur sehr halbherzig von Landeshauptmann Josef Krainer sen. in Schutz genommen wurde.[512]

Einer der Hauptvorwürfe an Höttl waren nicht Nazi-Gerüchte, sondern dass er Lehrer ohne Lehramtsprüfungen für Gymnasien beschäftigte, darunter seine Frau Friedel, die „nur" approbierte Grundschullehrerin, dafür aber als Historikerin und Germanistin Dr. phil war.[513]

Mit dem Verlust des Öffentlichkeitrechts blieben die Schüler aus und im Februar 1964 ging die Ausseer Privatmittelschule GesmbH mit 15 Millionen Schilling in Konkurs,[514] wurde aber von der öffentlichen Hand übernommen und heißt heute „Erzherzog Johann-BORG Bad Aussee".

Dem Konkurs vorausgegangen waren unter anderem mehrere zweifelhafte Immobiliengeschäfte.[515] Trotz dieses Bankrotts residierten Höttl und seine Familie weiterhin offensichtlich nicht in prekären finanziellen Verhältnissen.

Wovon lebte er danach? Höttl war noch keine 50 Jahre alt.

Sofort bildeten sich neue Legenden um den Mann von Schloss Ramgut (eine seiner gemieteten Latifundien), wo Willi noch einige Zeitlang eine Maturaschule führte und Land und Leute zu observieren schien. „Dr. Höttl saß seinerzeit immer mit seinem Feldstecher am Fenster", erinnert sich Johannes-Maria Lex, einer der ehemaligen Schüler.

Ab Mitte der 1960er-Jahre wurde er endgültig zur Sphinx von Aussee – undurchschaubar, mythenumrankt und, auf seine Art, unangreifbar ...

... doch nicht unverletzlich! Eine Affäre störte Ruhe und Beschaulichkeit. Während ihm und seiner Frau die meisten ihrer ehemaligen Eleven ein positives Andenken bewahrten, ging ein prominenter kurzzeitiger Ex-Schüler in der Öffentlichkeit offensiv gegen Höttl und seine Anstalt los. Im „Angstlied" aus dem Jahr 1978 sang André Heller:

„Eine Nacht lag ich gefesselt
Im Internat in Bad Aussee
Kameraden schütteten mir
In den Mund noch DDT

Alles, weil ich's nicht ertrug
Dass man Pauli Grünwald schlug
Der so dick war und so scheu
Schubert liebte anstatt Sport
Nie vergess ich das Gegröle
Schafft den Judenstinker fort

Wer nicht Muskeln hat geht unter
Und zwar geht er unter jetzt
Vorher wird ihm noch zur Ehre
Eine Krone aufgesetzt

Und sie stülpten eine Schüssel Spucke
Grinsend über Paulis Haar
Das war in der 6. Klasse
Grausam ist ein Schülerjahr"[516]

Höttl wehrte sich gegen die Anwürfe: Die Mutter Hellers hätte ihn „mit Tränen in den Augen" um eine Chance für ihren unbotmäßigen Sohn gebeten, der schon von vielen Schulen geflogen sei. Im Nachhinein käme Heller nun mit der Geschichte an, „wie seine Mitschüler seinen jüdischen Freund Grünbaum o. ä. dauernd verprügelt hätten. Nun hatten wir keinen jüdischen Schüler dieses Namens – es war Heller selbst, der wegen seiner Angeberei etliche Prügel bezogen hatte[.] [...] Daß Heller Jude ist, konnten wir seinen Anmeldepapieren nicht entnehmen; übrigens das einzige Sehr gut, das Heller bekommen hatte, war in katholischer Religion."[517]

André Heller blieb dabei und schildert bis heute seine Eindrücke vom Aussee jener Jahre. Der Geist des alten Nazi-Dichters Bruno Brehm hätte dort geweht, da dieser braune Barde in Altaussee lebte und von seinen Jüngern umlagert die Kaffeehäuser bevölkerte. Antisemitismus sei allenthalben deutlich spürbar gewesen und Heller erinnert sich an die Präsenz der örtlichen deutschnationalen Mittelschülerverbindung.[518] Und eben an Höttls Äußerung: „Das ist der Heller, setzt euch nicht neben ihn, der hat böses Blut."

Andere Absolventen halten dagegen: „Die Hellersaga ist eine Chuzpe", ärgert sich einer der Höttl-Schüler der ersten Stunde, Michael Spitzy. „Dr. Höttl war viel zu nobel und klug, um so etwas zu sagen. Faschistische und antisemitische Äußerungen hat es nie gegeben."[519] Mehrere Ex-Schüler glauben, Höttl habe vielleicht „Der Heller *macht* böses Blut" gesagt, was so viel bedeuten würde wie: „Er stiftet Unruhe ..."

André Hellers Vorwürfe zeitigten jedenfalls noch weitere Folgen, vor allem in österreichischen Medien wie dem „profil" des Jahres 1984.[520] Thema des Artikels war eine Rechtsstreitigkeit Höttls mit dem Ausseer Studenten Franz Amon beziehungsweise die Tatsache, dass der frühere Schüler André Heller seinen ehemaligen Schuldirektor Höttl „verabscheut".[521] Amon hatte in einem Leserbrief an die „Alpenpost – Zeitung des steirischen Salzkammergutes" behauptet, dass käufliche Noten in Höttls Schule ein „offenes, weithin bekanntes Geheimnis" seien. Daraufhin klagte Höttl. Amon bat Heller um Hilfe, der wiederum einen Anwalt einschaltete, woraufhin Willi „aus gesundheitlichen Gründen" seine Klage zurückzog, da Heller sehr einflussreich sei und er Amon durch eine Verurteilung die Zukunft nicht verbauen wollte.[522]

Einmal wurde Wilhelm Höttl – fernab aller TV-Dokumentationen – sogar zur Filmfigur. Und das hing mit dem prominentesten lebenden Bürger der Stadt zusammen.

Klaus Maria Brandauer, geboren 1943 in Altaussee, wurde einer der international berühmtesten österreichischen Theater- und Filmschauspieler, ob als „Hamlet" im Burgtheater in Wien, als „Jedermann" bei den Salzburger Festspielen oder in Filmen wie „Mephisto", „Oberst Redl", „Hanussen", als Bösewicht Largo in dem James-Bond-Streifen „Sag niemals nie" oder als Baron Blixen in „Jenseits von Afrika" – weltweit begeisterte er ein Millionenpublikum und bekam mehr amerikanische Kritikerpreise als irgendein anderer deutschsprachiger Filmschauspieler. Seine Wurzeln aber sind und bleiben in Altaussee.

„Es war Ende der Siebzigerjahre, etwa ein Jahr bevor ich ‚Mephisto' mit István Szabó drehte", erinnert sich Klaus Maria Brandauer. „Da erhielt ich ein Drehbuch von einem anderen ungarischen Regisseur namens András Kovács." Brandauer und Kovács trafen einander und Brandauer fiel auf, dass in dem historischen Stoff neben Otto Skorzeny noch ein Freund dieses damals nach wie vor weithin bekannten Nationalsozialisten vorkam, und diesen Freund sollte er verkörpern.

„‚Wer ist denn der andere?', fragte ich Kovács. – ‚Ein gewisser Höttl' – ‚Höttl? Welcher Höttl?', fragte ich nach. – ‚Na, ein Freund Skorzenys.' In dem Drehbuch ging es um die Entführung Niki Horthys. ‚Wir sind uns nicht ganz sicher, was Höttl und Skorzeny damals für eine Rolle gespielt haben …' Daraufhin sag' ich zu dem Kovács: ‚Reden Sie nicht mehr weiter! Den Höttl kenn' ich. Der ist aus meinem Ort!' Nun, ‚kennen' war ein bisschen übertrieben – nur vom Schneiderwirt. Dort hat der Höttl immer ‚Herr Künstler' zu mir gesagt – komischerweise auch auf Ungarisch: ‚művész úr'!"

Brandauer besorgte sich Höttls Telefonnummer, stellte den Kontakt her und Kovács besuchte Höttl in Altausse. „Die Atmosphäre war ein bisschen klamm. Ich hab' die beiden dann allein gelassen. Auf das

Drehbuch hatte das Treffen keinen Einfluss, das hat sich nicht verändert", sagt Brandauer, „aber ich habe darauf bestanden, dass ich im Film nicht ‚Höttl', sondern ‚Hoffmann' heiße".

Daraus wurde der deutsch-ungarische Film „Ein Sonntag im Oktober" (1979). Klaus Maria Brandauer gibt darin souverän den „Dr. Hoffmann" (es wäre dann chronologisch mitgezählt nach „Alpberg", „Goldberg", „Willi" und „Walter Hagen" das fünfte Pseudonym Wilhelm Höttls), den chevaleresken, charmanten, tennisspielenden SDler in Zivil – einen schaumgebremsten Höttl, der im Auftreten der Realität wahrscheinlich ziemlich nahekommt, vor allem dort, wo die Filmfigur doppelbödig agiert, heuchelt und unauffällig lügt, um zum Ziel zu kommen.

Ich gebe zu, dass ich baff war, als Klaus Maria Brandauer mir erzählte, dass er einmal in einem Spielfilm Wilhelm Höttl verkörpert hat; wohl mindestens so erstaunt wie er selbst, als man ihm damals die Rolle anbot.

Ein besonderer Ex-Schüler wollte dagegen Willis Wissen aus dem Dritten Reich für aktuelle Politik nützen: SPÖ-Berater Hans Pusch biss dennoch bei Höttl auf Granit, als er 1986 von seinem ehemaligen Schuldirektor Belastendes über den ÖVP-Präsidentschaftskandidaten Kurt Waldheim wissen wollte. Da gebe es nichts, hätte Höttl am Telefon abgewunken. Zumindest einmal begnügte sich Willi mit einer stummen Rolle.

Ganz anders in *dem* Knüller der deutschen Revolverblattszene in den 1980ern: Den von Konrad Kujau gefälschten „Hitler-Tagebüchern"!

Die Hamburger Illustrierte „Stern" hätte ihn einfach anrufen müssen, meinte Höttl in der „Kronen Zeitung" vom 14. Mai 1983[523], und er hätte „enthüllt", was ihm im Nürnberger Gefängnis Hitler-Adjutant Julius Schaub als „geheime Information [...]" anvertraut hätte, nämlich „daß alle persönlichen Aufzeichnungen des Führers vor Kriegsende vernichtet wurden."[524]

Das sagte Höttl „exklusiv" der „Krone", da einige deutsche Zeitungen behauptet hätten: „Die Spur zu den gefälschten Hitler-Tagebüchern führt ins steirische Salzkammergut", worauf Höttl gewusst habe, „da konnte nur ich gemeint sein."[525] „In den vergangenen Wochen lief bei Höttl das Telefon heiß: ‚Times', ‚Le Monde' und deutsche Rundfunkstationen witterten in ihm den ‚Tagebuchfälscher'".[526] 1951 hätte Höttl von der Witwe Schaubs per Vertrag die Exklusivrechte für die Veröffentlichung der Dokumentenvernichtungsgeschichte erhalten, aber bis heute geschwiegen. Höttl meinte, dass die Tagebücher westdeutschen Neonazis vom DDR-Geheimdienst unterschoben worden sein könnten. „Stern"-Reporter Gerd Heidemann sei schon vor einigen Jahren bei Höttl gewesen und hätte ihn über Churchill und Mussolini befragt.

Schtonk!

Aufsehen erregte Höttl noch einmal, als er am 11. Juli 1995 für seinen „Mut zum Risiko einer Schulgründung im Jahre 1952 und als Historiker und Verfasser zahlreicher zeitgeschichtlicher Publikationen" aus den Händen des steirischen Landeshauptmannes Josef Krainer jun. das „Große Ehrenzeichen des Landes Steiermark" entgegennehmen durfte.[527] Auf Proteste unter anderem der Lagergemeinschaft Mauthausen entgegnete das Büro Krainers, dass es im Leumundszeugnis keinerlei Hinweise auf eine bedenkliche Vergangenheit Höttls gegeben habe. Die Verleihung sei im Übrigen von der Landesregierung einstimmig beschlossen worden und nicht wieder aberkennbar.[528]

Am 31. Juli 1995 protestierte die Lagergemeinschaft Mauthausen dagegen: „[...] Man sei ‚fester Überzeugung, daß es möglich sein müßte, diese Verleihung rückgängig zu machen [...] Die Ungeheuerlichkeit wird noch erschreckender, wenn man feststellt, daß dies gerade zu dem Zeitpunkt geschehen ist, als Österreich nach 50 Jahren die Befreiung von einem verbrecherischen und unmenschlichen Regime gefeiert hat', heißt es in dem Schreiben der Lagergemeinschaft."[529]

Ebenfalls 1995 wollte eine Expertenkommission des Innenministeriums Taras Borodajkewicz postum die Autorenschaft an einem oder mehreren Bekennerbriefen der „Bajuwarischen Befreiungsarmee (BBA)" in der Briefbombencausa zuschreiben, die damals Österreich gerade in Atem hielt. Ein historischer Datierungsfehler aus seinem 1972 als Heft 42 der von der Österreichischen Landsmannschaft herausgegebenen „Eckartschriften" erschienenen Buch „Wegmarken der Geschichte Österreichs" sei in einem der BBA-Schreiben übernommen worden, zitierte die „Austria Presseagentur" am 7. August 1995 die Wiener Tageszeitung „Der Standard":

„Die Experten halten es laut ‚Standard' für wahrscheinlich, ‚daß zumindest eine Person aus dem Kreis der Briefbombenattentäter aus der deutschnational und rechtskatholisch ausgerichteten Gruppe um Borodajkewycz, Fritz Stüber und dem [...] ehemaligen SS-Obersturmbannführer Wilhelm Höttl stammt und, so die letzten Erkenntnisse, in der Steiermark zu finden ist.'"[530]

So war es aber nicht. Als Einzeltäter wurde bald darauf Franz Fuchs dingfest gemacht. Und mit ihm hatte Willi nun wirklich nichts zu tun gehabt.

Mystischen Grusel um das Geheimnis vom Toplitzsee nährte der „Spiegel" Nr. 3/2000 und berichtete unter dem Titel „Mehr als Fische und Falschgeld" über eine Tauchaktion der US-Fernsehstation in Zusammenarbeit mit dem israelischen Aktivisten Yaron Svoray nach „Nazi-Gold" im Toplitzsee.

„Der letzte, der den Amerikanern vielleicht hätte sagen können, ob ihre Suche dort Sinn hat, lebte bis zum vergangenen Sommer ganz in der Nähe. In Altaussee, wo seit mehr als einem Jahrhundert die Prominenz, ob Erb- oder Geldadel, symbiotisch vereint auf schroffe Felswände schaut, residierte unbehelligt der einstige SS-Obersturmbannführer Wilhelm Höttl. Er hat Ernst Kaltenbrunner hier gegen Kriegsende zur Seite gestanden, er hat Eichmann noch vor dessen Flucht nach der Blaa-Alm getroffen. Und er hat noch kurz vor seinem Tod, den Kreis überlebender SS-Größen taxierend, festgestellt, ‚daß ich tatsächlich der letzte bin'.

Am 27. Juli 1999 ist Wilhelm Höttl, hochdekoriert mit dem ‚Großen Ehrenzeichen des Landes Steiermark', gestorben. Für ‚Verrückte und Goldsüchtige', die im Toplitzsee mehr vermuten als Fische und Falschgeld, hatte er bis zuletzt nichts als ein Lächeln übrig."[531]

Vom SS-Agenten ...   *... zum hochdekorierten Berufszeitzeugen: Wilhelm Höttl zwei Jahre vor seinem Tod*

So würdigte ihn also der „Spiegel" im Nachhinein: der lächelnd Allwissende, weise Schweigende, der über den Dingen steht. Willi hätte seine Freude gehabt.

Seine Todesnachricht in der Wiener Tageszeitung „Kurier" war ihm gerecht geworden: nicht zu großformatig, ein bisschen aufschneiderisch, ein wenig verschwommen und mit kleinen Fehlern behaftet: „Früherer SS-Mann Höttl starb in Altaussee. Er war Kronzeuge der Anklage in Nürnberg. Einer der letzten bedeutenden Zeitzeugen aus dem Dritten Reich ist tot: Wilhelm Höttl starb am Dienstag 85jährig in Altaussee, Steiermark, nur wenige Monate nach seiner Frau. Höttl war ab 1934 bei der SS. In der Naziära machte er Karriere, zuletzt war er Chef der Südosteuropa-Spionage. Aber schon vor Kriegsende wechselte er die Seiten und bot den USA seine Dienste an. Im Nürnberger

Kriegsprozeß [!] sagte er als Kronzeuge aus. Und belastete damit seinen Ex-Chef und ‚Steigbügelhalter' Adolf [!] Kaltenbrunner. Nach dem Krieg gründete er in Bad Aussee eine Maturaschule, die unter anderem Jochen Rindt, Niki Lauda und André Heller besuchten. 1995 wurde Höttl wegen seiner Verdienste um die Schule vom Land Steiermark ausgezeichnet, was Proteste auslöste. Höttl wird kommenden Samstag um 14 Uhr in Altaussee beerdigt."[532]

*

Das Bier im Gasthaus Schneiderwirt ist gut gepflegt und schmeckt süffig. Draußen hat es gerade leicht zu regnen begonnen. Macht ja nichts, drinnen ist es auch sehr schön!

Ich sinniere vor mich hin und lasse meine jahrelangen Recherchen zu Wilhelm Höttl Revue passieren. Mitunter waren sie mit skurrilen Begegnungen und Gesprächen verbunden.

2001 war es, dass ich mit einem 90-jährigen Veteranen der frühen Nazi-Bewegung ein langes Interview führte. Heinz Pohl, geboren 1911 in Wien, war der NSDAP „unter Fälschung des Geburtsjahrgangs" bereits 1929 beigetreten und hatte als jugendlicher „Blockwart" noch alte Parteimitglieder aus der Zeit der Führer Schulz, Riehl und Suchenwirth betreut – ehe die Nazi-Partei auch in Österreich zur „Hitler-Bewegung" wurde. Er war daran beteiligt, die „Bündische Jugend" für die HJ zu unterwandern, und studierte seit 1931/32 Geschichte und Geografie an der Universität Wien.

„Sagt Ihnen der Name Höttl etwas?"

Heinz Pohl reagierte zunächst mit einem überraschend schnellen „Nein, den kenne ich nicht!", nach insistenterem Nachfragen mit einem unwirschen „Nein, nein", und schließlich mit dem Satz: „Ich kenne ihn nicht. Ich habe nie mit ihm oder seiner Organisation zu tun gehabt." Dabei wirkte er zunächst erschrocken und dann geradezu schockiert.

Im gleichen Jahr telefonierte ich mit dem ehemaligen „Abwehr"-Agenten und SS-Hauptsturmführer Reinhard Spitzy, geboren

1912 in Graz. Auch er hatte so wie Höttl Kontakte zu Allen W. Dulles in Bern gehabt.

Auf die Frage nach Wilhelm Höttl, den er in seinen Büchern nicht erwähnt, entfuhr Spitzy der Ruf: „Was, dieser kleine Pinscher?", um fortzusetzen: „Ich habe ihn nicht gekannt. Er hat nach dem Krieg versucht, sich an mich heranzumachen. Da hab' ich gesagt: Na, nein danke!" Danach war er nicht mehr bereit, auf Höttl einzugehen, und erzählte lieber über seine eigenen persönlichen Begegnungen mit Hitler …

Im selben Sommer 2001 empfing mich Reinhard Spitzy in seinem großzügigen Anwesen in Maria Alm am Steinernen Meer. Der Mann mit der Bärenstimme präsentierte sich in Stil und Habitus wie ein Angehöriger der Gentry und machte trotz seines hohen Alters einen sehr wachen Eindruck. Während des mehrstündigen Gesprächs brummelte Spitzy auf Nachfrage nur einen einzigen Satz über Wilhelm Höttl, immerhin der Schuldirektor seiner beiden Neffen: „Ich kenne ihn nicht. Ich habe nie mit ihm oder seiner Organisation zu tun gehabt."

Am 28. Februar 2002 hatte ich Gelegenheit, am Rande einer Buchpräsentation mit dem Sozialdemokraten Franz Olah, geboren 1910 in Wien, zu sprechen, dessen verdeckte „Sonderprojekte" ab 1947 antikommunistische „Stay behind"-Organisationen für die USA waren. Nach einem kurzen, höflichen Gespräch antwortete Olah sichtlich ungehalten auf die Frage, ob er etwas zur Person Wilhelm Höttls wüsste, wörtlich: „Ich kenne ihn nicht. Ich habe nie mit ihm oder seiner Organisation zu tun gehabt." Danach brach Olah das Gespräch sofort ab.

Schon seltsam. Die drei waren alle zum Zeitpunkt der Befragung über 90 Jahre alt und gehörten damit derselben Generation wie Wilhelm Höttl an. Zwei davon (Spitzy, Pohl) waren als illegale Nationalsozialisten zur gleichen Zeit wie Wilhelm Höttl in Wien aktiv, wo jeder jeden kannte. Einer (Pohl) studierte mit Wilhelm Höttl an der Universität Wien Geschichte und Geografie und war wie Höttl am gezielten Einsickern in NS-ferne Vereine beteiligt. Zumindest einer, wenn nicht zwei (Spitzy, Pohl) haben wie Höttl für deutsche beziehungsweise NS-Nachrichtendienste gearbeitet. Einer (Olah) hat nach dem Zweiten Weltkrieg für den antikommunistischen Aufbau Österreichs Geld von den USA erhalten – so wie Höttl für seine Tätigkeit bei westlichen Nachrichtendiensten. Zwei (Spitzy, Olah) waren wie Höttl deklarierte Antikommunisten. Alle drei reagierten auf die Nennung des Namens Höttl unwirsch und – fast so, als hätten sie sich abgesprochen – mit einem einzigen, identischen Satz: *„Ich kenne ihn nicht. Ich habe nie mit ihm oder seiner Organisation zu tun gehabt."* Einzig Reinhard Spitzy zog den Vorhang ein wenig zur Seite und machte Höttl brummend als „kleinen Pinscher" kenntlich …

Ich kenne ihn nicht … seine Organisation … Sapperlot! Fast scheint es, als hätte Willi nie existiert! Ein Phantom. Oder ist er nur so diskret versteckt wie der kurze „Dr.-Höttl-Weg" am Altausseer Lichtersberg?

Vielleicht erinnert sich hier beim Schneiderwirt noch jemand an ihn?
„Herr Ober, eine Frage, kannten Sie …"
„Ja bitte?"
„Ich wollte nur wissen, ob …"
… ach, was soll's …
„… ob Ihre Grammelknödel wirklich so gut sind, wie man sagt!"

Danksagung

Für Hinweise, Informationen und Hilfestellungen aller Art danke ich:

Dieter Bacher, Klaus Maria Brandauer, Peter Broucek, Barbara Frischmuth, André Heller, Lothar Höbelt, Gerhard Jagschitz (†), Stefan Karner, Arnold Kopeczek, Otmar Lahodynsky, Hans Pusch, Oliver Rathkolb, Helmut Pisecky, Paul Schliefsteiner, Bettina Stangneth, Florian Traussnig, Georg Winckler.

Anmerkungen

1 Hugo Portisch, Sepp Riff (Hg.), Österreich II, Die Wiedergeburt unseres Staates, Bd. 1, Wien 1985, S. 183.
2 Götz Aly, Plötzlich waren wir nur noch Juden, in: Berliner Zeitung, 17.10.2000.
3 Bettina Stangneth, Eichmann vor Jerusalem. Das unbehelligte Leben eines Massenmörders, Reinbek bei Hamburg 2014, S. 178.
4 Ebd.
5 Norman J. W. Goda, The Nazi Peddler: Wilhelm Höttl and Allied Intelligence, in: Richard Breitman et al., US Intelligence and the Nazis, New York 2005, S. 265.
6 Wilhelm Höttl, Einsatz für das Reich – Im Auslandsgeheimdienst des Dritten Reiches, Koblenz 1997.
7 Walter Hagen (i. e. Wilhelm Höttl), Die geheime Front, Wien, Linz 1950. Unternehmen Bernhard. Ein historischer Tatsachenbericht über die größte Geldfälschungsaktion aller Zeiten, Wels, Starnberg 1955.
8 Vgl. Miriam Kleiman, Robert Skwirot, National Archives and Records Administration. Analysis of the Record Group 263: Records of the Central Intelligence Agency Records of the Directorate of Operations, Name file of Wilhelm Hoettl, https://web.archive.org/web/20020414030224/http://www.nara.gov/iwg/declass/hoettl.html, abgerufen am 26.7.2019.
9 Stangneth, Eichmann vor Jerusalem, S. 178.
10 Martin Haidinger, Günther Steinbach, Unser Hitler. Die Österreicher und ihr Landsmann, Salzburg 2009, S. 8.
11 Übersetzung von: Top Secret report, authorship unknown, SCI-Kopie, 12th Army Group, 31.5.1945, NARA, RG 219, File Hoettl, zit. nach Norman J. W. Goda: A Nazi Spy: Wilhelm Höttl and Allied Intelligence, German Studies Association, September 2003, S. 6.
12 Martin Haidinger, Alfred Schwarz, Robert Stoppacher, Journal Panorama „Vergraben und vergessen", ORF-Radio Österreich 1, 23.1.1996, 18.25–19.00 Uhr.
13 Vgl. M. Christian Ortner, Die amerikanischen Waffendepots in Österreich, in: Walter Blasi, Erwin A. Schmidl, Felix Schneider (Hg.), B-Gendarmerie, Waffenlager und Nachrichtendienste, Wien 2005, S. 155 ff.
14 Tonbandinterview mit Wilhelm Höttl, Altaussee 9.2.1999.
15 Zit. nach: https://www.gutenberg.org/files/31294/31294-h/31294-h.html/#toc3
16 Goda, The Nazi Peddler, S. 287.
17 Vgl. Otto Bauer, Die österreichische Revolution, Wien 1923.
18 Mehr zu den „Bündischen" und die Jugendszene der 1920er- und 1930er-Jahre in Österreich in: Martin Haidinger, Günther Steinbach, Unser Hitler, S. 149 ff.
19 Goda, A Nazi Spy, S. 1.
20 Goda, A Nazi Spy, S. 5 f. Goda hält diese Version Höttlscher Selbstdarstellung ebenfalls für eine Unwahrheit.
21 Internationaler Militärgerichtshof (Hg.), Der Prozess gegen die Hauptkriegs-

verbrecher vor dem Internationalen Militärgerichtshof. Amtlicher Text in deutscher Sprache, (IMT) Bd. I–XXII., Nürnberg 1947, Bd. XI, S. 255.
22 Gauakt Höttl, Beurteilung der Hauptstelle für politische Beurteilung des Personalamts der Gauleitung Wien vom 17.2.1941.
23 Paul Blau, Das Erbe verschleudert, die Zukunft verspielt. Ein Jahrhundert Arbeiterbewegung, Wien 1999, S. 123.
24 Höttl, Einsatz für das Reich, S. 13.
25 Zur Person Heinrich Ritter von Srbiks vgl.: Franz Graf-Stuhlhofer, Die Akademie der Wissenschaften in Wien im Dritten Reich, in: Christoph J. Scriba (Hg.), Die Elite der Nation im Dritten Reich. Das Verhältnis von Akademien und ihrem wissenschaftlichen Umfeld zum Nationalsozialismus (= Acta historica Leopoldina 22), Halle an der Saale 1995, S. 133 ff.
26 Robert Wistrich, Wer war wer im Dritten Reich, München 1983, S. 258.
27 Zu Josef Nadler und dessen Germanenbetrachtungen vgl.: Klaus Amann et al. (Hg.): Österreichische Literatur der 30er Jahre, Wien 1985, S. 130 ff.
28 Der Länderkundler und Professor für Geografie Fritz Machatschek (1876–1957).
29 Höttl, Einsatz für das Reich, S. 16.
30 Peter Broucek (Hg.), Ein General im Zwielicht. Die Erinnerungen Edmund Glaises von Horstenau, Bd. 3, Wien, Köln, Graz 1988, S. 44.
31 Höttl, Einsatz für das Reich, S. 363.
32 Ebd., S. 15.
33 Höttl, Tonbandinterview 1999.
34 Vgl. dazu: Gerhard Jagschitz, Der Putsch, Wien et al. 1976.
35 Zu Franz Holzweber vgl. auch: Kurt Bauer, Elementar-Ereignis. Die österreichischen Nationalsozialisten und der Juli-Putsch 1934, Wien 2003, S. 54 u. 115.
36 Zu Fridolin Glass vgl.: Bauer, Elementar-Ereignis, S. 29.
37 Höttl, Einsatz für das Reich, S. 22.
38 Höttl, Tonbandinterview 1999.
39 Gauakt Höttl, Personal-Fragebogen.
40 Ernst Rüdiger Starhemberg, Die Erinnerungen, Wien, München 1991, S. 173 f.
41 Starhemberg, S. 216.
42 Reinhard Spitzy, So haben wir das Reich verspielt. Bekenntnisse eines Illegalen, München 2000, S. 38.
43 Gespräch des Autors mit Reinhard Spitzy am 17.8.2001 in Maria Alm am Steinernen Meer.
44 Höttl, Tonbandinterview 1999.
45 Starhemberg, S. 195 f.
46 Ebd., S. 178 f. Eine differenziertere Darstellung Feys findet sich bei: Georg Mautner Markhof, Major Emil Fey. Heimwehrführer zwischen Bürgerkrieg, Dollfuß-Mord und Anschluß, Graz, Stuttgart 2004.
47 Alle Zahlen nach den Wiener Historikern Winfried Garscha und Georg Kastner, die im Februar 2002 im Auftrag des Österreichischen Bundesministeriums für

Bildung, Wissenschaft und Kultur eine Datenbank über die Opfer des NS-Terrors in Österreich fertigstellten. In: Die Presse, Wien, 2.2.2002, S. 33.
48 Ebd.
49 Höttl, Einsatz für das Reich, S. 30.
50 Michael Wildt, Generation der Unbedingten. Das Führungskorps des Reichssicherheitshauptamtes, Hamburg, 2002, S. 242 f.
51 Norbert Frei, Johannes Schmitz, Journalismus im Dritten Reich, München 1999, S. 101 ff.
52 CIA special collection, nwcda 6 [Nazi War Crimes Disclosure act], 137, Hoettl, Wilhelm. Vol. 5,4, zit. nach: Agilolf Keßelring, Die Organisation Gehlen und die Neuformierung des Militärs in der Bundesrepublik, Berlin 2017, S. 357.
53 http://www.detektiv-detekteien.de/w/37770-das-schwarze-korps.html, Stand 20.4.2005.
54 Wildt, S. 242 f.
55 Gauakt Höttl, Personal-Fragebogen.
56 Höttl, Einsatz für das Reich, S. 19.
57 Auskunft von Thomas Maisel, Archiv der Universität Wien, 3.5.2005.
58 Keith Lowry, Höttlland, Eigenverlag, USA 2016, S. 30.
59 Höttl-Interview, IfZG 1967, S. 5.
60 Ebd.
61 Ebd., S. 4.
62 Vgl.: Wolfgang Rosar, Deutsche Gemeinschaft. Seyss-Inquart und der Anschluß, Wien 1971.
63 Vorsitzender des 1908 in Wien gegründeten Deutschen Klubs war Carl Freiherr von Bardolff, geb. 3.9.1865 in Graz, gest. 17.5.1953 ebd., Berufsoffizier. Feldmarschallleutnant und Generalstabschef der 2. Armee im Ersten Weltkrieg; 1932–37 Vorsitzender des Deutschen Klubs in Wien; ab 1938 Mitglied des deutschen Reichstags und SA-Oberführer; wurde 1945 verhaftet und bekam Schreibverbot. Vgl. http://www.aeiou.at/aeiou.encyclop.b/b106991.htm, Stand 7.12.2005.
64 Marcel Stein, Österreichs Generale im Deutschen Heer 1938–1945, Bissendorf 2002, S. 235.
65 http://www.aeiou.at/aeiou.encyclop.s/s557667.htm, Stand 18.2.2005.
66 Wistrich, Wer war wer im Dritten Reich, S. 250.
67 Höttl, Einsatz für das Reich, S. 34.
68 Höttl-Interview, IfZG 1967, S. 2.
69 Höttl-Interview, IfZG 1967, S. 3.
70 Ebd.
71 Ebd., S. 2.
72 Ebd., S. 3.
73 Schreiben von Wilhelm Höttl an den Historiker Arnold Kopeczek, 7.1.1991.
74 Goda, A Nazi Spy, S. 2.
75 Helmut Neuberger, Winkelmaß und Hakenkreuz. Die Freimaurer und das Dritte Reich, München 2001, S. 313.

76 Ebd.
77 Hannah Arendt, Eichmann in Jerusalem. Ein Bericht von der Banalität des Bösen, München 1986, S. 117 ff.
78 Stangneth, Eichmann vor Jerusalem, S. 177.
79 Höttl, Einsatz für das Reich, S. 69 ff.
80 Zitat aus: Ich Adolf Eichmann. Ein historischer Zeugenbericht, zit. nach: profil, 7.5.1984, S. 73.
81 Höttl, Einsatz für das Reich, S. 69.
82 Ebd., S. 69 f.
83 Stangneth, Eichmann vor Jerusalem, S. 223.
84 Die Schlaraffia wurde sowohl von Kaltenbrunner als auch von Hanna Arendt irrtümlich für eine „Freimaurerloge" gehalten. Vgl. Arendt, Eichmann in Jerusalem, S. 106 f.
85 Zu Kaltenbrunners Familienverhältnissen und Jugendzeit vgl.: Höttl, Einsatz für das Reich, S. 99 ff. Der Geschichtslehrer Kaltenbrunners am Realgymnasium sei übrigens Ernst Koref gewesen, der spätere SPÖ-Chef von Oberösterreich. Ebd., S. 99.
86 Arendt, Eichmann in Jerusalem, S. 106.
87 Höttl, Einsatz für das Reich, S. 71.
88 Gauakt Höttl, Beurteilung der Hauptstelle für politische Beurteilung des Personalamts der Gauleitung Wien vom 17.2.1941.
89 Ebd.
90 Lowry, Höttlland, S. 69.
91 SS-Dienstbeschreibung, zit. nach Goda, A Nazi Spy, S. 2.
92 Broucek, General im Zwielicht, S. 44.
93 Höttl, Einsatz für das Reich, S. 38.
94 Goda, A Nazi Spy, S. 2.
95 Wilhelm Höttl, Schreiben an Arnold Kopeczek, 7.1.1991.
96 Mikrofilm im „Berlin Document Center" (BDC), SS Officer Personnel Files, Microcopy A3343, Series SS0, Roll 105 A [hier in der Folge: Höttl BDC File], frame 536 ff., zit. nach Goda, A Nazi Spy, S. 2.
97 Ebd.
98 Zl. I D 2 Disz.L.Nr. 1921/42 vom 20. Okt. 1942, Vorlage SS-Gruppenführer Steckenbach, mit der Bitte um Kenntnisnahme und Entscheidung, Nachlass Höttl, Österreichisches Staatsarchiv (künftig: Östa).
99 Bericht des Inspekteurs der Sicherheitspolizei und des SD in Wien an das Referat ID2 im RSHA, Wien, 17.8.1942, zit. nach Goda, A Nazi Spy, S. 2.
100 Der „Cartellverband" der katholischen Studentenverbindungen war ein Kernsegment der Christlichsozialen und Personalreservoir des Ständestaates und wurde 1933 als „Österreichischer Cartellverband"(ÖCV) neu gegründet.
101 Broucek, General im Zwielicht, S. 237.
102 Höttl, Einsatz für das Reich, S. 38.
103 SD-Fernschreiben Nr. 7394, 13.3.1940, zit. nach APA AHI 01 45 5 II, 7.7.1966.

104 Rohan war ein unkonventioneller Schriftsteller und, obwohl seit 1938 NSDAP-Mitglied, ein Befürworter eines eigeständigen Österreichs. Brief Höttls an Peter Broucek, 26.3.1985, in: Broucek, General im Zwielicht, S. 237.
105 Broucek, General im Zwielicht, S. 44.
106 SS-Hauptsturmführer Schlau, SD-Leitabschnitt Wien, 25.6.1942, in: BDC File Borodajkewycz, zit. nach: Broucek, General im Zwielicht, S. 45.
107 Zeugenvernehmung von Dr. Zöbernitz am Bezirksgericht Steyr, Vg 8 Vr 395/48 – 30, am 31. Jänner 1950, Nachlass Höttl, Östa.
108 Hagen, Unternehmen Bernhard, S. 84.
109 Ebd.
110 Ebd.
111 Auch ein anderer Zeuge gibt an, dass Höttl 1940 oder 1941 Verbindungen mit dem Jesuitengeneral Wladimir Ledóchowski hatte, weiß dieses jedoch nur aus zweiter Hand. Vgl. Zeugenvernehmung von Dr. Karl Winckler am Bezirksgericht Schladming, Vg 8 Vr 397/48 – 17, am 7. Juni 1948, Nachlass Höttl, Östa.
112 Schreiben von Dr. Wilhelm Höttl an den Herrn Bundespräsidenten vom 24. Jänner 1950. Betreff: Bitte um Gewährung von Ausnahmen nach dem Verbotsgesetz 1947, ebd. In einem anderen Schreiben behauptet Höttl hingegen, dass dieses getürkte Gutachten erst nach seinem Ausschluss aus dem SD im Jahr 1941 aufgeflogen ist. Vgl. Schreiben von Höttl an das Landesgericht Linz, ohne Datum (vermutlich nach dem 15.2.1950 verfasst), Zl. VG 11 Vr 397/48, ebd.
113 Sicherheitsdienst des Reichsführers-SS, SD-Leitabschnitt Wien, Wien IV/50, den 19. August 1942, ebd.
114 Höttl, Einsatz für das Reich, S. 40 f.
115 Keßelring, Die Organisation Gehlen, S. 347.
116 Höttl, Einsatz für das Reich, S. 41.
117 Ebd.
118 Ebd., S. 207 ff.
119 Arendt, Eichmann in Jerusalem, S. 288 f.
120 Höttl, Tonbandinterview, 1999.
121 Ebd.
122 Zl. I D 2 Disz.L.Nr. 1921/42 vom 20. Okt. 1942, Vorlage SS-Gruppenführer Streckenbach, mit der Bitte um Kenntnisnahme und Entscheidung, Nachlass Höttl, Östa.
123 Ebd.
124 Ebd.
125 Ebd.
126 Schreiben an das Amt I, z.Hd. SS-Stubaf. Haensch, Zl. Amt VI, VI/V – B.Nr. 2068/42 g, vom 3. November 1942, ebd., Nachlass Höttl, ebd.
127 RSHA, I D 2 Disz.L.Nr 1921, vom 29.3.1943, ebd.
128 Broucek, General im Zwielicht, S. 405.
129 Broucek, General im Zwielicht, S. 408 f.
130 Ebd., S. 46.

131 Schreiben des Chefs der Sicherheitspolizei und des SD, 12.12.1942, BDC File Höttl, frame 555, zit. nach Broucek, General im Zwielicht, S. 46.
132 Walter Schellenberg, Memoiren, Köln 1959.
133 Robert Wistrich, Wer war Wer im Dritten Reich, S. 238.
134 Brief Wilhelm Höttls an Arnold Kopeczek, 7.1.1991.
135 Höttl, Tonbandinterview 1999.
136 Broucek, General im Zwielicht, S. 45.
137 Peter Black, Ernst Kaltenbrunner: Ideological Soldier of the Third Reich, Princeton 1984, S. 223 ff.
138 Broucek, General im Zwielicht, S. 45. Dort auch Näheres über Jedlicka, der in den letzten Kampftagen in der Widerstandsgruppe Szokoll aktiv tätig gewesen sei.
139 Stein, Österreichs Generale, S. 251.
140 Broucek, General im Zwielicht, S. 279.
141 Höttl, Tonbandinterview 1999.
142 Ebd.
143 Ebd.
144 RSHA, I A 5 a AZ. 2 749, 25. Oktober 1943, BDC File Höttl, Frames 542-3, zit. nach Goda, A Nazi Spy, S. 3.
145 Goda, The Nazi Peddler, S. 266.
146 Roewer, Lexikon der Geheimdienste, S. 104 f.
147 David Kahn, Hitlers Spies. German Military Intelligence in World War II, New York 1978, S. 313. Kahn vermischt hier allerdings irrtümlich die Biografien von Fritz Kauders und dem österreichisch-jüdischen Agenten Richard Kauder, der für die deutsche Abwehr, danach für den SD tätig war. Vgl.: Roewer, Lexikon der Geheimdienste, S. 232 f.
148 Goda, A Nazi Spy, S. 3.
149 Broucek, General im Zwielicht, S. 269.
150 Black, Kaltenbrunner, Princeton, S. 185 f.
151 Volker Koop, In Hitlers Hand. Die Sonder- und Ehrenhäftlinge der SS, Köln, Weimar, Wien 2010, S. 176.
152 Gerald Steinacher, Nazis auf der Flucht. Wie Kriegsverbrecher über Italien nach Übersee entkamen, Innsbruck 2008, S. 18.
153 Ebd., S. 187.
154 Zitat Simon Wiesenthal, ebd., S. 183.
155 Zit. nach: Kenneth D. Alford, Theodore P. Savas, Nazi Millionaires. The Allied Search for Hidden SS Gold, Philadelphia, Newbury 2002, S. 83/90.
156 Höttl, Einsatz für das Reich, S. 75.
157 David Kahn, The Codebrakers. The Story of Secret Writing, New York, 1967, S. 452.
158 Arnold Kopeczek, Die amerikanischen Waffenlager, die „Einsatzgruppe Olah" und die Staatspolizei im Kalten Krieg der fünfziger Jahre, in: Erwin A. Schmidl (Hg.), Österreich im frühen Kalten Krieg 1945–1958, Wien et al. 2000, S. 115, bzw. vgl.: P. Bidiscombe, Prodding the Russian Bear: Pro-German Resistance in Romania, 1944–45, in: European History Quarterly 23, 1994.

159 Höttl, Einsatz für das Reich, S. 75.
160 Ebd., S. 76.
161 Höttl, Tonbandinterview 1999.
162 Goda, A Nazi Spy, S. 3.
163 CI War room incoming telegram, Ref. 410, 25.5.1945, National Archives and Records Administration [hier in der Folge: NARA], RG 226 (Records of the Office of Strategic Services), Entry 119a, Box 55, Folder 1602; bzw.: War Room incoming telegram, Ref. 413, 26. Mai 1945, NARA, ebd., zit. nach Goda, A Nazi Spy, S. 3.
164 Höttl, Tonbandinterview 1999.
165 Ronald W. Zweig, The Gold Train: The Destruction of the Jews and the Looting of Hungary, New York 2001, S. 39 ff.
166 Stangneth, Eichmann vor Jerusalem, S. 177.
167 Höttl, Tonbandinterview 1999.
168 Ebd.
169 Ebd.
170 Ebd.
171 Ebd.
172 Szabolcs Szita, Verschleppt. Verhungert. Vernichtet. Die Deportation von ungarischen Juden auf das Gebiet des annektierten Österreich 1944–1945, Wien 1999, S. 14.
173 2. Einlageblatt zu JMZl 35.080/63, 11. April 1963, Nachlass Höttl.
174 1. Einlageblatt zu JMZl 35.080/63, 11. April 1963, Nachlass Höttl.
175 Statement by Támas Bogyay, August 8, 1949, pp 117–121, Sacco di Budapest, compiled by Lászlo Mrvik, zit. nach: Alford, Nazi Millionaires, S. 50/53.
176 Zweig, The Gold Train, S. 261.
177 Der Spiegel, 22.4.1953, „Intermezzo in Salzburg", S. 16 ff. Dort finden sich auch Informationen aus CIC-Quellen über Westens Nachleben: „Westen, der an Elektrizitätswerken in Italien führend beteiligt war, in Österreich durch Mittelsmänner große Anteile am Holzgroßhandel besaß und mit 1000 Schlafwagen während des Heiligen Jahres [gemeint ist wohl 1950, Anm. d. Verf.] in Rom das größte Unterkunftsunternehmen aufzog, wurde nach dem Kriege Liechtensteiner Bürger. Der CIC will es als erwiesen hinstellen, daß Höttl an den Werten Westens partizipierte."
178 Polizeidirektion Wien, Dienstzettel 219.561 an das Bundesministerium für Inneres, 15.3.1954, Gauakt Höttl.
179 Höttl, Einsatz für das Reich, S. 262 f.
180 Ebd., S. 264. Wie so oft ist hier Skorzeny anderer Meinung als Höttl: Horthy juniors Spitzname sei „Nicky" gewesen und nur durch ein akustisches Missverständnis des Skorzeny- Kollegen Adrian v. Fölkersam sei daraus „Micky" geworden. Vgl. Skorzeny, Meine Kommandounternehmen, S. 289. Sogar an solchen Details wird sichtbar, wie disparat und unvereinbar die Standpunkte Höttls und Skorzenys sind.
181 Höttl, Einsatz für das Reich, S. 265.
182 Ebd., S. 268 f.
183 Goda, The Nazi Peddler, S. 267.

184 1. Einlageblatt zu JMZl080/63. 35., Nachlass Höttl, ÖSta.
185 Stangneth, Eichmann vor Jerusalem, S. 337.
186 Ebd., S. 177.
187 Nacherzählung von: Albrecht Gaiswinkler, Sprung in die Freiheit, Salzburg 1947, S. 283 ff.
188 Black, Kaltenbrunner, S. 224.
189 Folke Bernadotte, The Curtain falls, New York 1945, S. 142.
190 Broucek, General im Zwielicht, S. 46.
191 Ebd.
192 Höttl, Einsatz für das Reich, S. 340 f.
193 Ebd.
194 Höttl, Einsatz für das Reich, S. 341.
195 „Skorzenys Wunderraketen liegen im Toplitzsee", Interview mit Wilhelm Höttl, in: Der Spiegel, 27.11.1963, https://www.spiegel.de/spiegel/print/d-46172896.html
196 Höttl, Brief an Arnold Kopeczek, 7.1.1991.
197 Portisch, Österreich II, Bd. 1, Wien 1985, S. 183.
198 Goda, The Nazi Peddler, S. 267 ff.
199 Ebd. S. 269.
200 Der Spiegel, 14.2.2005, S. 130 f.
201 Näheres zu Aufbau und Geschichte des OSS bei Helmut Roewer, Stefan Schäfer, Matthias Uhl (Hg.), Lexikon der Geheimdienste im 20. Jahrhundert, München 2003, S. 332, und bei Christof Mauch, Schattenkrieg gegen Hitler, Stuttgart 1999.
202 Zu Dulles' Biografie vgl.: Roewer, Lexikon der Geheimdienste, S. 118 f.
203 Vgl. Höhne, Der Krieg im Dunkeln, S. 463.
204 Höhne, Krieg im Dunkeln, S. 460 f.
205 Mauch, Schattenkrieg gegen Hitler, S. 153 f.
206 Höhne, Krieg im Dunkeln, S. 406 f.
207 Vgl.: Thomas Koch, Der amerikanische Geheimdienst OSS (Office of Strategic Services) und die Widerstandsbewegungen, in: Gerhard Schulz (Hg.), Geheimdienste und Widerstandsbewegungen im Zweiten Weltkrieg. Göttingen 1982, S. 79 ff.
208 Roewer, Lexikon der Geheimdienste, S. 410.
209 Höhne, Krieg im Dunkeln, S. 471.
210 Wistrich, S. 85 f.
211 Höhne, Krieg im Dunkeln, S. 471 f.
212 Obwohl Dulles Emigranten sich „zu Tode langweilten", vgl. Mauch, Schattenkrieg gegen Hitler, S. 156.
213 Spitzy, S. 394 f.
214 Ebd., S. 395.
215 Ebd.
216 Höhne, Krieg im Dunkeln, S. 472.
217 Höttl, Einsatz für das Reich, S. 341.
218 Ebd., S. 343.

219 Für Details zum OSS vgl.: R. Harris Smith, OSS. The secret History of America's First Central Intelligence Agency, Berkeley, L.A., London, 1972.
220 Zur Person Kurt Grimms vgl.: Joseph E. Persico, Geheime Reichssache. Der US-Geheimdienst im Untergrundkampf gegen die deutsche Kriegsführung, Wien et al. 1980, S. 74 f.
221 Broucek, General im Zwielicht, S. 46.
222 Engl. Original, zit. bei Broucek, General im Zwielicht, S. 523 f. Broucek erhielt eine Kopie dieses Dokuments von Höttl.
223 Broucek, General im Zwielicht, S. 523.
224 Allen Dulles, Gero v. S. Gaevernitz, Unternehmen „Sunrise". Die geheime Geschichte des Kriegsendes in Italien, Düsseldorf 1967, S. 70 f.
225 Broucek, General im Zwielicht, S. 50.
226 Manfried Rauchensteiner, Der Krieg in Österreich 1945, Wien 1984, S. 285 ff.
227 Höttl, Tonbandinterview 1999.
228 Reese, S. 269.
229 NARA, RG 263, 17.4.1945, Records of the Central Intelligence Agency, CIA Name File „Wilhelm Hoettl", vol. 1, Folder 1. Vgl.: Bradley F. Smith, Elena Agarossi, Operation Sunrise: The Secret Surrender, New York 1979, S. 22 ff.
230 Goda, The Nazi Peddler, S. 268.
231 Agilolf Keßelring, Die Organisation Gehlen und die Neuformierung des Militärs in der Bundesrepublik, Berlin 2017, S. 345
232 Ebd.
233 Ebd.
234 Blau, Das Erbe verschleudert, S. 123.
235 Höttl, Einsatz für das Reich, S. 346.
236 Wildt, Generation der Unbedingten, S. 726.
237 Broucek, General im Zwielicht, S. 47.
238 Höttl, Tonbandinterview 1999.
239 Broucek, General im Zwielicht, S. 49.
240 Dulles, Gaevernitz, Unternehmen Sunrise, S. 178.
241 Ebd.
242 Leslies Vorname wird unterschiedlich angegeben: Edgeworth (Goda, A Nazi Spy, S. 4), Murray (Broucek, General im Zwielicht, S. 49), Richard (Höttl, Einsatz für das Reich, S. 344).
243 Broucek, General im Zwielicht, S. 49.
244 Ebd.
245 Dulles, Gaevernitz, Unternehmen Sunrise, S. 187.
246 Franz Goldner, Flucht in die Schweiz. Die neutrale Schweiz und die österreichische Emigration 1938–1945, Wien 1983, S. 120 ff.
247 Goda, A Nazi Spy, S. 4.
248 Telegramm an die US-Gesandtschaft in Bern Nr. 1576, 7.4.1945, NARA, RG 263, CIA Name File Hoettl vol. 1. Folder 1, zit. nach Goda, A Nazi Spy, S. 4.

249 Leslie an Dulles („110"), 17.4.1945, CIA Name File Hoettl, vol 1, zit. nach Goda, A Nazi Spy, S. 4.
250 Neal H. Petersen (Hg.), From Hitlers Doorstep: The Wartime Reports of Allen Dulles 1942–1945, Pennsylvania 1996, S. 107.
251 Top Secret report, unbekannter Autor, Kopie der 12th Army Group, 31. Mai 1945, NARA, RG 319, Records of the Army Staff, 1903–1962, Investigative Records repository (IRR) Personal Files, Box 617, File Hoettl, zit. nach Goda, A Nazi Spy, S. 5.
252 Zweig, The Gold Train, S. 99 f.
253 Ebd., S. 95.
254 Goda, The Nazi Peddler, S. 269 u. 287, Anm. 36.
255 Broucek, General im Zwielicht, S. 48.
256 Broucek, General im Zwielicht, S. 48.
257 Höttl, Einsatz für das Reich, S. 350 ff.
258 Ottokar Pessl, Niederschrift, Wien, 20.7.1994, in: Höttl, Einsatz für das Reich, S. 495.
259 Höttl, Tonbandinterview 1999.
260 Pessl, Niederschrift, S. 496.
261 Höttl, Einsatz für das Reich, S. 352.
262 Wildt, Generation der Unbedingten, S. 727.
263 Hagen, Unternehmen Bernhard, S. 7.
264 Ebd., S. 6 f.
265 Höttl vermeidet hier (vielleicht auch im Hinblick auf ein internationales Leserpublikum) die korrekte Bezeichnung für den einem Oberleutnant entsprechenden SS-Rang: Obersturmführer.
266 Ebd., S. 8.
267 Ebd.
268 Ebd.
269 Ebd., S. 9.
270 Ebd.
271 Ebd., S. 10.
272 Ebd., S. 11.
273 Höttl, Einsatz für das Reich, S. 360.
274 Goda, The Nazi Peddler, S. 270 f.
275 Top secret report, SCI-Kopie, 12th Army Group, 31.5.1945, NARA, RG 319, File Hoettl, zit. nach Goda, A Nazi Spy, S. 5.
276 Übersetzung von NARA-Website, http://www.archives.gov/media_desk/press_releases/nr01-61.html, Stand April 2005.
277 Sekretariat des Internationalen Militärgerichtshofs (Hg.), Der Prozess gegen die Hauptkriegsverbrecher vor dem Internationalen Militärgerichtshof. Amtlicher Text in deutscher Sprache, Bd. I–XXII, Nürnberg 1947, Bd. XX, S. 223 f. Fortan zitiert als IMT.
278 Höhne, Krieg im Dunkeln, S. 484.

279 Goda, The Nazi Peddler, S. 271 f.
280 Third U.S. Army SCI Detachment Report, 21.5.1945 to CO, SCI 12th Army Group, NARA, RG 226, E 119 A, Box 55, F 1602, zit. nach Goda, A Nazi Spy, S. 6.
281 Special Interrogation of Hoettl, 20. Juni 1945, NARA, RG 219, File Hoettl, zit. nach Goda, A Nazi Spy, S. 6.
282 Top Secret report, authorship unknown, SCI-Kopie, 12th Army Group, 31.5.1945, NARA, RG 219, File Hoettl, zit. nach Goda, A Nazi Spy, S. 6.
283 Goda, A Nazi Spy, S. 7. Höhne, Krieg im Dunkeln, S. 483.
284 Goda, The Nazi Peddler, S. 272.
285 Goda, A Nazi Spy, S. 6 f.
286 Höhne, Krieg in Dunkeln, S. 483.
287 Ebd., S. 438.
288 Ebd.
289 Ebd.
290 Ebd., S. 484.
291 Ebd.
292 Roewer, S. 333.
293 Übersetzung des engl. Originals aus: Goda, A Nazi Spy, S. 7.
294 Höhne, Krieg im Dunkeln, S. 484.
295 Goda, The Nazi Peddler, S. 273
296 Steinacher, Nazis auf der Flucht, S. 197.
297 Ebd., S. 198.
298 Wilhelm Höttl, Eidesstattliche Erklärung vom 26.11.1945, https://www.ns-archiv.de/imt/ps2601-ps2800/2738-ps.php
299 IMT, Bd. III, S. 635 ff.
300 IMT, Bd. XI, S. 256.
301 Stangneth, Eichmann vor Jerusalem, S. 385.
302 Ebd., S. 386 f.
303 Höttl, Einsatz für das Reich, S. 74.
304 Höttl, Tonbandinterview 1999.
305 Arendt, Eichmann in Jerusalem, S. 122.
306 Stangneth, Eichmann vor Jerusalem, S. 388.
307 IMT, Bd. XI, S. 333.
308 Ebd., S. 334.
309 Ebd., S. 364 f.
310 4.3.1946, IMT, Bd. VIII, S. 552.
311 IMT, Bd. XI, S. 257.
312 Ebd.
313 IMT, Bd. XI, S. 258.
314 IMT, Bd. XVIII, S. 75.
315 IMT, Bd. XXII, S. 25.
316 Ebd., S. 29.
317 IMT, Bd. XI, S. 288.

318 Ebd., S. 288 f.
319 IMT, Bd. XX, S. 223 f.
320 Höttl, Einsatz für das Reich, S. 73.
321 Ebd., S. 74.
322 Ebd.
323 Ebd.
324 Alford, Nazi Millionaires, S. 251 f.
325 Ebd., S. 258 ff.
326 Martin Haidinger, Investigator und Gentleman: Das abenteuerliche Leben des CIC-Mitarbeiters Jury von Luhovoy im Wien des Kalten Kriegs, in: Siegfried Beer (Hg.), JIPSS Journal for Intelligence, Propaganda and Scurity Studies, Vol. 4, Number 2/2010, Graz 2010, S. 166.
327 Handschriftlicher Anhang zum „Personal-Fragebogen", Aktenzahl 117332-2/47/25 Oktober 1947, Gauakt Höttl.
328 Goda, A Nazi Spy, S. 7.
329 Goda, The Nazi Peddler, S. 273.
330 Summary of Information, 12.7.1948, sent to Deputy Director of Intelligence, European Command, 6.8.1948, NARA, RG 319, IRR File Hoettl, zit. nach Goda, A Nazi Spy, S. 8.
331 Siegfried Beer, Rund um den „Dritten Mann": Amerikanische Geheimdienste in Österreich 1945–1955, in: Erwin A. Schmidl (Hg.), Österreich im frühen Kalten Krieg, Wien et al. 2000, S. 88. Vgl. auch: Christopher Simpson, Der amerikanische Bumerang: NS-Verbrecher im Sold der USA, Wien 1988, S. 301 ff.
332 Kopeczek, Die amerikanischen Waffenlager, S. 112 ff.
333 Beer, Rund um den „Dritten Mann", S. 88.
334 OSI-Leiter Neal Sher, APA0074 5 AI, 25.5.1988.
335 Beer, Rund um dem „Dritten Mann", S. 88 f.
336 Ebd., S. 89.
337 Steinacher, Nazis auf der Flucht, S. 189.
338 Thomas Mang, „Gestapo-Leitstelle Wien – Mein Name ist Huber". Wer trug die lokale Verantwortung für den Mord an den Juden Wiens?, Münster 2004, S. 175. Huber wurde denn auch in einem Spruchkammerverfahren nur als „minderbelastet" eingestuft und zu einer einmaligen Zahlung von 500 DM an den Wiedergutmachungsfonds verurteilt. Ebd., S. 176.
339 Zu Robert Jan Verbelens Fall vgl. mit gebotenem Vorbehalt dessen autobiografisches Buch: Mister Inkognito, Wolfsberg 1966.
340 Aktuelle Meldung der „Austria Presseagentur" (fortan zitiert als: APA) 0096 5 AI, 17.6.1988.
341 Kopeczek, Die amerikanischen Waffenlager, S. 112.
342 Peter Ruggenthaler, Warum Österreich nicht sowjetisiert wurde. Sowjetische Österreich-Politik 1945–1953/55, in: Stefan Karner, Barbara Stelzl-Marx (Hg.), Die Rote Armee in Österreich. Sowjetische Besatzung 1945–1955, Graz, Wien, München 2005, S. 671.

343 Walter Blasi, Erwin A. Schmidl, Felix Schneider (Hg.), B-Gendarmerie, Waffenlager und Nachrichtendienste. Der militärische Weg zum Staatsvertrag, Wien et. al 2005, S. 39.
344 Beer, Rund um den „Dritten Mann", S. 89.
345 General Briefing, 430th CIC Detachment, Mai 1955, NA, RG 219, B 61.
346 CIC bundle on Montgomery, 5. Jänner 1950, designated [gelöscht] by CIA, NARA, RG 263, CIA Name File Hoettl, vol. 3, zit. nach Goda, A Nazi Spy, S. 7.
347 Näheres zur Trapp-Villa unter: http://www.villa-trapp.com/unsere-geschichte/die-geschichte-der-villa-trapp
348 Haidinger, Investigator und Gentleman, S. 176.
349 CIC-Bericht, zit. nach: Friederice Beyer, „Die Geheimnisse des SS-Sturmbannführers Wilhelm Höttl", in: Forum Nr. 433/35, März 1990, S. 12 ff., Tagblatt-Archiv Wien, Mappe Höttl.
350 Basierend auf: Alford, Nazi Millionaires, S. 300.
351 Übersetzung von: Chief of Station Munich to Chief EE, 9.4.1953, EGMA-4869, NARA, RG 263, CIA Name File Hoettl, ebd.
352 Goda, A Nazi Spy, S. 15.
353 Reese, Der deutsche Geheimdienst, S. 106.
354 Ebd.
355 Kopeczek, Die amerikanischen Waffenlager, S. 114.
356 Manfred Fuchs, Der österreichische Geheimdienst, Wien 1994, S. 139 f.
357 Fuchs, Österreichischer Geheimdienst, S. 135.
358 Höttl, Tonbandinterview 1999.
359 St.-N-10.005/63, E-10.086/62, 25.2.1963, S. 37, Kopie, Privatarchiv Arnold Kopeczek.
360 Ebd.
361 Net Project „Mount Vernon", https://www.cia.gov/library/readingroom/docs/ARMY%20CIC%20NETS%20IN%20EASTERN%20EUROPE_0002.pdf
362 CIC-Report on Montgomery, 5.1.1950, NARA, RG 263, Name File Hoettl, vol. 3, zit. nach Goda, A Nazi Spy, S. 8.
363 CIC, 430th Detachment, Land Upper Austria, Gmunden Subsection, Report, Registration of Networks, 30.8.1948, NARA, RG 263, CIA Name File Hoettl, vol. 3, zit. nach Goda, A Nazi Spy, S. 8.
364 Keßelring, Die Organisation Gehlen, S. 349.
365 Goda, The Nazi Peddler, S. 276.
366 Höttl, Tonbandinterview 1999.
367 Goda, The Nazi Peddler, S. 274.
368 Net project „Montgomery", https://www.cia.gov/library/readingroom/docs/ARMY%20CIC%20NETS%20IN%20EASTERN%20EUROPE_0003.pdf
369 Keßelring, Die Organisation Gehlen, S. 348.
370 Goda, A Nazi Spy, S. 9.
371 Nicht unterzeichnetes Memo an Lt. Col. James Berry, Commanding Officer, USAF, HQ European Command, 16.10.1948, NARA, RG 263, CIA Name File Hoettl, vol. 3, zit. nach Goda, A Nazi Spy, S. 9.

372 Keßelring, Die Organisation Gehlen, S. 248.
373 Goda, The Nazi Peddler, S. 274.
374 Chief [gelöscht] to Chief [gelöscht], No. [gelöscht], 8. Juli 1948, NARA, RG 263, CIA Name File Karoly Ney.
375 Chief [gelöscht] to Chief [gelöscht], No. [gelöscht], 13.9.1949, NARA, RG 263, CIA Name File Ney.
376 Goda, The Nazi Peddler, S. 275.
377 Goda, A Nazi Spy, S. 8.
378 Kopeczek, Die amerikanischen Waffenlager, S. 115.
379 Brief Höttls an Arnold Kopeczek, 1.11.1991, zit. nach: Kopeczek, Die amerikanischen Waffenlager, S. 115.
380 Kopeczek, Die amerikanischen Waffenlager, S. 116.
381 Zu den topografischen Gegebenheiten Siebenbürgens vgl.: Martin Haidinger, Klaus Koch, Siebenbürgen. Sagenhaftes Land im Karpatenbogen, Wien 1996, S. 3 ff.
382 Mitteilung Dr. Arnold Kopeczek, Dezember 2000.
383 Brief Höttls an Arnold Kopeczek, 1.11.1991.
384 Goda, The Nazi Peddler, S. 276.
385 Ebd.
386 Kopeczek, Die amerikanischen Waffenlager, S. 116.
387 St.Nr. 268314 JS, 4275/54,19.1.1952.
388 Ebd.
389 Kopeczek, Die amerikanischen Waffenlager, S. 116.
390 St.Nr. 268314JS, 4275/54, 6.7.1959.
391 St.Nr. 4275/54, 2.6.1959.
392 St.Nr.4274/54, 30.11.1959, Privatarchiv Arnold Kopeczek, Wien, Mappe Höttl.
393 Kopeczek, Die amerikanischen Waffenlager, S. 116.
394 Kopeczek, mündliche Mitteilung, Dezember 2000.
395 Thomas Riegler, „Wie eine Spinne" – das Netzwerk des Dr. Höttl, die CIA und die FPÖ-Gründung, in: Deep State Austria. Neues zu den Themen Terrorismus/Nachrichtendienste/Sicherheitspolitik in Österreich, vor allem aus zeitgeschichtlicher Perspektive, 2013, http://oesterreichterrorismus.blogspot.com/2013/12/wie-eine-spinne-das-netzwerk-des-dr.html
396 Ebd.
397 Ebd.
398 Goda, The Nazi Peddler, S. 275.
399 Zit. bei: Martin Haidinger, Jedermanns Land. Österreichs Reise in die Gegenwart, Wien 2018, S. 230 f.
400 Thomas Riegler, „Wie eine Spinne".
401 Fuchs, Österreichischer Geheimdienst, S. 140.
402 Ebd.
403 Goda, The Nazi Peddler, S. 276 f.
404 Unsigned Memo to Lt.Col. James Berry, Commanding Officer, USAF, HQ

European Command, 16.10.1948, NARA, RG 263, CIA Name File Hoettl, vol. 3, zit. nach Goda, A Nazi Spy, S. 9.
405   Goda, A Nazi Spy, S. 9.
406   Note Höttls, 23.3.1949, NARA, RG 263, CIA Name File Hoettl, vol. 9, zit. nach Goda, A Nazi Spy, S. 10.
407   Memo by Major J. V. Milano to Deputy Director of Intelligence, undatiert, beigegeben dem „Bundle on Montgomery an Mount Vernon", redesignated [gelöscht] 5.1.1950, NARA, RG 263, CIA Name File Hoettl, vol. 3, zit. nach Goda, A Nazi Spy, S. 10.
408   Ebd.
409   Thomas Riegler, Wie eine Spinne.
410   Goda, The Nazi Peddler, S. 279.
411   St.-Akt 1065, 26.10.1946, Kopie, Privatarchiv Arnold Kopeczek.
412   St.-Akt 2971-49, 20. Okt. 1949, Kopie, Privatarchiv Arnold Kopeczek.
413   Alford, Nazi Millionaires, S. 300.
414   Akt der Polizeidirektion Wien, Abteilung I, ohne Zahl, Betreff: Dr. Höttl – Kernmeyr, ehem. Nachrichtenring – Erhebung, vom 3. April 1951, Nachlass Höttl, Östa.
415   Report by Lt.Col. J. W. Dobson, Chief of Operations, G2, HQ, USFA, XOD-3098, 29.11.1951, NARA, RG 263, CIA Name File Hoettl, vol. 3; CIA Chief [gelöscht] to Chief [gelöscht], 28.11.1951, CIA Name File Hoettl, vol. 1, folder 1, zit. nach Goda, A Nazi Spy, S. 11.
416   Goda, The Nazi Peddler, S. 279.
417   St.-N-10.005/63, E-10.086/62, 25.2.1963, S. 38, Kopie, Privatarchiv Arnold Kopeczek.
418   Goda, The Nazi Peddler, S. 278.
419   Stangneth, Eichmann vor Jerusalem, S. 173.
420   Höhne, Krieg im Dunkeln, S. 506.
421   Susanne Meinl, Im Mahlstrom des kalten Krieges: Friedrich Wilhelm Heinz und die Anfänge des westdeutschen Nachrichtendienstes 1945–1955, in: Wolfgang Krieger, Jürgen Weber (Hg.), Spionage für den Frieden: Nachrichtendienst in Deutschland, München 1997, S. 247 ff.
422   CIA Pullach Operations Branch to Special Operations, 9.1.1952, NARA, RG 263, CIA Name File Hoettl, vol. 3, zit. nach Goda, A Nazi Spy, S. 11.
423   No. [gelöscht], CIC Report forwarded to Chief EE from Chief of Station Vienna: „West German Intelligence Opertaives Active in Austria", 16.7.1952, NARA, RG 263, CIA Name File Hoettl, vol. 1, folder 2, zit. nach Goda, A Nazi Spy, S. 11.
424   Salzburg to Special Operations, [gelöscht], 6.1.1952, RG 263, CIA Name File Hoettl, vol. 3.
425   XOR:2274, 29.8.1951, NARA, RG 263, Name File Hoettl, vol. 3, zit. nach Goda, A Nazi Spy, S. 11.
426   CIA Chief [gelöscht] to Chief [gelöscht], No. [gelöscht], 18.2.1952, NARA, RG 263, CIA Name File Hoettl, vol. 1, folder 1, zit. nach Goda, A Nazi Spy, S. 12.

427 Keßelring, Die Organisation Gehlen, S. 357.
428 CIA Name File Hoettl, 9.4.1952, vol. 4, folder 1, zit. nach Goda,A Nazi Spy, S. 12.
429 CIA Name File Hoettl, 11.8.1952, vol. 4, folder 1, ebd.
430 Goda, A Nazi Spy, S. 12.
431 CIA Name File Hoettl, 18.9.1952, vol. 4, folder 1, ebd.
432 CIA Name File Hoettl, 29.9.1952, vol 4, Folder 1.
433 CIA Name Note Hoettl, from Salzburg for Hoettl File, [gelöscht], 14.7.1952.
434 Stangneth, Eichmann vor Jeruusalem, S. 174.
435 CIA Name File Hoettl, Attachment B to [gelöscht], 16.10. 1952.
436 Arnold Kopeczek, mündliche Mitteilung, Dezember 2000.
437 Höttl, Einsatz für das Reich, S. 394.
438 Goda, A Nazi Spy, S. 13.
439 Paul Brown, Analysis of the Name File of Wilhelm Krichbaum, NARA-Website, www.archives.gov.
440 Chief [gelöscht] to Chief [gelöscht], No. [gelöscht], 10.3.1952, NARA, RG 263, CIA Name File Hoettl, vol. 4, folder 2, zit. nach Goda, A Nazi Spy, S. 14.
441 Der Spiegel, 22.4.1953, S. 16 ff.
442 Höttl, Einsatz für das Reich, S. 389.
443 File No. [gelöscht] 30.1.1952, NARA, RG 263, CIA Name File Hoettl, vol. 1, folder 2 [gelöscht], 4.3.1953, CIA Name File Hoettl, vol. 1, folder 2, zit. nach Goda, A Nazi Spy, S. 13.
444 Director Central Intelligence to SR Rep Vienna, No. 53974, 14.4.1953, NARA, RG 263, CIA Name File Hoettl, vol. 4, folder 2, zit. nach Goda, A Nazi Spy, S. 14.
445 Brown, Analysis of the Name File of Wilhelm Krichbaum.
446 SR Rep Pullach to Director CIA, No. [gelöscht], 27.2. 1953, NARA, RG 263, CIA Name File Hoettl, vol. 4, folder 2, zit. nach Goda, A Nazi Spy, S. 14.
447 [gelöscht], 10.3.1953, No. [gelöscht], NARA, RG 263, CIA Name File Hoettl, vol. 4, folder 2, ebd.
448 SR Rep Salzburg to Director CIA, [gelöscht], 26.2. 1953, NARA, RG 263, CIA Name File Hoettl, vol. 4, folder 2, zit. nach Goda, A Nazi Spy, S. 15.
449 Chief of Station Munich to Chief EE, 9.4.1953, EGMA-4869, NARA, RG 263, CIA Name File Hoettl, ebd.
450 Interrogation of Dr. WILHELM HOETTL: Reaction to Solitary Confinement, 20.4.1953, CIC record forwarded from Chief [gelöscht] to Chief [gelöscht], 21.4.1953, NARA, RG 263, CIA Name File Hoettl, vol. 5, folder 1, zit. nach Goda, A Nazi Spy, S. 16.
451 Goda, A Nazi Spy, S. 15.
452 Der Spiegel, 22.4.1953, „Intermezzo in Salzburg", S. 16 ff.
453 Interrogation HOETTL.
454 Keßelring, Die Organisation Gehlen, S. 356.
455 Goda, The Nazi Peddler, S. 284.
456 Goda, A Nazi Spy, S. 16.

457 Chief [gelöscht] to Chief [gelöscht], No. [gelöscht], 11.3.1954, NARA, RG 263, CIA Name File Hoettl, vol. 5, folder 1, zit. nach Goda, A Nazi Spy, S. 16.
458 Memorandum fort the file, 5.4.1963, NARA, RG 263, NARA, RG 263, CIA Name File Hoettl; [gelöscht] to Chief EE, No. [gelöscht]-5929, 7.1.1964, ebd.
459 Austria Presseagentur – Historisches Archiv (folgend zitiert: APA-AHI) 0002 5 AA, 18.03.1959.
460 ACOS addendum to Chief of Station [gelöscht] to Chief EE, No. [gelöscht] -3334S, 28.2.1964, NARA, RG 263, CIA Name File Hoettl, vol. 5, folder 1, zit. nach Goda, A Nazi Spy, S. 16.
461 https://www.derstandard.at/story/2031027/andre-heller-mit-dem-boesen-blut
462 Intermezzo in Salzburg, in: Der Spiegel, 22.4.1953, S. 16 ff.
463 Stangneth, Eichmann vor Jerusalem, S. 172 ff.
464 Tom Segev, Simon Wiesenthal. Die Biographie, München 2010, S. 20.
465 Stangneth, Eichmann vor Jerusalem, S. 175.
466 Segev, Simon Wiesenthal, S. 133.
467 Stangneth, Eichmann vor Jerusalem, S. 180.
468 Ebd., S. 165.
469 Ebd., S. 188.
470 Arendt, Eichmann in Jerusalem, S. 289.
471 APA-AHI 0038 5 AA, 10.4.1961.
472 Ebd.
473 APA-AHI 0056 AA, 26.4.1961.
474 Zur Person Gideon Hausners und zum Verlauf des Eichmann-Prozesses vgl.: Gideon Hausner, Gerechtigkeit in Jerusalem, München 1967. Zur Einvernahme Höttls: S. 589 f., ebd.
475 Ebd.
476 Ebd.
477 APA-AHI 0098 5 AA, 26.4.1961.
478 APA-AHI 0024 5 AA, 28.4.1961.
479 APA-AHI 0016 AA, 8.5. 1961.
480 Ebd.
481 APA-AHI 0047 5 AA, 15.5.1961.
482 APA-AHI 0082 5 AA.
483 APA-AHI 0132 5 II, 8.5.1961.
484 APA-AHI 0144 5 II, 19.6.1961.
485 APA-AHI 0156 5 II, 21.6.1961.
486 Ebd.
487 Arendt, Eichmann in Jerusalem, S. 247.
488 Höttl, Einsatz für das Reich, S. 251.
489 Ebd., S. 262 f.
490 Ebd., S. 263.
491 Zl. 6 St 445/62-22 vom 21.5.1963, Nachlass Höttl.
492 BMfJ, Zl. 32.563/61, Strafsache gegen Dr. Wilhelm Höttl, 23.2.1961, Nachlass Höttl.

493 Österr. Gesandtschaft Budapest, 2413-A/1964, vom 6. April 1964, ebd.
494 StA Leoben, 6 St 445/62-29, vom 20. September 1963, ebd.
495 BMfJ, GZ 33.128/66, Strafsache gegen Dr. Wilhelm Höttl, geb. 19.3.1915; Einsichtsakt der ho. Abt. 10, Vermerk vom 28. 2.1966, ebd.
496 Höttl, Einsatz für das Reich, S. 82.
497 Ebd., S. 83.
498 Zit. bei Stangneth, Eichmann vor Jerusalem, S. 383.
499 Ebd., S. 381.
500 Höttl, Einsatz für das Reich, S. 396.
501 Ebd., S. 396.
502 Ebd., S. 397.
503 Die Darstellung folgt: Markus Weilbuchner, Der lange Weg des BORG Bad Aussee, https://www.meinbezirk.at/liezen/c-lokales/der-lange-weg-des-borg-bad-aussee_a1178146
504 Höttl, Einsatz für das Reich, S. 404
505 Höttl, Tonbandinterview 1999.
506 St.-N-10.005/63, E -10-086/62, 25.2.1963, S 41, Kopie, Privatarchiv Arnold Kopezcek.
507 Ebd.
508 Höttl, Einsatz für das Reich, S. 405.
509 Ebd., S. 407.
510 APA AHI 0183 5 II, 23.5.1961.
511 APA AHI 0187 5 II, 23.5.1961.
512 http://www.landesarchiv.steiermark.at/cms/dokumente/12083708_111932290/86e37e43/LTProt-1961-05-24.pdf
513 Höttl, Einsatz für das Reich, S. 405.
514 Wiener Kurier, 17.2.1964, Tagblatt-Archiv Wien, Mappe Höttl.
515 Goda, A Nazi Spy, S. 16 f.
516 André Heller, „Angstlied", 1978, https://genius.com/Andre-heller-angstlied-lyrics
517 Höttl, Einsatz für das Reich, S. 401.
518 Womit er wahrscheinlich die „pennale konservative Verbindung Normannia", gegründet 1916 in Mürzzuschlag, reaktiviert 1956 in Bad Aussee, meint.
519 https://twitter.com/hashtag/h%C3%B6ttl
520 Erika Wantoch, „Ausgesturmbannt", in: profil, 7.5.1984, S. 72 f., Tagblatt-Archiv, Wien, Mappe Höttl.
521 Ebd.
522 Ebd.
523 Tagblatt-Archiv Wien, Mappe Höttl.
524 N.N., „Steirer wußte, daß die Tagebücher falsch sind", in: Neue Kronen Zeitung, 14.5.1984, Tagblatt-Archiv, Wien, Mappe Höttl.
525 Ebd.
526 Ebd.
527 APA 0258 5II 0293, 20.7.1995.

528 Ebd.
529 APA0231 5 II 0180, 31.7 1995.
530 APA0211 5 II 0281 CI 7.8. 95.
531 Walter Mayr, „Mehr als Fische und Falschgeld", in: Der Spiegel, Nr. 3/2000, zit. nach. http://premium-link.net, Stand 18.12.2003.
532 Kurier, 30.7.1999., Tagblatt-Archiv Wien, Mappe Höttl.

Verzeichnis verwendeter Abkürzungen

Abwehr = militärischer Geheimdienst der Deutschen Wehrmacht
BND = Bundesnachrichtendienst (BRD)
CIA = Central Intelligence Agency: Auslandsgeheimdienst der USA
CIC = Counter Intelligence Corps: Spionage-Abwehrabteilung (USA)
FHO = Fremde Heere Ost: militärischer Aufklärungsdienst des deutschen Generalstabs
FHW = Friedrich-Wilhelm-Heinz-Dienst: Westdeutscher Nachrichtendienst
G-2 = G-2 Section: Militärischer Geheimdienst (USA)
Gestapo/Gestapa = Geheime Staatspolizei (Deutsches Reich)
KGB = Komitee für Staatssicherheit: In- und Auslandsgeheimdienst der UdSSR
Mossad = Israelischer Geheimdienst
NKWD = Volkskommissariat für innere Angelegenheiten, Innenministerium und zugleich Sicherheitspolizei der UdSSR
NSDAP = Nationalsozialistische Deutsche Arbeiterpartei
Org = Organisation Gehlen, Keimzelle des westdeutschen Bundesnachrichtendienstes
OSS = Office of Strategic Services: Nachrichtendienst des Kriegsministeriums (USA)
RSHA = Reichssicherheitshauptamt = eines von zwölf Hauptämtern der SS, Überbau von Einrichtungen wie Sicherheitspolizei, SD, Gestapo und Kriminalpolizei (Deutsches Reich)
SA = Sturmabteilung (Deutsches Reich)
SD = Sicherheitsdienst der SS (Deutsches Reich)
SS = Schutzstaffel (Deutsches Reich)
Stapo = Österreichische Staatspolizei

Personenregister

Adalgoth 25
Adenauer, Konrad 32, 149, 151
Altenburg, Günther 91
Aly, Götz 8
Amon, Franz 174 f.
Arendt, Hannah 115, 165
Augstein, Rudolf 129
Badoglio, Pietro 74
Baky, László 79 f., 84
Bancroft, Mary 96
Barbie, Klaus 131
Bardolff, Carl Freiherr von 186
Bauer, Fritz 161
Bauer, Otto 29
Beck, Ludwig 96
Beetz, Hildegard 111
Belisar 26
Best, Werner 59
Blank, Theodor 149 f.
Blau, Paul 32
Blondell, Maurice 148
Böhm, Anton 31 f., 71, 149
Bolschwing, Otto von 124, 150
Bormann, Martin 89, 98, 104
Borodajkewycz, Taras 46, 56 ff., 144, 152, 168, 178
Brandauer, Karin 171
Brandauer, Klaus Maria 175 f.
Brehm, Bruno 174
Broucek, Peter 101
Brunner, Alois 51, 131
Brunner, Karl 145
Bürckel, Josef 124
Canaris, Wilhelm 64, 89, 96, 149 f.
Cethegus 25
Churchill, Winston 149, 177
Ciano, Galeazzo 74 ff.
Clay, Lucius D. 111
Clemenceau, George 27
Dahn, Felix 25 f.
d'Alquen, Gunter 42

d'Annunzio, Gabriele 28
Demjanow, Alexander 74
Deriabin, Peter 155
Dittel, Paul 51
Dollfuß, Engelbert 33 f., 37 f., 40 f.
Donovan, William J. 13 ff., 96, 102, 110 f.
Dostal, Nico 91
Dulles 116
Dulles, Allen Welsh 10, 14 ff., 21, 93 ff., 110, 112, 130, 181
Dulles, John Foster 94
Dürmayer, Heinrich 133
Ehlers, Werner 50
Eichmann, Adolf 8 ff., 51 ff., 73, 78 ff., 84, 105, 108, 113 ff., 150, 156, 160 ff., 168, 178
Eigruber, August 85, 93, 109
Eisenhower, Dwight D. 130
Ertl, Harald 171
Eshel, Arie 160
Fey, Emil 40
Figl, Leopold 23
Fischer, Fritz 159
Fitin, Pawel 17 f., 111
Fölkersam, Adrian von 190
Franco, Francisco 151
Freytag-Loringhofen, Elisabeth 128
Frischmuth, Barbara 157 f.
Fröhlich, Kurt 78
Fuchs, Franz 178
Fürnberg, Friedl 125 f.
Fürstenberg, Gloria 96
Gaiswinkler, Albrecht 86 f.
Gehlen, Reinhard 10, 14, 131 ff., 139, 149 ff., 161 f.
Gisevius, Hans Bernd 96
Glaise-Horstenau, Edmund 36, 49 f., 67 f., 92, 100, 166
Glass, Fridolin 38
Gleißner, Heinrich 92

Goda, Norman J. W. 9, 112
Goebbels, Joseph 87, 89
Goerdeler, Carl Friedrich 96
Goetz, Willy 111
Golitsin, Anatoly 155
Gömbös, Gyula 40
Göring, Hermann 49
Gotho 25
Greil, Lothar 139
Grell, Theodor 168
Grimm, Kurt 97, 100 f.
Guinness, Thomas Loel 97
Haensch, Walter 46, 65
Halem, Nikolaus von 100
Harell, Marte 79
Hausamann, Hans 95
Hausner, Gideon 163 f.
Hecke, Helmuth 145
Heesters, Johannes 91
Heidemann, Gerd 177
Heinz, Friedrich Wilhelm 14, 149 ff., 160, 162
Heller, André 158, 173 ff., 180
Helmer, Oskar 133
Henckel-Donnersmarck 171
Hermann, Lothar 161
Heydrich, Reinhard 42, 47, 49 ff., 56, 59, 63 f., 88
Himmler, Heinrich 17, 37 f., 49, 64, 76, 81, 88 f., 98, 100, 113, 115, 128, 165
Hirsch, Hans 45
Hitler, Adolf 13, 17, 24, 31, 33 f., 36, 38 ff., 49, 53 f., 62, 64, 68, 71, 79, 88 f., 95 f., 100, 117, 122, 168, 176, 180 f.
Hofer, Franz 90
Hohenlohe 171
Holaubek, Josef 141
Holzweber, Franz 38
Honsik, Gerd 168
Höppner, Rolf-Heinz 108, 118
Horthy, Miklós 68, 83, 166

Höß, Rudolf 115
Höttl, Elfriede 24, 36, 45, 54 f., 119 ff., 149, 157, 160, 172, 179
Höttl, Hagen 149, 170
Höttl, Johann 35
Höttl, Karl 99
Höttl, Volker 156
Huber, Franz Josef 124
Hueber, Hubert 145
Hunt, Swanee 19, 23
Jagschitz, Gerhard 13
Jedlicka, Ludwig 36, 71, 74, 152
Jost, Heinz 59
Jung, Carl Gustav 96
Justinian 27
Kaltenbrunner, Ernst 10, 12, 47, 48 ff., 62, 66, 69 ff., 79, 81 f., 86 ff., 98 ff., 112, 116 ff., 145, 178
Kappler, Herbert 74
Kauder, Richard 189
Kauders, Fritz 74
Keitel, Wilhelm 99
Keppler, Wilhelm 48 f.
Kerbler, Michael 19
Kernmayer, Erich 124, 134 ff., 139 ff., 147, 152, 154
Kesselring, Albert 99
Ketteler, Emmanuel 100
Kirchweger, Ernst 57
Kittel, Egon 164
Klestil, Thomas 19
Knochen, Hellmuth 51
Knopp, Guido 8
Koplenig, Johann 125 f.
Koref, Ernst 187
Kovács, András 175
Kowarik, Karl 43, 124, 137, 142 f., 147
Krainer jun., Josef 177
Krainer sen., Josef 10, 172
Kraus, Herbert 143 f.
Kreisky, Bruno 158
Krichbaum, Wilhelm 131, 152 ff.
Kuhlmann, Herbert 161

205

Kujau, Konrad 176
Lauber, Walter 152 f.
Lauda, Niki 171, 180
Ledóchowski, Wladimir 188
Legat, Günther 171
Leslie, Edgeworth 101 f.
Levy, Julius 77
Lewandofsky, Gustav 170
Lex, Johannes-Maria 173
Liebl, Vera 53
Löhr, Alexander 99
Lucid, Thomas A. 123, 127, 134, 145 f.
Luhovoy, Jury von 122, 128
Machatschek, Fritz 35
Mandl, Hans 141
Marko, Helmut 171
Masson, Roger 95
Mast, Heinrich 149, 160 f.
Maxwell-Fyfe, David 116
Meir, Golda 77
Meissner-Blau, Freda 32
Metternich, Klemens Wenzel Lothar von 45
Milano, James V. 146
Milleder, Hermann 124
Mitterbauer, Peter 171
Molden, Fritz 21, 104
Moser, Blanca 79
Moser, Hans 79
Mühlmann, Kajetan 48
Müller, Heinrich 53, 115, 117
Murray, Hartley 108
Mussolini, Benito 28, 67, 68, 74 f., 177
Nadler, Josef 35
Narses 25 ff.
Naujocks, Alfred 59 f., 170
Neubacher, Hermann 92
Ney, Károly 78, 138 ff.
Ochensberger, Walter 168
Olah, Franz 126, 181 f.
Oster, Hans 96
Pálffy de Erdőd, Fidél 54, 81
Pálffy, Dorothy 46 f., 54 ff., 81

Papen, Franz von 39
Pavelić, Ante 62, 67 f., 92
Pessl, Ottokar 104
Peterlunger, Oswald 133, 145, 152
Pick, Hella 161
Planetta, Otto 38 f.
Pöchmüller, Emmerich 109
Pohl, Heinz 180 f.
Pollak, Walter 145
Polte, Friedrich 46 f., 54 ff., 65
Ponger, Curt 129, 151 ff., 160, 169
Portisch, Hugo 8
Potocki, Alfred Graf 97 f., 116
Prinzhorn, Thomas 171
Pusch, Hans 156, 158, 176
Raab, Julius 23, 56, 92, 144 f.
Rademacher, Franz 131
Rahn, Rudolf 89
Rainer, Friedrich 48 ff.
Rauff, Walter 131
Reimann, Viktor 143
Reinthaller, Anton 50
Reith, Josef 120
Renner, Karl 29, 61, 85
Riegler, Thomas 141, 143
Riehl, Walter 180
Riff, Sepp 184
Rindt, Jochen 170, 180
Rohan, Karl Anton Prinz 58
Rohleder, Joachim 97
Rohracher, Andreas 92
Roosevelt, Franklin D. 28, 94, 111
Sassen, Willem 161, 169
Schachermayer, Stefan 124
Schachner-Blazizek, Peter 171
Schacht, Gerhard 150
Schaub, Julius 79, 119, 176
Scheel, Gustav Adolf 41
Scheidler, Arthur 104, 109, 119 ff.
Scheidler, Iris 120, 142
Schellenberg, Walter 70, 78, 89, 95
Schicht, Werner 71
Schlie, Heinrich 74

Schmidt, Paul-Otto 119
Schmitz, Richard 100
Scholz, Wolfgang 46
Schönerer, Georg Ritter von 28
Schörner, Ferdinand 99
Schulhof, Ludwig 166
Schulze-Gaevernitz, Gero von 95
Schulz, Karl 180
Schuschnigg, Kurt 34, 36
Schwarz, Alfred 20, 172
Schwend, Friedrich 9, 76 f.
Seitz, Karl 100
Servatius, Robert 163 f.
Seyß-Inquart, Arthur 36, 47 ff., 67, 92
Sibert, Edwin L. 16
Sinowatz, Fred 158
Skorzeny, Otto 74 f., 83, 99, 106, 156, 175
Spitzy, Michael 174
Spitzy, Reinhard 39, 96, 180 ff.
Srbik, Heinrich Ritter von 35, 45, 58, 144
Stalin, Josef 71 f., 122
Stangneth, Bettina 9, 12, 114 ff.
Starhemberg, Ernst Rüdiger 39 f.
Steinbach, Günther 184
Stern, Leo Michael 152
Stoppacher, Robert 20
Streckenbach, Bruno 46, 65
Stüber, Fritz 178
Suchenwirth, Richard 180
Svoray, Yaron 178
Szabó, István 175
Szálasi, Ferenc 83 f.
Szita, Szabolcs 81

Szokoll, Carl 189
Sztójay, Döme 68 f.
Teja 25, 26
Theoderich 26
Thurn 171
Tito, Josip Broz 83, 135
Toldi, Árpád 93, 103
Totila 26
Trittner, Josef 34, 36, 46
Truman, Harry S. 16, 111, 122, 130, 142
Veesenmayer, Edmund 68 f., 79 ff., 84
Verbelen, Robert Jan 124 f.
Verber, Otto 129, 151 ff., 160, 169
Vranitzky, Franz 19
Waibel, Max 95
Waldheim, Kurt 57, 158, 176
Walsh, William F. 113
Waneck, Wilhelm 70, 121
Wechtenbruch, Dieter 164
Westen, Fritz 82, 97 f., 103
Westen, Karl-Hermann 71
Wiesenthal, Simon 160 ff.
Wiesinger, Joseph 167
Wilson, Woodrow 27
Winckler, Karl von 99
Windischgraetz 171
Winkelmann, Otto 68, 81
Wisliceny, Dieter 168
Witichis 26
Wolff, Karl 16, 89 f., 94, 99 ff.
Wrabel, Robert 40
Wührer, Theo 145
Ziereis, Franz 81, 118

Bildnachweis:

akg-images / picturedesk.com: S. 38
awkz / Interfoto / picturedesk.com: S. 132
Barbara Pflaum / Imagno / picturedesk.com: S. 57
Bundesarchiv, Bild 101I-567-1503C-15/Fotograf: Schneiders, Toni: S. 75
Bundesarchiv, SS Führerpersonalakte R 9361 III/531671: S. 37, 44
Bundesarchiv, Akte Rasse- und Siedlungshauptamt R 9361 III/78639: S. 55, 179
Central Intelligence Agency (CIA): http://www.cia.gov: Vorsatz, Nachsatz, S. 135, 136
Cover: Wilhelm Höttl – letzte Aufnahme in SS-Uniform, Mai 1945
Fotoarchiv Otfried Schmidt / SZ-Photo / picturedesk.com: S. 133
Library of Congress / Everett Collection / picturedesk.com: S. 15
Midwaybook.com: S. 148
Ralf Tornow, Bad Aussee: S. 179
Scherl / SZ-Photo / picturedesk.com: S. 31, 73
Schleich, Karl / ÖNB-Bildarchiv / picturedesk.com: S. 39
S.M. / SZ-Photo / picturedesk.com: S. 52, 60
ullstein bild – Heinrich Hoffman / Ullstein Bild / picturedesk.com: S. 75
ullstein – ullstein bild / Ullstein Bild / picturedesk.com: S. 81, 95

DER SPIEGEL 48/1963: Textauszug, S. 91

MOUNT VERNON

Type of Information and Locations -

LETTER DROP- LINZ	COURIER TO STEYR	LETTER DROP- LINZ	COURIER TO WELS
V.P. + K.P. LINZ	GENERAL LOWER AUSTRIA	GENERAL BURGENLAND + LEOBEN	SCIENTIFIC VIENNA
K.P. LINZ			

GEN. AM-STETTEN

GEN. WR. NEUSTADT | GEN. EISEN-STADT | GEN. FISCH-AMEND | GEN. LILIEN-FELD | GEN. ZISTERS-DORF | GEN. NEUN-KIRCHEN | GEN. NEU-SIEDEL

SECRET

Die Netzwerke des Wilhelm Höttl im Dienst des US-amerikanischen „Counter Intelligence Corps" (CIC)